温　故　而　知　新

鹂鸪文库

留学、战争与善后：近代中日关系史研究

徐志民 著

浙江古籍出版社

图书在版编目(CIP)数据

留学、战争与善后：近代中日关系史研究 / 徐志民著. —杭州：浙江古籍出版社，2020.4
(文化中国研究丛书)
ISBN 978-7-5540-1733-3

Ⅰ.①留… Ⅱ.①徐… Ⅲ.①中日关系—国际关系史—研究—近代 Ⅳ.①D829.313

中国版本图书馆 CIP 数据核字(2020)第 048260 号

留学、战争与善后：近代中日关系史研究

徐志民　著

出版发行	浙江古籍出版社 (杭州市体育场路 347 号　邮编：310006)
网　　址	www.zjguji.com
责任编辑	刘　蔚
文字编辑	周　密
封面设计	周伟伟
责任校对	吴颖胤
责任印务	楼浩凯
照　　排	浙江时代出版服务有限公司
印　　刷	浙江全能工艺美术印刷有限公司
开　　本	880mm×1230mm　1/32
印　　张	11.375
字　　数	275 千
版　　次	2020 年 4 月第 1 版
印　　次	2020 年 4 月第 1 次印刷
书　　号	ISBN 978-7-5540-1733-3
定　　价	65.00 元

序　言

世纪之交、风云变幻，作为处于时代风口浪尖的一名中国青年学生，我自然而然将自己的学习内容、专业选择、研究方向与国家发展、民族命运、人民生活密切地联系在一起。1997 年香港回归、1998 年印尼暴乱事件、1999 年美国轰炸中国驻南斯拉夫大使馆事件和澳门回归、2001 年小泉纯一郎当选日本首相后连续参拜靖国神社……每件事情都牵动着那颗年轻而狂热的心，总想探究事件的来龙去脉和背后本质，总想认清每件事情关乎的国际关系与民众情感，总想寻找世界各国和谐相处、和平发展、共同繁荣的根本之计和长久之策，做着同时代年轻人都做着的中国梦。因而，我的大学专业选择了历史学，硕士阶段选择了世界历史专业，主攻东亚国际关系史。在学习东亚国际关系史期间，就基本选定与中国历史密切相关的日本历史作为未来博士期间的研究方向。

无论试图认清东亚国际关系史，还是努力解析日本历史，既需要宏观的学术视野和研究理路，也需要一个深入考察和细致观察的切入点，这是我 2007 年博士毕业后选择到中国社会科学院近代史研究所跟随步平先生学习中日关系史的一个重要原因。当时，中日两国政府为缓解因历史认识问题而严重影响中日关系和彼此民众感情的难题，刚刚启动中日共同历史研究不久。步平先生是中日共同历史研究委员会中方首席委员，而我的博士生导师王新生先生是该委员会中方委员。经王新生先生推荐，步平先生接纳我跟随其学习中日关系史，参与中日共同历史研究的外围基础性工作。中日共同历史研究的时限范围虽包括从古至今的中日关系史，但近现代史是其非常重要的一部分，也是中日分歧、争议较多的部分。我当时就在这个近现代史方面学习和从事个别辅助性的工作，这也影响和决定了我的博士后研究方向与内容。

原本从硕士阶段开始将留日学生作为观察中日关系史的主要对象，而到博士后研究阶段转向近代中日关系史和抗日战争史研究。其实，留日学生既是近代中日关系剧变的产物，也深刻地影响着近代中日关系的发展与变化。甲午战后，中日关系降至“冰点”，但“知耻而后勇”的中国人“化悲痛为力量”，纷纷东渡留学，“以日为师”，出现清末留日高潮，某种程度上“改善”了中日关系，以致出现所谓中日关系“黄金十年”说。近代中日关系虽不可能因为留日学生而发生根本性改变，但对中国留日学生政策却是日本对华外交政策的“重要一环”，辅助日本侵华扩张战略。1923 年 3 月，日本效法美国，决定“退还”部分“庚子赔款”，兴办“东方文化事业”，资助中国留日学生，以收买、拉拢、胁迫部分留日学生，结果引起中国政府、文化教育界和留日学生的质疑、批评与反对。

战前本来有望成为中日文化合作契机的“东方文化事业”，反而加速或推进了中日关系的对立与冲突，其根本原因在于近代日本侵华扩张的政策与行动。身处“虎穴狼窝”的留日学生对此看得非常清楚，他们或大声疾呼，以唤醒国人；或埋头学习，以“留学救国”；或考察日本社会，以寻求救国救民真理；或罢课集会，抗议日本侵略；或愤而归国，投身抗日战争洪流之中，等等。他们以自身的能力、策略、方式等进行抗争、进行救国，不仅深刻影响近代中日关系，而且影响战后中日关系的发展方向与未来。无论中国学界还是日本学界，不少人将近代中国留日学生视为战前中日教育交流和文化合作的代表，视为中日关系从甲午战争到中日“合作”、再到走向抗日战争的转折。但是，中日学界既有之抗日战争史研究往往从日本侵华政策、军事谋略、经济侵略等方面，阐释抗日战争爆发的原因，甚少关注文化方面的冲突与对抗，特别是中日留学教育和文化交流为何以及如何从合作走向了战争？

如同将留日学生研究作为管窥中日关系史和抗日战争史的突破口一样，我总是试图选择中日学界相对忽视的个案或侧面，或者一些重要史实问题的学术史进行回顾与思考，总结其经验与特点，分析其规律与趋势，努力探寻未来可行的研究方向与思路。如，抗日战争史研究往往侧重日本陆军侵华史研究，那么日本海军在侵华战争中究竟扮演了什么角色，应该承担怎样的战争责任，战后日本社会的所谓“陆军坏”“海军好”是否果真如此？笔者不仅介绍了近代日本海军的侵华史，而且分析与总结了中国学界关于日本海军研究的学术史。其他如日本人眼中的“七七”事变、南京大屠杀等，以及抗战胜利前后国共两党惩处汉奸和抗战胜利后遣返日本侨俘、审判日本战犯，皆通过回顾与总结中日学界的既有研究成果，或中日社会上存在的各种观点与思潮，加深我们对抗日战争史研究的理解与认识，从而在新的研究基础上推进抗日战争史研究的高度、广度和深度。

抗日战争史研究既包含战前的留学交流与文化合作的历史追溯，也包括战后日本人的战争责任认识与中日关系相互影响的历史纠葛。随着战后冷战格局的形成、中华人民共和国成立、朝鲜战争爆发，美国转变对日政策，日本经济恢复和高速增长，原本一度沉寂的日本右翼势力再度死灰复燃，各种歪曲侵略历史、否认战争责任、美化侵略战争的错误言论甚嚣尘上，特别是 20 世纪 80 年代以来，日本内阁大臣在历史认识问题上的“失言”行为、日本首相公然参拜供奉甲级战犯的靖国神社、历史教科书事件等接连不断，严重伤害了日本侵略战争受害国民众的感情。战后日本人关于侵略战争的众多称谓，如“亚洲太平洋战争”“大东亚战争”“日中战争”“十五年战争”等，也反映了日本人关于侵略战争及战争责任的暧昧态度。可以说，除新中国审判和改造的日本战犯外，不少日本人并未认清自身的战争责任与战后责任。

中国政府和民众无论从历史记忆、民族感情，还是从国际关系、个人认识的角度出发，坚决抵制和反对日本首相、阁僚、议员等政府领导人与官员参拜靖国神社，而后者对参拜靖国神社的执迷不悟，已成为影响战后中日关系的一个障碍。战后至今，中国政府和民众对靖国神社的认识在不同历史时期有着不同的认识与变化，特别是 20 世纪 80 年代以来，随着中国学界对靖国神社从国际政治与国际关系、宗教文化、民族信仰等各个层面的解析，批驳日本保守学者、右翼分子关于首相参拜“合祀”甲级战犯在内的靖国神社属于祭祀先人、符合日本人死后皆成神的种种谬论，认清了日本首相、阁僚、议员等参拜靖国神社的本质。为防止日本军国主义的“复活”和对抗日本右翼势力，中国政府和民众从 20 世纪 50 年代积极声援、大力支援日本和平运动，虽经“文化大革命”时期的批评与相对漠视，但到改革开放后再次关注和从学术角度研究日本和平运动。随着日本和平运动从风起云涌到逐渐分散化、地方化，这方面学术成果并不太多，而解决日本人的历史认识问题、防止日本社会右倾化等，归根结底还是要靠日本民众。这就为我们关注和研究日本和平运动，客观、全面、准确地认识日本社会提出了更高要求。

因此，本书主要在以下三方面进行了努力。一是突出中日“互视”的观察视角，尽量避免单一研究视角的局限。如，笔者在回顾战前的留日交流与“东方文化事业”后，分别介绍中国学界、日本学界的留日学生研究的现状及对未来的思考；在梳理日本人的“七七”事变认识的发展历程和各种观点的基础上，重在探讨中日关于“七七”事变的认识差异，以及为此而进行的学术争论、学术研究与学术合作；在介绍日本人眼中的南京大屠杀时，出发点是中国学界对这种情况的认识。二是突出学术史的回顾与研究，既是对抗日战争胜利75年来的抗战史研究的总结，也试图为新时代抗战史研究寻求创新突破点。从中国学界的日本海军史研究、惩处汉奸研究、遣返日本侨俘研究、审判日本战犯研究，到战后日本人的战争责任认识，均提出或探讨相关领域研究的深化之路与拓展之策，以供学界批评与思考。三是突出为实现东亚历史认识的“共有”而努力的现实关怀。抗战胜利虽已75年，但战争带给相关各国民众的伤害尚未完全平复，战争遗留问题尚未完全解决，因歪曲或美化侵略战争导致的历史认识问题仍影响着东亚国际关系。如何实现东亚各国民众的历史认识“共有”，实现东亚各国的历史“和解”，形成各国民众同欢乐、共发展的共同体意识，夯实东亚命运共同体和人类命运共同体的历史基础，值得深思和为之不懈努力。

目 录

第一章　清末留日热潮与近代日本

1896 年中国首次向日本派出 13 名留学生，其后中国留日学生人数逐年增多，1905—1906 年形成了第一次留日高潮。据统计，1906 年中国在日留学生达 8000 之众。[①] 缘何在甲午战后的短短 10 年间，中国竟出现如此规模庞大的留日运动？一些学者从甲午惨败的刺激、清政府鼓励留日的政策、科举制的废除、“留学救国”思潮的影响等中国社会的“内因”，以及日本各界吸引中国学生留日的“外因”，进行了分析和探讨。[②] 其中，“内因”是主要原因，也是中外学者研究的重点；“外因”是次要原因，虽在中外学者的研究成果有所涉及，但着墨不多，且往往局限于从日本驻华公使矢野

① 実藤恵秀：《中国人日本留学史》，東京，くろしお出版 1981 年版，第 61 页。

② 徐志民：《近代日本政府对中国留日学生政策研究（1896—1931 年）》，博士学位论文，北京大学历史学系，2007 年，“绪论”部分；杨柳：《清末中国学生留日原因新探》，《西安社会科学》2009 年第 4 期；冯琳：《清末留日热潮成因初探》，《池州学院学报》2010 年第 5 期；徐志民：《甲午战后中国留日热潮兴起的日本因素》，《江苏师范大学学报》2014 年第 4 期；徐志民：《留日学生与近代中国研究述评》，《史学理论研究》2019 年第 3 期，等。

文雄的《清国留学生招聘策》[①]，分析日本政府接受中国留日学生的政治目的，或介绍日本朝野对中国留日学生的态度。笔者无意否定其“内因”的决定性作用，只是在剖析“外因”时，意在详人所略，重点发掘甲午战后日本社会之所以能够，且愿意接受大批中国留学生的深层原因，以及日本政府和亚洲主义者在中国留日热潮中究竟处于何种位置。因为这不仅影响着清末中国人留日的效果与质量，而且关乎其后的中日关系走向，所以本章拟从日本近代教育的发展、亚洲主义思潮的影响，以及日本政府对中国学生留日的态度三个方面，对甲午战后中国留日热潮的日本因素做些探讨。

一、日本近代教育的发展

19 世纪六七十年代，恭亲王奕䜣、驻英公使郭嵩焘等人，已经注意到日本向欧美派遣留学生事宜，希望中国适时派遣留学，奋起直追。[②] 清政府虽有 1872 年至 1875 年的幼童留美运动，以及 1878、1882、1886 年的三批海军留欧学生，但出洋留学在中国大地并未蔚然成风。甲午惨败的结局，促使中国人“猛醒”，惊叹“日本小国耳，何兴之暴”，“伊藤、山县、榎本、陆奥诸人，皆二十年前出洋之学生也……学成而归，用为将相，政事一变，雄视东

① 矢野文雄：《清国留学生招聘策》，中国社会科学院近代史研究所《近代史资料》编译室：《近代史资料》第 74 号，中国社会科学出版社 1989 年版；川崎真美：《清末における日本への留学生派遣——駐清公使矢野文雄の提案とそのゆくえ》，《中国研究月報》第 696 号，2006 年 2 月。

② 陈学恂主编：《中国近代教育史教学参考资料》（上册），人民教育出版社 1986 年版，第 184 页；王立诚编校：《郭嵩焘等使西记六种》，三联书店 1998 年版，第 92 页。

方”[①]，发现日本成功的奥秘在于派遣留学，呼吁“以日为师”，转道东洋留学。1896 年清政府驻日公使裕庚，委托日本外务大臣兼文部大臣西园寺公望安置 13 名留日学生一事[②]，标志着近代中国人留学日本的开始，但不少人仍对赴日留学抱有戒心。1898 年 5 月，矢野文雄到总理衙门，发出日本政府愿意接受中国留日学生的“邀请”[③]，可谓是“一石激起千层浪”，获得湖广总督张之洞、山东道监察御史杨深秀等人的积极回应，光绪皇帝也认为“出国游学，西洋不如东洋”，着令各部院办理留日事宜。[④] 于是乎，一批批中国学生浮槎东渡，仅仅 10 年间便达年逾 8000 人的留日规模。

与中国几乎同时步入近代，也面临西力东渐威胁的日本，在甲午战争前后刚刚摆脱半殖民地险境，初步走向近代化，缘何能够接受、教育如此大规模的中国留学生？笔者认为首先是日本模仿、学习西方列强发展教育事业，建立了相当完备的教育体制，率先普及义务教育制度，创办了大批各级各类学校，为接受大规模的中国留学生提供了必要的客观条件。

明治维新之初，日本政府的主要领导人都深刻认识到教育对于日本近代化的重要意义，提倡并力行教育改革，建立了一套符合日本国情、较为完备的教育体制。如，伊藤博文提出：“使全国人民

① 张之洞：《张文襄公全集》卷 203，台北，文海出版社 1970 年版，第 14532 页。

② 吕顺长：《清末浙江与日本》，上海古籍出版社 2001 年版，第 7—8 页；酒井順一郎：《一八九六年中国人日本留学生は派遣・受け入れ経緯とその留学生教育》，《日本研究》第 31 集，2005 年 10 月。

③ 矢野文雄：《清国留学生招聘策》，中国社会科学院近代史研究所《近代史资料》编译室：《近代史资料》第 74 号，第 95 页。

④ 朱有瓛：《中国近代学制史料》，第二辑上册，华东师范大学出版社 1987 年版，第 17 页；陈学恂、田正平编：《中国近代教育史资料汇编・留学教育》，上海教育出版社 1991 年版，第 320—321 页。

知晓世界万国之学术……此次新设大学校，不可不变旧有之学风。”[①] 意在向世界学习，新设学校，更改学风。木户孝允认为“与其急于修改不平等条约，改变当前不完全的殖民地的处境，不如脚踏实地地改造教育制度，培养造就人才”[②]，建议尽快改革日本旧有之教育模式。1872 年 8 月 3 日，日本政府颁布了模仿西方各国教育制度的《学制》。1879 年，伊藤博文和文部省大辅田中不二麿，重点模仿美国教育制度制定并颁布了《教育令》，后经 1881、1885 年两次修改，增加了强制主义教育内容。森有礼出任日本近代内阁制首任文部大臣的 1885 年，文部省相继颁布《帝国大学令》《小学校令》《中学校令》《师范学校令》等一系列国民教育法令，初步建立了近代日本的国家主义教育制度。1893 年，井上毅出任文部大臣后，制订并颁布了《实业补习学校规程》《工业教员养成规程》《简易农学校规程》《高等学校令》《女子中学规程》《校医制度规程》等，创建了近代日本的职业教育制度和女子教育体系，以补充和完善近代日本的教育体制。这一整套完备的近代教育体制，在一定程度上满足了甲午战后不同学业水平的中国留日学生学习各种专业技术教育的需要。

近代日本教育的发展可谓是后来居上，超越欧美诸国率先普及初等义务教育，为接受和教育中国留日学生提供了可资利用的教育资源。1873 年，日本的小学入学率仅为适龄儿童总数的 28%，

---

① 春畝公追颂会編：《伊藤博文传》上卷，東京，原書房 1970 年版，第 422—423 页。

② 陈晖：《教育、社会、人》，东方出版社 1989 年版，第 54 页。

1877 年上升至 39％，1879 年达到 40％。[①] 此后，日本政府投向初等教育的经费不断增加，使之在 1885 年至 1910 年间长期占全部教育经费的 67％以上。[②] 1900 年，日本政府规定义务教育年限为 4 年，1907 年延长至 6 年。[③] 尽管如此，日本学龄儿童的入学率依然是突飞猛进，1900 年增至 81.5％，1908 年高达 97.8％，1912 年为 98.2％（男 98.8％，女 97.6％）。[④] 日本学习欧美诸国而超越之，早于美国 4 年、法国 10 年，在全国范围内率先普及初等义务教育。[⑤] 如此，日本不仅可以空出必要的教育硬件设施，而且尚可提供必要的师资人员。甲午战后，明治政府前期派出的大批出国留学生，此时已经回国并逐渐取代日本所聘的外籍教师，故中国留日学生在日本接受的基本上是日本人的教育，很少见到外籍教师。

近代日本教育事业发展的一个代表性成果，就是创办了大批各级各类的学校，反映了日本教育事业进步的同时，也是接受和教育中国留日学生的主要机构。首先是日本创办的小学量多且速度快。1873 年底，日本实有小学 12558 万所，两年后的 1875 年几乎翻了一倍，增至 24225 万所。[⑥] 其次是日本高等教育机构，在甲午战后

---

① 宫原诚一：《教育史》，東洋経済新報社 1971 年版，第 78 页；戴本博主编：《外国教育史（中）》，人民教育出版社 1990 年版，第 511－512 页“表一：明治时期义务教育就学率（％）”。

② 张健、王金林主编：《日本两次跨世纪的变革》，天津社会科学院出版社 2000 年版，第 415 页。

③ 日本国立教育研究所编，张渭城、徐禾夫等译：《日本教育的现代化》，教育科学出版社 1980 年版，第 29 页。

④ 戴本博主编：《外国教育史（中）》，第 511－512 页“表一：明治时期义务教育就学率（％）”。

⑤ 戴本博主编：《外国教育史（中）》，第 512 页。

⑥ 開国百年記念文化事業会編：《明治文化史》第一卷，東京，原書房 1978 年版，第 292 页。

获得较快发展。1894 年日本政府颁布《高等教育令》时，日本的高等学校仅有 5 所，但到 1905 年，仅仅 10 年日本包括国立、地方公立和私立大学、学院已达 48 所，年均开办 4 所高等学校。最后，日本创办了大批职业技术学校。19 世纪 70 年代初，日本仅有东京虎门的“工学寮”、札幌农业学校、东京银座的商业学校等为数甚少的几所。如前所述，井上毅担任文部大臣后，大力发展职业技术教育，甚至以国家财政资助创办各类职业技术学校。1894—1898 年间，日本的学徒学校由 3 所增至 23 所，实业补习学校由 19 所增至 113 所，技工学校由 29 所增至 83 所。[①] 1900—1912 年，实业学校由 143 所增至 519 所。[②] 明治时期，日本各级各类学校和教育机构的大量创办，在留日学生蜂拥赴日时，方有一定的接受和教育能力。中国留日学生看到日本学校之多，教育之进步，更加坚定了他们“教育救国”“留学救国”的理想与信念[③]，并不断鼓励其他中国青年赴日留学。

为满足中国学生的留学需求，一些以专门教育中国留日学生为主的私立学校快速地发展起来。实藤惠秀称：“为中国留学生而开办的学校……纷纷在日本开设。”[④] 如，日华学堂、高等大同学校、东京同文书院、宏文学院、东亚商业学校、法政速成科及普通科等学校，以及路矿学堂、志成学校、警监学校、警官速成科等。实践女校、成蹊女校等女子院校，积极招收中国留日女学生。一些日本人出于营生考虑，随便找上几间教室，就创办一所所谓的速成学

① 王桂：《日本教育史》，吉林教育出版社 1987 年版，第 193 页。

② 戴本博主编：《外国教育史（中）》，第 515 页。

③ 《张伯苓教育言论集》，南开大学出版社 1984 年版，第 248 页。

④ 实藤惠秀：《中国人日本留学史》，第 65 页。

校，专门蒙骗中国留日学生，甚至为了赚钱和满足留日学生渴望知识及速成的心态，竞相缩短学制，以招揽留日学生。[①] 加之，考入日本文部省直辖学校一方面需要驻日公使馆的介绍或担保，另一方面也需要相当的日语水平，故而，不少中国留日学生便入学以速成学校居多的私立学校，以便早日结束留学而归国，缓解国内新式学堂需才孔急的难题。

近代日本教育的发展，不仅使之具备接受和教育中国留日学生的能力，而且更为关键的是其教育指导思想、内容、形式，获得了清政府赴日教育考察官员的认可与推崇。明治维新时期的日本，虽号称学习西方和走向文明开化之路，但其根深蒂固的皇道思想与武士道精神，在改头换面后仍旧占据思想统治的舞台。1879 年明治政府颁布的《教育大旨》，就强调“应根据祖宗之训典，着眼于阐述仁义忠孝”[②]，恢复日本封建道德教育。1885 年，森有礼将以尊皇爱国思想为中心的修身科，提升至所有教学科目之首，以强化德育教学。1890 年明治政府颁布的《教育敕语》，进一步规范教育内容中的孝悌忠信、忠君爱国之“大义”。日本各小学自 1891 年都要在学校最显要位置悬挂天皇和皇后的“照片”，并在学校所有的节假日和庆典中唱颂《君之代》和诵读《教育敕语》等，进行尊皇忠君思想教化。清政府赴日考察教育官员，对此种教育颇为赞许。如，郑元濬考察日本教育后，认为：“观日本各校其规则课程固已尽善，尤要者凡修身一科，皆以忠爱为主，以明耻教战为用……使

① 実藤恵秀：《中国人日本留学史》，第 82—83 页。

② 大久保利謙、箭内健次、児玉幸多編：《史料による日本の歩み　近代編》，東京，吉川弘文館 1963 年版，第 170 页；海後勝雄、広岡亮蔵編：《近代教育史 II》，東京，誠文堂新光社 1979 年版，第 315 页。

幼年儿童即富有尊君父、爱国家之思想，一旦成人，皆无能易此目的。”[①] 署理陕西提学使刘廷琛赴日考察学务后，奏称：日本教育“凡修身立行，忠君爱国之道，皆编入教科书，童而习之，用能人知自爱，国鲜衅民”[②]，建议清政府派人学习日本教育的“成功”之道。

当时的中国留日学生从寻求国家独立富强的道路出发，并不反感近代日本教育中的国家主义、尚武思想等，反而认为是医治中国“一盘散沙”与民众国家观念淡薄等弊病的“良方”，并从这一方面认可近代日本教育的指导思想、内容与方式。梁启超在日本看到各界民众欢送军人出征的“动人”场面后，曾有感而写《祈战死》《中国魂安在乎》两文，赞赏日本人尚武思想与爱国精神，认为日本军人出征犹如中国人中举一般荣耀，这是日本的“大和魂”；呼吁“中国魂”就应是这种“兵魂”，而“兵魂”的关键是“爱国心”。[③] 不少热血青年受此影响，将留学日本与塑造“中国魂”、救亡图存联系起来，纷纷东渡留学。吴玉章赴日留学时的一首诗：“东亚风云大陆沉，浮槎东渡起雄心。为求富国强兵策，强忍抛妻别子情。”[④] 就反映了留日学生对日本富国强兵道路的认可与学习。暂且抛开近代日本教育指导思想、内容与方式的得失与对错不论，至少清政府赴日考察官员与留日学生从不同的立场、角度出发，均认为从中找到了“济世”良方，并在继续派遣学生赴日留学这一点

① 郑元濬：《东游日记》(27)，1914 年刊（石印本），第 739 页。
② 刘廷琛：《署理陕西提学使刘廷琛奏陈调查日本学务情形片》，《清光绪朝中日交涉史料》卷 68，故宫博物院 1932 年版，第 70 页。
③ 梁启超：《祈战死》《中国魂安在乎》，下河边半五郎编：《饮冰室文集类编》下，东京，帝国印刷株式会社 1904 年版，第 692—694 页。
④ 吴玉章：《辛亥革命》，人民出版社 1973 年版，第 29 页。

上形成共识，从而为大规模留日运动的兴起奠定了思想基础。内有赴日教育考察官员的推荐与青年学生赴日留学的企望，外有日本政府和亚洲主义者的欢迎与邀请，清政府痛定思痛，遂行“新政”，废科举，倡留学，为留日热潮的兴起大开方便之门。

二、亚洲主义者的欢迎

近代以来随着西力东渐，特别是中国在鸦片战争中的失败，给日本以极大的震动。1853年美国佩理舰队叩关，更是直接危及日本国家的安全。如何应对西方人的侵略，成为摆在日本各界人士面前的一个大问题。日本人的最终选择是避战开国、变法维新和对外扩张，以“脱亚入欧”；但也有一部分人提倡亚洲主义，主张“中日提携”、亚洲联合，驱逐欧美列强，实现以日本为盟主的“共存共荣”。那么，如何“联合”亚洲各国，培养各国“兴亚人才”和亲日势力？日本的亚洲主义者认为，不能仅仅局限于从外交、军事、政治上“联合”亚洲各国，而应从文化、人种等方面入手，打出“亚洲连带”“亚洲是亚洲人的亚洲”及“同文同种”等旗号，倡言保护东方文明，大肆渲染西方的黄祸论、人种冲突论，这确实给刚刚觉醒的亚洲各国精英以很大的迷惑。

他们在联合亚洲各国的政要、社会精英过程中，结成亚洲主义团体，接受亚洲各国留日学生，培养“兴亚人才”和亲日分子。1878年，明治维新三杰之一的大久保利通，组织日本各界人士，以共同振兴亚洲之名，建立了日本首个亚洲主义团体——“振亚会”。他们联络中国驻日公使何如璋，达成了日中互换留学生的协定。[①] 不过，此时已经开始洋务运动的中国，主张“中体西用”，有意直接学习西方现代科技，但无意向“同是天涯沦落人”的日本派遣留学生。甲午战后，东亚国际关系格局大变，中国人开始重新审视日本，并决定赴日留学，学习日本强盛之道。1898 年 11 月成立的东亚同文会，作为日本首个全国性亚洲主义团体，正可谓生逢其时，“以学术研究的名义扮演着为天皇政体的对华政策服务的角色”。[②] 该会积极接受中国留学生，并于 1901 年创办东京同文书院，聘请中西重太郎、水谷彬等人，专门从事中国留学生的预备教育，在清末中国留日学生中颇有影响。为此，1909 年日本宫内省特赐其奖金 2000 元。[③] 1902 年 6 月成立的同仁会，也积极劝诱中国学生赴日留学，且于 1907 年 2 月创办东京同仁医药学校，以培养学习医学、药学的中国留日学生，取得一定的留学教育成绩，亦受到宫内省的嘉奖。[④]

甲午战后，日本的亚洲主义者或自行来华，或遣人来华，纷纷拜访清政府政要，以帮助教育改革和共同振兴亚洲为名，怂恿清政府派遣留日学生。1897 年底，日本驻华公使馆参谋神尾光臣，拜访湖广地方政要，大谈中日“同文同种”，谎称甲午之战是“彼此有误”所致，建议中国派人赴日留学，作为“两国重新联交之始”。[⑤] 同年 12 月 30 日，日本陆军少佐宇都宫太郎拜访张之洞，请

---

① 東亜同文会編：《对支回顧録》上，東京，原書房 1981 年版，第 674 页。

② 王屏：《近代日本的亚细亚主义》，商务印书馆 2004 年版，第 72 页。

③ 東亜同文会編：《对支回顧録》上，第 684 页。

④ 東亜同文会編：《对支回顧録》上，第 688—693 页。

⑤ 深殿成主编：《中国人留学日本百年史（1896—1996）》（上册），辽宁教育出版社 1997 年版，第 83 页。

其派人赴日留学学习军事。早有选派留日学生之心的张之洞，以日方“游说”的名义，在1898年1月18日上报总理衙门：“日本人力劝华人入彼学习，拟明春派学生赴东洋，入武备农工各学堂。”[①]决定派人赴日留学。东亚同文会会长近卫笃麿，亲往南京拜会两江总督刘坤一，表示欢迎中国学生留学日本。日本贵族院议员、亚洲主义者清浦奎吾，在中国游历时，极力劝说清政府要员派遣留日学生。[②]甲午惨败的结局，已在相当程度上改变了中国人的日本观，并准备向日本学习，而此时亚洲主义者对清政府政要的宣传、游说与鼓动，无疑为清政府及早确立派遣留日学生的政策发挥了不可忽视的作用。

随着中国留日学生日渐增多，亚洲主义团体或个人为接受中国学生，继续创办学校或增建校舍，或者在其主管的学校内积极招收中国学生。如，亚洲主义者、日本陆军参谋总长川上操六兼任校长的成城学校，就积极接受并欢迎中国留日学生。1902年7月，驻日公使蔡钧拒绝推荐9名自费生入学成城学校，导致留日学生与驻日公使馆之间的冲突。后经东亚同文会调解，新任驻日公使杨枢与日本方面达成协议，由参谋本部专设振武学校，以接受和培养中国留日军事学生，而成城学校改为招收专修文科者的学校。东京帝国大学教授、亚洲主义者高楠顺次郎，在1898年6月创办日华学堂，专门教育中国留日学生。[③]梁启超等人于1899年创办东京大同学校，聘请犬养毅出任名誉校长，并在柏原文太郎等亚洲主义者的支持下经营学校。东洋协会的寺尾亨于1903年创办东斌学堂，专门

---

① 张之洞：《张文襄公全集》卷154，电牍33，第11044页。

② 実藤恵秀：《中国人日本留学史》，第42页。

③ 実藤恵秀：《中国人日本留学史》，第66页。

接受那些无法入学振武学校而又拟习军事的中国青年[①]，同时他还创办了警监学校。大限重信则在早稻田大学内专设“清国留学生部”，负责招收和教育中国留日学生。亚洲主义者创办学校、欢迎中国人留学的态度，以及提供学习、住宿等便利条件，的确对中国留日学生具有相当吸引力。

一些日本学校为吸引中国留日学生，满足清政府、留日学生各自的感观需求，甚至在教学内容和学校名称上颇费思量。负责安置1896年首批中国留日学生的嘉纳治五郎，依据中国人熟知的《论语》名句“有朋自远方来，不亦乐乎”，为其教育留日学生的学校取名“亦乐书院”。明治大学校长岸本辰雄，就该校附设专门教育留日学生的“经纬学堂”，向驻日公使杨枢解释道：其教学“宗旨以中国先圣之道为经，外国各科之学为纬，故名之曰经纬学堂”。[②]早稻田大学“清国留学生部”的学监高田早苗，在1905年赴中国招聘留学生时，反复向张之洞、袁世凯、张百熙等清政府政要保证，无须担心留日学生接触革命思想，称“日本过去向西方派遣留学生的经验证明，努力追求学问者，不会接受共和主义或者其他思想。返国后宣扬极端危险言论者均是那些不努力的学生”[③]，强调只要留日学生努力学习，就不用担心他们成为反政府者。日本学校的刻意迎合、亚洲主义者的宣传与鼓动，逐渐消除了清政府既欲借留学日本培养新式人才，又欲防止留日学生沾染革命思想的矛盾心态。

---

① 実藤恵秀：《中国人日本留学史》，第71页。

② 杨枢：《奏与日本明治大学校长岸本辰雄商设经纬学堂片》，《清光绪朝中日交涉史料》卷68，第36页。

③ 阿部洋：《中国の近代教育と明治日本》，東京，福村出版株式会社1990年版，第87页。

亚洲主义者蛊惑性的宣传、游说，以及积极接受中国留日学生的种种举措，不仅受到清政府的欢迎，而且也吸引了急于挽救民族危亡与力图振兴中华的青年学子。1900 年领导自立军起义的唐才常，留学日本时曾与犬养毅、内田良平等亚洲主义者联络，颇为赞同他们宣扬的人种竞争说，以及中日合作、保卫东亚、驱逐西方列强的亚洲主义理论，认为日本学校相较欧美诸国学校为中国学生设立的学制，更加真诚、实际，将培养中国人才置于首位，是“实心保华”之举。[①] 1905 年日本赢得日俄战争后，亚洲主义者将之奉为黄种人对白种人之胜利、亚洲人对欧洲人之胜利，大肆宣传日本所谓之文明与进步，在东亚各国精英中确实产生了广泛影响。越南学生掀起“东游运动”，纷纷赴日留学。[②] 中国学生亦是乘风破浪，“离家去国……津津然来留学于日本”[③]，且于 1905—1906 年形成了近代中国人的首次留日高潮，某种程度上扭转了甲午战败前后的仇日情绪，以致美国学者任达将这一时期称作中日关系的“黄金十

---

① 王屏：《近代日本的亚细亚主义》，第 69 页。

② 参见白石昌也：《ベトナム青年の日本留学——明治期日本における東遊運動》，国立教育研究所編：《国立教育研究所紀要》第 121 集，1992 年 3 月；川本邦衛：《東遊運動の挫折》，山本達郎博士古稀記念論叢編委員会編：《東南アジア・インドの社会と文化》（上），東京，山川出版社 1980 年版；白石昌也：《東遊運動（ベトナム）をめぐる日仏両政府の対応 1》，《大阪外国語大学学報》第 73 号，1987 年 3 月；白石昌也：《東遊運動（ベトナム）をめぐる日仏両政府の対応 2》，《横浜市立大学論叢》第 4 巻第 1 号，1990 年 3 月；刘先飞：《东游运动与潘佩珠日本认识的转变》，《东南亚研究》2011 年第 5 期；阮文鸿著，覃丽芳译：《近代中国和越南东游的历史现象》，《国际学术交流》2007 年第 2 期，等。

③ 《留学生鉴》，東京，启智書舍 1907 年版，第 13 页。

年”。[①]

这一中日关系“蜜月期”的说法，虽属言过其实，但从中可见亚洲主义者宣扬的亚洲主义理论，确实对东亚各国精英具有相当大的迷惑性，以致他们将日本奉为学习和效仿的“楷模”。甲午惨败后，中国人并未沉浸于悲痛之中，而是以更加开放的心态和“知耻而后勇”的气魄与胸襟，主动向日本学习，掀起了近代中国轰轰烈烈的留日运动。当然，这其中也有日本政府对中国留日学生相对积极的接受态度。

三、日本政府的积极接受

甲午战争打破了东亚既有的国际关系秩序，日本不仅借以摆脱了沦为半殖民地的危险，而且作为帝国主义“新秀”，跻身列强之中；大清帝国因《马关条约》陷入半殖民地半封建社会的深渊，进一步刺激了帝国主义列强瓜分中国的欲望。长期觊觎中国东北地区的沙皇俄国，联合法、德两国，迫使日本向中国“退还”辽东半岛，并以此于 1898 年 3 月 27 日向清政府强借旅顺、大连 25 年，阻断日本通过朝鲜半岛向中国东北扩张之路。同年 3 月 6 日，德国以“巨野教案”之由，强租胶州湾 99 年，阻塞日本通过山东半岛向中国扩张的又一通道。英、法两国分别将长江流域、云贵地区划为各自的势力范围，其他列强也不甘示弱，纷纷在华强占租借地和争夺势力范围。刚刚崛起之日本，在列强瓜分中国的狂潮中，虽暂

① Douglas R. Reynolds, “A Gold Decade Forgotten: Japan-China Rlations, 1898—1907”, *The Transactions of the Asiatic Society of Japan*, fourth series, No. 2, 1987, pp. 93—153.

时无力与俄、德、英、法等老牌帝国主义国家抗衡，但也不甘落后。1896 年 6 月，日本外务省次官小村寿太郎，提出当前日本经营中国，应鼓动清政府聘请日本军事顾问，怂恿其选派留日学生，以此建立长远且巩固的日中结合关系①，主张从留学教育入手谋求日本在华利益。

1898 年 5 月 7 日，矢野文雄亲往总理衙门，以日本政府的名义，提出接受 200 名中国留学生，并提供相关留学教育费用的邀请，将日本政府接受中国留日学生的政策提到了外交议事日程之中。5 月 14 日，矢野文雄致函外务大臣西德二郎，汇报接受和教育中国留学生的三大益处，即一是有助于改善甲午战后的日中关系，二是有助于向清政府索要福建省的铁路铺设权，三是有助于日本向大陆扩张势力。② 但是，这一提议遭到西德二郎的批评。他认为中国各地已陆续主动派遣留日学生，日本没有必要为中国留日学生支付相关教育费用，且对资助、培养中国留日学生能否获益持怀疑态度，即“由清之富豪缙绅子弟中选拔其受有家庭教育者，我帝国施以专门教育，或可有益。但一般而言，若贫家子弟当其选，既缺乏报效之志，且费用亦不能自筹，设若不断东来，由我帝国政府资助彼等学习，是否能取得良好结果，殊属怀疑之事”。③ 其实，西德二郎并非反对接受和培养中国留日学生，而是不同意矢野文雄为 200 名留日学生提供费用的建议。

---

① 外務省文書別册：《小村外交史》（上），東京，新聞月鉴社 1953 年版，第 103 页。

② 矢野文雄：《清国留学生招聘策》，中国社会科学院近代史研究所《近代史资料》编译室：《近代史资料》第 74 号，第 95—96 页。

③ 矢野文雄：《清国留学生招聘策》，中国社会科学院近代史研究所《近代史资料》编译室：《近代史资料》第 74 号，第 97 页。

日本政府随后调矢野文雄回国述职，委派林权助代理公使为此事“圆场”。林权助首先拜访李鸿章，解释矢野文雄提案的目的是使清政府感到培养人才的必要，以及为增进日中友谊而提出承担200名留日学生的相关费用。接着，他强调日本提供这些费用将导致以下不良后果：1. 留日学生的各项费用过于零碎，数额极少，办理烦琐；2. 日本政府若负担如此数额极少的费用，可能导致日后身居高位的留日学生常常挂念这区区恩义，或者因接受日本之恩惠招致批评；3. 中国各地已陆续向日本派遣留学生，日本政府应平等对待清朝中央政府与各地派遣的留学生。最后，他提出日本政府虽不负担留日学生所需的各项费用，但愿为中国学生入学日本政府直辖各校提供便利。[①] 林权助的解释获得了李鸿章的谅解，也使日本方面摆脱了许诺为中国留日学生负担留学经费的尴尬处境。

日本政府在此之后，接受中国留日学生的态度日趋积极。1898年张之洞已与日本达成派遣100名军事及普通学生赴日留学的庞大计划[②]，但因戊戌政变而中止。日本政府亲自出面活动，获得清政府继续执行已有留日政策的承诺[③]，从而使张之洞及其他地方官员得以恢复派人赴日留学计划。1899年1月13日，外务大臣青木周藏致函陆军大臣桂太郎，提出张之洞和刘坤一先期派遣的33名留

① 川崎真美：《清末における日本への留学生派遣——駐清公使矢野文雄の提案とそのゆくえ》，《中国研究月報》第696号，2006年2月。

② 宗方小太郎：《宗方小太郎文書：近代中国秘録》，東京，原書房1977年版，第45—46页。

③ 任达著，李仲贤译：《新政革命与日本——中国，1898—1912》，江苏人民出版社1998年版，第56页。

日军事学生，同月 14 日从上海乘船赴日[①]，商请陆军省为他们的入学提供便利。2 月 17 日，青木宣称："帝国政府立即接受、训练清国派遣的武官学生"，并通知清政府南、北洋通商大臣及湖广总督，再次"向清国提出派遣学生"[②]，表明了日本政府积极接受中国留学生的态度。5 月 2 日，青木又亲自致函桂太郎，协商张之洞选派的张富贵、石茂林等 5 名学生入学日本陆军户山学校事宜，获得陆军省同意。[③] 任达指出："中国学生涌到日本不是偶然发生的，是随着日本人反复地保证、邀请和承诺而来的……只有在这以后，留学生数目才大大增加。"[④] 反映了日本政府积极接受中国留学生的态度。这确实是甲午战后中国人留日热潮兴起的一个重要因素。

然而，甲午战后蜂拥赴日的中国留学生，由于种种原因导致留学质量不高，出现了一些问题。一是中国留日学生学业水平参差不齐，留学目的各不相同，以致很多人赴日留学仅仅是在日本接受初等教育，达不到所谓留学的标准。更有甚者借留日之名冒领官费，到处吃喝玩乐，不学无术，败坏留日学生的声誉。二是日本文部省直辖各校接受中国留学生的名额极少，甚至部分学校拒收中国留学生，导致"中国留学生之东渡者，今在学外闲游不得入学堂者有三千余人焉，以此三千余人之众，欲进校而不能，欲归国而不可，东

---

① 《清国留学生に関する件》，《壹大日記》明治 32 年，防衛省防衛研究所藏，アジア歴史資料センター、レファレンスコード，C04013568400。

② 小林共明：《初期の中国对日留学生派遣について：戊戌政变期を中心として》，《辛亥革命研究》第 4 集，1984 年 5 月。

③ 《清国留学生戸山学校へ通学の件》，《壹大日記》明治 32 年，防衛省防衛研究所藏，アジア歴史資料センター、レファレンスコード，C04013601200。

④ 任达著，李仲贤译：《新政革命与日本——中国，1898－1912》，第 56 页。

奔西走，遑无所之，是非急谋位置，不足以餍众留学生之心”[①]，反映了当时中国留日学生求学无门的窘境。三是中国留日学生多数接受速成教育，而这些速成教育学校多为日本人出于营生而开办，严重影响留学质量。1906 年 10 月 13 日，在清政府学部举办的留学毕业生考试中，留学欧美学生包揽最优等者的 9 个全部名额，即使优等者中留学欧美学生也占了 3/5，应试人数最多的留日学生只能瓜分剩余的名额。[②] 这次考试结果使清政府和国内民众愈加怀疑留日教育的质量。

清政府学部为缓解留日学生的就学困难和提高留日质量，委托驻日公使杨枢与日本政府交涉，希望在日本官立高等专门以上学校增收中国留学生，获得日本政府热情支持。杨枢通过日本外务省转商文部省，提出每年在高等学校、高等师范学校、高等工业学校、高等商业学校、高等农林学校、医学专门学校，分别增收中国学生 50、25、50、25、15、15 人，期限暂定三年的留学计划。[③] 日本国会商讨之后，则以一次性扩大接受为名，不仅将各校接受名额翻倍，而且计划期限延长为 5 年或 10 年[④]，积极支持清政府的留学计划。不过，清政府鉴于财政困难，经杨枢与文部省及各校交涉，决定由东京高等师范学校、第一高等学校、东京高等工业学校、山口高等商业学校、千叶医学专门学校，每年分别接受 25、50、40、25、10 名中国留学生，协议期限 15 年。1907 年 8 月，中日双方签

---

① 永井算巳：《所謂清国留学生取締規則事件の性格：清末留日学生の一動向》，《信州大学所要》1952 年第 2 号。

② 《本部考取游学毕业生名单》，《学部官报》第 1 册，第 4 期，第 93—94 页。

③ 黄福庆：《清末留日学生》，台北，“中央研究院”近代史研究所 1975 年版，第 95 页。

④ 黄福庆：《清末留日学生》，第 95—96 页；吕顺长：《清末浙江与日本》，第 56—57 页。

订“五校特约”协议。[①] 这就确保在协议学校范围内为中国留学生保留一定的入学名额，且由于考取五校特约生即可成为官费生，免除了留学生活的经费之忧，因此竞争颇为激烈，有利于提高留日学生的整体留学质量。

日本政府之所以对中国留日学生采取相对积极的接受态度，除顺应亚洲主义者和日本部分国民欢迎中国留日学生的心态外，更多的是出于对清外交的辅助政策、争夺中国留学生教育权、获取经济利益等多重目的。如前所述，矢野文雄直言培养中国留日学生的三大益处，就赤裸裸地强调培植亲日势力，扩大日本在华权益的目的。霍姆斯·韦尔奇讽刺日本政府的积极接受态度，“与其说日本人唯一的目的是帮助清国培养人才，振兴国家，毋宁说确保一些人才是亲日的”[②]，一语道破日本积极接受中国留日学生的真实动机。同时，日本政府积极接受中国留日学生，也有与欧美列强争夺中国人教育权的一面。[③] 1901 年 7 月，美国的潘慎文牧师，就认为日本教育中国留学生是“对中国的新侵略”，目的是以“思想侵略取代武力侵略，教育宣传取代压迫。狡猾地企图以思想力量多于物质力量的方式征服中国”。[④] 当然，日本政府积极接受中国留学生还有内在的经济动因。吕顺长指出：“对日本来讲，中国留学生来日留学

---

① 吕顺长：《清末留日学生从量到质的转变——关于清末“五校特约”留学的考察》，《浙江大学学报》2001 年第 1 期。

② Holmes H. Welch, *The Buddhist Revival in China* , Cambridge: Harvard University Press, 1968, pp. 163—164.

③ 服部宇之吉：《支那教育に対する所見》，《中央公論》第 14 卷 3 号，1909 年 3 月。

④ A. P. Parker, “A New Japanese Invasion of China”, *The chineseRecorder* Vol32, No. 7 ,July, 1901, p356.

的所有消费，就是日方的一大笔收入。”[①] 中村卷治在中国留日学生反对“取缔规则”运动中，告诫日本政府限制他们转学则是剥夺求学自由，日本会因此失去每年500万日元的收益[②]，可见中国留日学生还给日本带来了不小的经济收益。

因此，日本政府采取相对积极的接受态度，是甲午战后中国兴起留日热潮的一个重要因素。任达对此评价道：“日本替中国训练军官、现代教员和政府行政人员，藉以吸引中国；其后涌到日本的中国人，也受到日本人，包括政府和非政府的真诚感人的接待。”[③] 这显然夸大了日本人接受中国留学生的“真诚”程度，毕竟清末留日学生在日本所受屈辱与嘲讽比比皆是。[④] 不过，暂且抛开日本政府和亚洲主义者别有用心的阴谋外，至少这种形式上的欢迎与热情，确实也感染了不少初到日本的中国留学生。马里乌斯·詹森也说：“不少日本有识之士……为中国学生提出设立特别课程、学校和资金，强调使中国学生全面了解日本生活的重要性。”[⑤] 这些建议在明治时代虽未变成现实，但日本朝野人士对中国留日学生待遇的关注，确实鼓舞着不少中国学生在甲午战败后转向“以日为师”，寻求祖国独立富强之路。

---

① 吕顺长：《清末浙江与日本》，第102页。

② 実藤恵秀：《中国人日本留学史》，第469页。

③ 任达著，李仲贤译：《新政革命与日本——中国，1898—1912》，第217页。

④ 実藤恵秀：《中国人日本留学史》，第212—214、218—219页。

⑤ Marius B. Jansen: *Japan and China: Form War to Peace*, 1894—1972, Chicago: Rand Ncnally College Pub. Co., 1975, p151.

四、小结

同为西力东渐受害者的中日两国，同样进行自上而下的改革与维新，结果迥然不同，虽然其原因种种，但一个不可忽视的事实是，日本大力发展教育事业，领先欧美诸国而普及义务教育，不仅为本国蓄养人力，赢得摆脱半殖民地危险的先机，而且尚有余力在甲午战后接受和教育中国留日学生，这种改革与发展重点的正确选择和贯彻落实之精神至今仍值得学习。但是，日本政府和亚洲主义者积极欢迎中国留日学生，妄图通过留学教育，实现培植亲日势力和向大陆扩张的侵略目的，违背了留学教育传播科学文化知识和人类文明、进步思想的基本规律，结果适得其反，最后从留日学生心中的学习“楷模”堕落为人类“公敌”。即使日本在第一次世界大战后试图改善中国留日学生的学习和生活环境①，决定“退还”部分庚子赔款，资助留日学生和实施“东方文化事业”，也难以掩饰其侵华扩张的根本目的和试图挽回留日学生对日本仅存的一点点幻想的努力。这一点从留日学生与日本政府不断加剧的冲突②，以及后来多数留日学生积极参加抗日战争的事实就可以证明。

---

① 徐志民：《1918～1926年日本政府改善中国留日学生政策初探》，《史学月刊》2010年第3期；徐志民：《放任自流与优待主义——日本对民初留日学生政策（1912—1917）》，《民国档案》2019年第2期。

② 参见张海鹏：《中国留日学生与祖国的历史命运》，《中国社会科学》1996年第6期；刘建美：《全面抗战爆发前留日学生的抗日救亡运动》，《党史研究与教学》2003年第4期；谢忠宇：《战前中国留日学生与日本的矛盾冲突考略》，《日本学论坛》2004年第3期，等。

第二章　东方文化事业与留日学生

所谓“东方文化事业”主要指日本国会于 1923 年 3 月通过《对华文化事业特别会计法案》，决定退还庚款兴办对华文化事业，后经中日两国政府协商与换文，组建由中日双方委员参加的东方文化事业总委员会，负责筹建北京人文科学研究所、上海自然科学研究所，资助中日文化交流和中国留日学生等事业。[①] 作为近代中日文化交流史上的重要内容，“东方文化事业”长期受到日本学界的关注。1996 年，山根幸夫综述了此前有关“东方文化事业”的日文成果。[②] 21 世纪以来，阿部洋、山根幸夫；熊本史雄等人，综合性地研究了“东方文化事业”的发展演变史。[③] 中国学界虽在近代中日文化交流史、庚子赔款的相关研究中对“东方文化事业”有所

---

① 山根幸夫：《東方文化事業の歴史——昭和前期における日中文化交流》，東京，汲古書院 2005 年版。

② 山根幸夫ほか編：《近代日中関係史研究入門》，東京，研文出版 1996 年版。

③ 阿部洋：《“対支文化事業”の研究——戦前期日中教育文化交流の展開と挫折》，東京，汲古書院 2004 年版；山根幸夫：《東方文化事業の歴史——昭和前期における日中文化交流》，熊本史雄：《大戦間期の対中国文化外交——外務省記録にみる政策決定過程》，東京，吉川弘文館 2013 年版。

涉及[①]，但直到21世纪才关注上海自然科学研究所、北京人文科学研究所，以及东方文化事业总委员会的活动[②]，且总体上认为该事业是日本的对华文化侵略，与日本学界相对积极之评价有所区别。[③]

---

① 具体说来，一是近代中日教育交流史方面的成果，往往涉及日本退还庚款补助中国留日学生事宜，如舒新城的《近代中国留学史》（上海，中华书局1929年版），辟有专章介绍“日本对华文化事业与留日”。二是庚子赔款之研究成果，多含有日本退还庚款兴办对华文化事业的内容。如，王树槐的《庚子赔款》（台北，“中央研究院”近代史研究所1974年版）。三是近代中日文化关系史方面的成果，亦往往包含“东方文化事业”。如，王古鲁编著《最近日人研究中国学术之一斑》（南京，日本研究会1936年印），第四章即为“利用庚子赔款等款所办之文化事业”。黄福庆的《近代日本在华文化及社会事业之研究》（台北，“中央研究院”近代史研究所1983年版），亦设“日本庚款的处理政策”一章，主要介绍日本退还庚款的运用情况。

② 上海自然科学研究所近年受到一些青年学者的关注，代表性成果有，梁波、翟文豹：《日本在中国的殖民科研机构——上海自然科学研究所》，《中国科技史料》2002年第3期；孙建春：《上海自然科学研究所及其出版的刊物》，《科技情报开发与经济》2006年第13期；李强：《关于历史争议人物余云岫的史料补充——兼述民国和日伪时期“上海自然科学研究所”》，《中医文献杂志》2009年第3期；李嘉冬：《上海自然科学研究所設立の経緯——日本の東方文化化事業をめぐって——》，《立命館経済学》2009年第5、6期合刊；李嘉冬：《新城新蔵と日本の東方文化事業：上海自然科学研究所長時代の活動を中心に》，《京都大学大学文書館研究紀要》第8号，2009年12月；李嘉冬：《近代上海日侨社会的特殊群体——关于上海自然科学研究所科研人员的研究》，《管理观察》2015年第20期。关于上海日本近代科学图书馆的主要成果有，石嘉：《抗战时期日本在上海的文化侵略——以上海日本近代科学图书馆为例》，《江苏社会科学》2015年第1期。关于北京人文科学研究所的研究成果，主要有孙颖、徐冰：《“北京人文科学研究所”筹建始末——20世纪上半叶日本对华文化侵略之典型一例》，《求是学刊》2007年第5期。关于日本退还庚款补助留日学生的研究成果，主要有徐志民：《日本政府的庚款补给中国留日学生政策述评》，《抗日战争研究》2012年第3期；孙颖：《20世纪上半叶中日文化关系的一个片断——“东方文化事业”留学生学费补给制度考略》，《贵州民族学院学报》2006年第2期。关于东方文化事业总委员会及其活动的成果，主要有孙颖：《二十世纪上半叶日本的“对支文化事业”研究》，博士学位论文，东北师范大学，2008年；孙颖、徐冰：《“东方文化事业委员会”活动研究》，《宁夏社会科学》2014年第2期。

③ 李嘉冬：《日本的东方文化事业之发端研究》，王建朗、栾景河主编《近代中国：政治与外交》（下卷），社会科学文献出版社2010年版，第659—660页。

日本退还庚款兴办对华文化事业，既有顺应国际上退还庚款的趋势与潮流，也有以此缓和中国人的反日情绪，促进“日中亲善”感情的内在需求。客观地说，当时中国各界对日本政府“退还”庚款也抱有期待。遗憾的是，这种期待随着“东方文化事业”的启动，逐渐转变为对“东方文化事业”的疑惑、警惕、批评、反对和抵制。或许可以成为中日文化“合作”契机的“东方文化事业”，缘何迅速转变为文化对抗的靶子？最终，“东方文化事业”既未实现日本政府缓和中国人反日情绪、促进“日中亲善”的既定目标，也未达到中国各界要求日本全数退还庚款和掌握“东方文化事业”主导权的目的，成为一种零和博弈，甚至是负和博弈。本章拟通过梳理与分析 20 世纪 20 年代至 30 年代初中国政府、文化教育界、留日学生对“东方文化事业”态度转变的原因[①]，还原中国各界对“东方文化事业”态度的各种面相，探讨文化交流与国际政治之间的复杂关系，从而以史为鉴，为国际间的文化交流提供某些借鉴和启示。

---

① 之所以选择中国政府、文化教育界、留日学生，主要是因为“东方文化事业”本身依据中日两国政府签订的《中日文化协定》《沈—芳泽换文》而开始，离不开中国政府的配合，且主要内容是兴办中日文化教育设施，资助中日文化教育界人士的交流与留日学生。据统计，日本所谓“退还”庚款，“其中全部用于中国人者，一为留日学生之补助，一为中国学者学生之访问费用，此两者合计，共约值 6100000 元，算是日本人对中国的退还，尚不及用费的百分之十九”。其余皆被视作“挪用”。参见王树槐：《庚子赔款》，第 537 页。笔者将研究时限定为“九一八”事变前，因为“九一八”事变后“东方文化事业”成了日本单独推行的“对华文化事业”，已失去探讨中日文化“合作”的意义。

一、中国政府：从感谢到抗议

为数至巨的庚款，无论清末还是民初都是中国政府一项极为沉重的负担，故缓付、停付乃至退还庚款是中国政府外交努力的一个重要方向。1908 年美国退还庚款之事，就源于中国驻美公使梁诚之对美交涉。[①] 第一次世界大战爆发后，英、法、俄力邀中国参战，日本亦在“完成对华利权侵占的外交部署”后力主中国对德绝交、参战。段祺瑞执政府于 1917 年 2 月 15 日向日本提出缓付庚款请求，获得日本政府“允予考虑”，“原则上无异议”，“尽量劝诱他国符合中国的希望”。11 月 30 日，协约各国驻华公使函告中国：庚款自 12 月 1 日延付五年。[②] 美国退还庚款与协约各国同意延付庚款，使中国政府和社会各界看到了列强退还庚款的“曙光”。

日本政府为缓和提出“二十一条要求”以来中国人的反日情绪，决定效仿美国退款兴学。驻华公使林权助鉴于中国“留美者亲美，留日者反日”的现象，于 1918 年 2 月 24 日致函外务大臣本野一郎，建议政府效法美国，“通过减免庚子赔款或其他方法”，改善留日学生教育设施，加强对华文化事业投资。[③] 日本各界亦纷纷建

---

① 程新国：《庚款留学百年》，中国出版集团・东方出版中心 2005 年版，第 9 页。

② 王树槐：《庚子赔款》，第 240—243 页。

③ 阿部洋：《戦前日本の“対支文化事業”と中国人留学生——以学費補給問題を中心に》，国立教育研究所：《国立教育研究所紀要》第 121 集，1992 年 3 月。

议政府发展对华文化教育事业，以改变中国人对日逐渐恶化的感情。[①] 5月，以倡导“文装武备”论著称的后藤新平继任外务大臣后，便告知林公使：日本政府有意退还庚款，并派西原亀三先行与曹汝霖会谈。[②] 6月，林公使致电后藤外务大臣，建议将退还之庚款优先用于文化教育事业或卫生福祉事业。[③] 9月21日，后藤外务大臣向中国驻日公使章宗祥提出非正式备忘录，表示日本“将于适当时机，抛弃赔偿金的请求权，办法另行考虑”。[④]

中国政府对此表示欢迎，并专门致函日本政府表示感谢。[⑤] 国际社会对日本政府此举备感迷惑，甚至质疑其中必有内幕时，中国外交部主动为其辟谣。当时，路透社发表消息称：日本政府退还庚款，传闻以中国聘请日本人作为巴黎和会顾问，以及以矿砂、棉花自由出口等作为条件；中国内地的一些英文报纸亦指责日本退还庚款是“虚伪”行为。9月28日，日本政府要求中国外交部出面澄清。中国外交部非常爽快，表示“此事不待日本提及，亦当更

---

① 《1. 第四十四議会/4 支那共和国留学生ニ関スル質問主意書〔及び答弁書〕》、《第四十四議会/7 支那留学生ニ対スル建議案提出ノ件》，《帝国議会関係雑纂/質問答弁》第7巻，外務省外交史料館藏，アジア歴史資料センター、レファレンスコード，B03041441400、B03041441700。

② 阿部洋：《“対支文化事業”の研究——戦前期日中教育文化交流の展開と挫折》，第181页。

③ 熊本史雄：《第一次大戦期における外務省の対中政策——“経済提携”から“文化提携”への転換》，《史境》第45号，2002年9月。

④ 《対支文化事業ノ沿革及現状（第五十議会用）大正十三年十二月調》，《帝国議会関係雑纂/説明資料/対支文化事業》第2巻，外務省外交史料館藏，アジア歴史資料センター、レファレンスコード：B03041496600。

⑤ 外務省編纂：《日本外交文書》（大正十二年第二册），東京，統計印刷工業株式会社1979年版，第433页。

正”[1]，由此可见中国政府对日本退还庚款的感激之情。此后，日本国会、外务省等开始具体讨论退还庚款事宜，包括退还庚款的办法及使用方法。[2] 中国外交部则催促日本尽早退还庚款。

1923 年 3 月 30 日，日本以法令第 36 号公布《对华文化事业特别会计法案》，正式退还庚款，以兴办对华文化事业。该法案主要内容如下：一是规定对华文化事业特别会计的资金来源，系日本退还之庚款、胶济铁路赎金、山东矿山公司和青岛公有财产及盐业补偿金。二是规定对华文化事业特别会计的业务范围：“1. 资助在中国举办的教育、学艺、卫生救恤及其他文化事业；2. 支持在日中国人的前述事业或同类事业；3. 支持日本国内有关中国的学术研究事业。”三是规定对华文化事业特别会计资金的支出限额为每年 250 万日元，使用程序是日本政府制定其每年之收支预算、决算，并上报国会审议，获得批准后从大藏省支出。[3] 这是日后《中日文化协定》和“东方文化事业”的所谓“法理”基础，也是中国各界认为日本并未真正退还庚款而转变对“东方文化事业”态度的重要原因。

北京政府为避免日本单独掌控庚款，两次委派江西省教育厅厅长、参议院议员朱念祖和教育部参事陈延龄赴日沟通。一是 1923 年春，朱念祖、陈延龄等人赴日考察，以了解日本社会关于退还庚款兴办文化事业的态度，也向日本社会传达中国各界关于使用日本

① 王树槐：《庚子赔款》，第 485—486 页。

② 阿部洋：《“対支文化事業”の研究——戦前期日中教育文化交流の展開と挫折》，第 185—187 页。

③ 《義和団事件賠償金還付ニ関スル建議案》，《東方文化事業部関係会計雑件》第 1 卷，外務省外交史料館蔵，アジア歴史資料センター、レファレンスコード，B05015062700。

退还庚款的意见和建议。[①] 二是同年 12 月，北京政府再派朱念祖和陈延龄等人赴日，协助驻日公使汪荣宝与日方商谈此事。中日双方经过 1923 年底 1924 年初的两轮会谈，于 2 月 6 日由汪荣宝与外务省亚洲局局长出渊胜次草签《对华文化事业非正式协议会备忘录》，史称《汪—出渊协定》或《中日文化协定》。其主要内容包括日本尊重中国有识之士的意见；在北京设立图书馆及人文科学研究所、在上海设立自然科学研究所，在庚款基金有余额的情况下，于适当地点设立博物馆、在济南设立医科大学及附设医院、在广州设立医科学校及附属医院；针对前述各项事业，成立约有 20 名委员组成的评议委员会，委员中日各半，且由中国人担任主席；中国政府为在北京设立的图书馆及研究所“无偿供给土地”。[②]

此后，中日为落实《中日文化协定》进行协商。1924 年 12 月 20 日，外务省“对支文化事务局”改名为更易被中国人接受的“文化事业部”[③]，中日双方开始筹备组建中日文化事业委员会。1925 年 2 月，外务省事务官朝冈健受命来华，协助日本驻华公使芳泽谦吉与中国政府交涉筹建委员会事宜，但由于其态度傲慢，引起中国教育界反感，以致北京政府教育部、外交部对组建中日文化事业委员会态度消极。后经日本政府“工作”和北京政府法制院院长姚震从中斡旋，中日于 4 月 23 日达成初步协议。5 月 4 日，中国外交总长沈瑞麟与芳泽谦吉正式换文，史称《沈—芳泽换文》。[④] 该换

---

① 朱念祖、陈延龄：《退款问题之日人舆论》，東京，鲜明舍印刷所 1923 年版，第 3—59 页。

② 王树槐：《庚子赔款》，第 489—490 页。

③ 阿部洋：《“对支文化事業”の研究——戦前期日中教育文化交流の展開と挫折》，第 204 页。

④ 黄福庆：《近代日本在华文化及社会事业之研究》，第 143—145 页。

文确认组建由中日双方委员参加，且由中方委员担任委员长的中日文化事业总委员会，以及设立该会之上海分委员会、北京分委员会，但由于北京人文科学研究所土地使用权问题迟迟未能解决，故为避免叠床架屋之嫌，北京分委员会一直未能成立，由总委员会代理其事务。[①]

1925 年 10 月，中日文化事业总委员会在北京北海公园静心斋召开第一届总会。会上，中日委员主要讨论本年度的经费支配和总委员会章程问题。日方委员以“建筑设备研究经费系由该国国会通过”，不能交总委员会支配，“经列席审查员胡敦复、郑贞文、王式通等力争，终无结果”。[②] 当委员长柯劭忞提出讨论总委员会章程时，日方委员入泽达吉以天色已晚，且须与大河内正敏、山崎直方委员当晚回国，致使未经讨论便宣布闭会。1926 年 6 月，东亚同文会理事大内畅三赴北京，与中方委员交换意见，并于 7 月召开临时会议，决定将该会更名为东方文化事业总委员会，通过《东方文化事业总委员会章程》，宣称该会“筹划决定并管理以庚款举办之文化事业”[③]，但不能抵触《对华文化事业特别会计法案》及其相关法规[④]，尤其是“东方文化事业”经费需经日本国会批准，导致东方文化事业总委员会实际上没有任何权力。北京政府为此提出抗议，称如此情况下便没有必要与日方一起推行“共同文化事业”[⑤]，反映

① 王古鲁：《最近日人研究中国学术之一斑》，第 189 页。
② 《中日文化事业已告停顿——我国委员向政府报告经过》，《晨报》1925 年 10 月 19 日。
③ 王古鲁：《最近日人研究中国学术之一斑》，第 179 页。
④ 《1. 第一回総会大正十四年十月分割 2》，《総委員会関係雑件/総委員会総会関係》第 1 巻，外務省外交史料館蔵，アジア歴史資料センター、レファレンスコード，B05015165800。
⑤ 外務省外交史料館：《東方文化事業総委員会記録》，昭和 4 年 8 月，第 124—125 页。

了其对日本主导“东方文化事业”的不满与失落，但“晓得他行不通，却没有断然拒绝的勇气”。[①]

1926年10月，东方文化事业总委员会在日本东京帝国学士院会馆召开第二届总会。会上，中方委员郑贞文提出：“（一）应于最近期内将庚款全部退还中国；（二）应将以庚款所举办之文化事业之全部，不论其在中国或日本均归本会办理；（三）应增加研究费。”[②] 结果是“日庚款退还问题则毫无下落”[③]，“乃日本方面用种种手腕，北京政府堕入其术中”，中方委员不得已委曲求全，“但求图书馆、研究所能以中国利益为主体，其他皆不复争论”。随之，在1927年的上海分委员会会议中，中方委员主张在上海自然科学研究所成立以前，先派研究生赴欧美与日本留学，以培养研究人才；日方委员则主张依托日本各大学先行展开研究，且设立一些涉及中国经济命脉和国家安全的调查研究题目，并不顾中方委员反对，“强制通过”。中方委员“忍无可忍，退席后拟相率辞职”。其中，秦汾、胡敦复两委员登报辞职，尤其是秦汾作为教育部参事，实为政府代表，反映“是此案虽北京政府且不能同意矣”。[④]

1927年10月，东方文化事业总委员会在位于北京王府井大街甜水井的事务所召开了临时总会及第三届总会，并于12月18日将事务所迁至王府井大街东厂胡同，且在20日成立北京人文科学研究所。[⑤] 但是，日本政府和军部为阻挠北伐，完全不顾此时的“文

---

① 《七零八落之东方文化事业》，《教育杂志》1927年第2号。

② 《所谓“东方文化事业”之失败与反抗》，《教育杂志》1927年第1号。

③ 力：《举国反对的外交性质的“东方文化事业”》，《新教育评论》1926年第1期。

④ 《所谓“东方文化事业”之失败与反抗》，《教育杂志》1927年第1号。

⑤ 阿部洋：《“対支文化事業”の研究——戦前期日中教育文化交流の展開と挫折》，第304—307页。

化合作”而出兵山东，并于1928年5月3日制造“济南惨案”。东方文化事业总委员会全体中方委员，基于义愤，“特于五月十三日开会决议，一致声明退出该会”。[①] 他们响应国内各界要求日本全数返还庚款和自主办理文化事业的呼声，不接受日本一方面对华武力侵略，一方面高唱“日中亲善”与“文化合作”的虚伪行为。

中国国民党对日本政府与北京政府“合作”的“东方文化事业”更持否定态度，认为“东方文化事业委员会乃为日本政府外部之附属机关，以庚子赔款作为对华文化侵略之用”。北伐军占领上海后，国民党上海市党部针对“东方文化事业”发表宣言，指责东方文化事业总委员会“本根据于中日文化协定，而该协定则并非与代表人民利益之国民政府签订，且为多数教育学术团体所反对，似无存在之价值。其中国方面之委员，又全属于最腐败之研究系。而该系之行动，已为国人所不满；盖以其勾结帝国主义，依附军阀把持各国退还庚款，尽用于反动教育之设施，吾人深信于此国民政府势力向北急展之际，日本政府实有重新考虑之必要。如果日本政府未能尊重多数学术教育团体之主张，中止该委员会之进行，另循正当之途径，则必致激起盛大之反日运动”。[②] 即，中国国民党不承认《中日文化协定》，反对东方文化事业总委员会的现行活动。

南京国民政府成立后，祭出“革命外交”大旗，要求日本全数返还庚款和废除《中日文化协定》。1929年10月23日，教育部部长蒋梦麟致函中国驻日公使馆，查证《中日文化协定》签署经过和

---

① 《东方文化事业总委员会中国委员退出》，《中华图书馆协会会报》1928年第6期。

② 《所谓“东方文化事业”之失败与反抗》，《教育杂志》1927年第1号。

具体内容[①]，指责该协定已沦为日本对华文化侵略工具，训令留日学生停止接受日本外务省文化事业部的学费补助，敦请中央政府对日交涉废止之。[②] 12 月 26 日，外交部令驻日公使汪荣宝对日交涉此事。1930 年 1 月 29 日，汪荣宝赴外务省表示废止《中日文化协定》之意，此后经年交涉，但日方坚持“无意变更既定之方针，只可商讨运用事项”。[③] 直至 1931 年 1 月 9 日，中日达成各派三名代表交换意见，以“求一解决方法”[④]，但双方选定和任命代表已是 8 月，一个月后“九一八”事变爆发。[⑤] 此后，“东方文化事业”成了日本单独推行的对华文化事业，并在伪满洲国成立后拆分出“对满文化事业”，赤裸裸地成为辅助日本对华文化侵略的工具。

财政困窘的北京政府对日本退还庚款抱有期待，以至 1918 年 9

① 《補給留学生規程ニ関シ江参事官来省　昭和四年十一月》，《補給留学生規則関係雑件》，外務省外交史料館蔵，アジア歴史資料センター、レファレンスコード，B05015411100。

② 《教育部请废止日本对华文化事业协定及换文》（1929 年 11 月 16 日），“中华民国”外交问题研究会编《国民政府北伐后中日外交关系》，“中华民国”外交问题研究会 1964 年编印，第 12—16 页。

③ 1930 年 6 月 18 日，汪荣宝照会日本外务大臣币原喜重郎，提出《日本退还庚款协定草案》，建议：1. 1922 年 12 月以后的庚款全部返还中国，将其用于办理中国的教育文化事业，这也是日本的承诺；2. 中国政府为管理和支配日本返还的庚子赔款，将组织自主的中日庚款委员会，任命若干日本人为委员；3. 日本返还的庚子赔款中，三分之二投资营利性的建设事业，其获利资金用于办理教育文化事业，三分之一则直接用于教育文化事业；4. 1930 年对留日学生学费补助的金额及年限等，与以前的相同，此后的分配及其欠员补选，全部由留日学生监督处主管，废除以前的选拔留学生制度。这一草案表达了国民政府在不废除《中日文化协定》的情况下，掌握日本退还庚款的管理及分配大权的强烈要求。参见阿部洋：《戦前日本の“对支文化事業”と中国人留学生——以学費補給問題を中心に》，国立教育研究所：《国立教育研究所紀要》第 121 集，1992 年 3 月。

④ 王树槐：《庚子赔款》，第 510—511 页。

⑤ 阿部洋：《“对支文化事業”の研究——戦前期日中教育文化交流の展開と挫折》，第 490—491 页。

月后藤外相只是画饼充饥式地表示将于适当时机放弃庚款时接连“致谢”，似乎为中日文化“合作”与“亲善”带来了难得契机。遗憾的是，随着《对华文化事业特别会计法案》公布、《中日文化协定》签订和“东方文化事业”的开启，中国各界发现所谓“退还”庚款不过是日本虚晃一枪，最终由日本政府控制庚款使用权。所谓“东方文化事业”不过是以中日文化“合作”为掩饰的对华文化侵略而已，东方文化事业总委员会根本没有筹划、决定和管理权。因此，原本负责签署《中日文化协定》的汪荣宝，在南京国民政府时期受命对日交涉废除该协定和要求日本全数返还庚款，但遭到日本政府拒绝，引发中国文化教育界愈来愈强烈的反对声潮。中日文化事业由形式上的“合作”，转向政府、民间全方位的“对抗”。

二、文化教育界：合作与反对

1922 年以来，各国退还庚款事务略有眉目，中国各界从以前重点对外争取退还庚款，逐渐转变为对内争夺庚款使用权，以致在 1923—1925 年间发生了退还庚款用于文化教育事业还是实业的争论。[①] 文化教育界鉴于政府时常挪用教育经费，主张各国退还之庚款全部用于教育事业，“不得挪用”，且“脱离政治、外交、宗教等关系，由学者共同处理”。但是，吴佩孚、孙传芳等军阀巨头，以及孙科、王正廷、张謇等政界名流，主张以退还庚款首先用于筑路、兴办实业，然后以实业生利，从而永固教育基金。[②] 其实，退

① 《団匪賠償金の使途　呉佩孚氏の鉄道敷設主張に教育会は何処までも反对》，《大阪每日新聞》1924 年 8 月 19 日。

② 王树槐：《庚子赔款》，第 345—358 页。

还之庚款使用权之争，更多地反映了北京政府及各地政府财政困窘、教育经费多被挪用的客观现实。

1923年3月，日本国会通过《对华文化事业特别会计法案》后，中国各界尤其是文化教育界希望日本政府改弦更张，将退还之庚款交由中国政府处理，或设立中日双方人士各半的委员会，以资助中国的文化教育事业。当时，北京、济南、南京、汉口，以及广东、云南等地的文化教育界人士，纷纷提出借此发扬东方文化，在各地设立图书馆、博物馆、研究所，扩充大学，补助留日学生学费等建议。[①] 10月，前中华医学会会长伍连德博士，作为日本退还庚款资助的首位中日互换教授，赴日进行学术交流。他借此机会宣传中国学者对日本退还庚款、兴办对华文化事业的观点，提出并散发《中日文化关系促进案》，建议以庚款在北京设立图书馆、广州设立医科大学及医院、济南设立博物馆、上海或南京设立实验医学及科学研究所，且认为应“在中国设立董事会，该会由相同人数的中日两国委员组成，另外由一名中国人担任会长”[②]，以此消除中日之间的各种误解。

总体而言，当时中国文化教育界对日本退还庚款资助中国文化教育事业“尚存一份欢迎之心”[③]，以合作的态度提出共同经营“东方文化事业”的建议。如，北京大学组织临时委员会研究庚款，教育部专门派遣汤中办理日本退还庚款事宜。北京大学校长蒋梦麟建

---

① 阿部洋：《“対支文化事業”の研究——戦前期日中教育文化交流の展開と挫折》，第259—260页。

② 李嘉冬：《日本的东方文化事业之发端研究》，王建朗、栾景河主编：《近代中国：政治与外交》（下卷），第669—670页。

③ 王树槐：《庚子赔款》，第491页。

议将“对支文化事业”改称“东方学术事业”[①]，驻日公使汪荣宝建议将这一名称改为“东方文化事业”[②]，以体现中日合作、共同发扬东方文化的精神。1924年4月11日，北京师范大学首任校长范源濂，在宴请日本文学博士服部宇之吉时，批评“对支文化事业局”设于外务省内，且其经费预算要经过日本国会批准，很难说“超越政治”，提出中日文化事业无论“精神与形式都要超越政治”[③]，反映了他对中日文化事业的期待。6月11日，“东方文化学社”在北京成立，王正廷、朱念祖等到会祝贺。他们以发扬东方文化自居，宣称将东方文化普及于欧美是东方各个民族之共同责任。[④] 一时间，借助日本退还庚款兴办对华文化事业之机会，弘扬东方文化似乎成了一股潮流。

不过，有人对日本退还庚款兴办对华文化事业的诚意表示怀疑，进而提出警告。1924年5月，朱经农称日本退还庚款、兴办“对华文化事业”是“似是而非的退还，似是而非的合作”。他与王云五等42人联合提出意见，要求将该事业正名为“中国文化事业协进会”，强调为中国人而设；提出为保持学术独立，任何政治外交人士不得参与，完全成立由中日两国学者组成，且由中国人担任理事长的理事会；另外，在北京、上海、广州设立的图书馆及研究所，应由中国人担任所长、馆长、研究员，可以聘请日本人担任顾问，以免代办文化之嫌；最后，他们警告日本如善意办理：“不特

① 《北京大学对于日本以庚子赔款在中国举办学术事业意见书》，《北京大学日刊》第1455号，1924年4月26日。

② 阿部洋：《“对支文化事業”の研究——戦前期日中教育文化交流の展開と挫折》，第223页。

③ 《日本对支文化事业的第二幕》，《东方杂志》第21卷第9期，1924年5月。

④ 王树槐：《庚子赔款》，第492页。

中日两国友谊将因此日益浓厚，即世界永久和平之基，亦将由此奠定。苟假对支文化之名，行文化侵略之实，曰退还而仍不还，言亲善而终不善，则中国虽贫，何贵多此变相同文书院？弄巧成拙，欲亲转疏，既失信于中国，且贻笑于欧美，窃为日本不取也。”① 这些善意的警告，并非反对中日合办文化事业，而是希望中日真诚合作、平等互利。

但是，更多的人鉴于日本政府实际控制庚款和要求中国政府无偿为“东方文化事业”提供用地，认为日本退还庚款没有诚意，指责日本以此侵犯中国主权，包藏文化侵略野心，发起反对和抵制日本对华文化事业的运动。1923 年 4 月 27 日，中国科学社、中国地质学会、北京师范大学等 11 个社团，联名发表宣言，反对日本对华文化事业，要求日本政府“反省”。② 此后，中国文化教育界不断敦请政府对日交涉，要求取消《中日文化协定》。③ 1925 年 5 月 4 日，沈瑞麟与芳泽谦吉就《中日文化协定》正式换文，规定中日文化事业总委员会不得抵触《对华文化事业特别会计法案》④，如此公

---

① 王树槐：《庚子赔款》，第 491—492 页。

② 《学术团体对日本文化事业之宣言》，《东方杂志》第 21 卷第 11 期，1924 年 6 月。

③ 阿部洋：《“对支文化事業”の研究——戦前期日中教育文化交流の展開と挫折》，第 251—254 页。

④ 《1. 第一回総会　大正十四年十月　分割 2》，《総委員会関係雑件/総委員会総会関係》第 1 巻，外務省外交史料館藏，アジア歴史資料センター、レファレンスコード，B05015165800。

然“让渡”文化事业主权的行为，引起国内社会的强烈不满与反对。[①]

综合中国文化教育界反对与抵制“东方文化事业”的各种声音，主要有以下三类。一是侵犯中国主权，危及中国安全。1926年12月21日，江苏省教育会发表宣言，指责东方文化事业总委员会不得抵触日本法令，且由日本外务省文化事业部掌握其最后决定权，从而将日本内政延伸至中国内地，犹如日本所提“二十一条要求”第五号第二款的“翻版”，令人警惕，实堪忧虑，强烈反对。他们发表反对宣言如下：

> 全国教育同人公鉴，自各国退还庚子赔款之说起，日本即利用庚款，拟在我国内举办各种文化事业。假亲善之美名，欺我国少数人国际知识之幼稚，遂有十四年之中日协定中日换文，并在京组织东方文化事业总委员会。考中日协定最堪注意之点，为总委员会于不抵触日本法令之范围，有计划决定及管理之三权，但将来如有计划，仍须经日本帝国议会协助后，始能发生效力。日本外务省之文化事业部，仍有最后决定之实权等语。凡此规定均不能超越日本政治之支配，查日本二十一条之要求第五号第二款载，日本在中国内地所有之医院、教堂及学堂，须许以土地所有权等语。今东方文化事业委员会之办

---

① 如，1925年6月3日，中国教育界19个团体联合发表宣言，敦请政府废止《中日文化协定》。1926年6月，中华教育改进社强烈谴责日本对华文化事业侵害中国主权，请求政府对日交涉。8月11日，国立九校教职员联席代表、中华教育改进社干事、私立五大学代表联合开会，并发表声明：在日本未彻底退还庚款之前，否认其在华文化事业；请求政府取消《中日文化协定》；劝告东方文化事业总委员会中方委员表明态度，否则予以警告，再则以严厉手段对付。参见王树槐：《庚子赔款》，第493、501—502页。

法，既以日本内政之一部分，施行于我国领土，实含有二十一条第五号第二款之意味。……查此次东方文化事业分委员会在沪开会，我国委员无置喙余地，所定研究题目，均关我国财富命脉。其文化侵略经济侵略并进之计划，已昭然若揭。①

中国科学社从专业角度出发，分析了东方文化事业总委员会上海分委员会设定之研究题目的险恶用心。“如《天然无机化学之相律研究》，实为吾国铁藏之探测；《扬子江之鱼类研究》，实为吾国沿江水产之调查；菌类发酵之研究，实为吾国酿酒及其他有机化学工业之探考。以上均吾国财富及经济之命脉，日学者竟不分国界，必欲代为研究，其意何居，此尤吾人感激之余，所深抱不安者也。此外如测地磁及地心重力及流行病研究题目，皆须旅行全国内地。以异国侨民欲获得深入吾国腹地之自由，命意虽善，亦非独立国家所能容许也。观于最近在日本及上海东方文化事业会议之经过，及从前北京政府所定之中日文化协定，本社同人认为中日文化协定实为日政府文化侵略、经济侵略并进之工具，吾人应即一致否认。”②指责《中日文化协定》“丧权辱国”，不仅是日本对华文化侵略的工具，而且是经济侵略的工具，强烈要求废止。

二是毫无退款诚意，以文化之名，行侵略之实。中国文化教育界人士普遍认为日本根本没有退款兴学的诚意，不过是借“东方文化事业”的美名混淆视听，行“外交侵略”之实。他们指出：“日本用种种手段来敷衍，设立了什么文化事业委员会。名称由‘对支’，而‘支日’，而‘中日’，而‘东方’，变化虽多，实际还不过

① 《本会否认东方文化事业委员会宣言（二十一日）》，《江苏教育会月报》1926 年第 12 期。
② 《所谓“东方文化事业”之失败与反抗》，《教育杂志》1927 年第 1 号。

是日本外务省内对支文化事务局的一个附属执行机关。换句话说，就是‘日本对支文化侵略公司’的一个支店。他们的关系是：日本帝国政府——外务省——对支文化事务局——东方文化事业委员会。这样委员会可办的事业乃是日本的内政，日本的外交。借文化事业的名淆惑观听，引申日本的内政到中国领土上，当然是国人根本所反对的。”认为对于“这样外交性质的‘文化事业’吾人自应根据向来对于庚款问题‘先保主权，后议用途’的原则继续反对”。强调由中国团体主办东方文化事业，“这是一个最低限度的要求。日本如欲借‘东方文化事业’之名以一手掩盖天下人耳目，中国人虽至愚，誓当反对到底也！”[①]

三是要求日本真正退还庚款，否则不予合作。1927 年 1 月 11 日，中华教育改进社、中国科学社等四团体联合发表宣言，谴责日本退还之庚款“不幸为野心的外交家所利用，竟把这笔款项拿来作为侵略中国之资本。所以他在外务省之下设立对支文化事务局，预备要在中国境内伸张他的行政权，开教育文化的租界、殖民地”，故提出五条斗争办法，即：1. 日本未正式退还庚款以前，凡属本团体成员，不得加入东方文化委员会充当委员；即使加入，须于本宣言发出 10 日以内，一律辞职。2. 日本未正式退还庚款以前，凡属本团体成员，不得参与获得该项赔款所办之任何活动。3. 日本未正式退还庚款以前，凡属于本团体之机关或个人，不得招待日本用该项赔款派遣来华之参观团体、调查团及负有其他使命之人员。4. 日本未正式退还庚款以前，凡属本团体机关或个人不得领受该项赔款之任何补助，以从事任何活动。5. 本团体当联合全国团体，群策群

① 力：《举国反对的外交性质的“东方文化事业”》，《新教育评论》1926 年第 1 期。

力，防止日本运用庚款在中国施行文化侵略，以促日本之觉悟与反省。[①] 这五条是以非暴力、不合作的方式，要求日本真正退还庚款。

中国文化教育界对“东方文化事业”的反对与抵制，实际上“并无多大效果，日人仍我行我素”[②]，故有人试图在“东方文化事业”框架内寻找中日文化“合作”之路。如《东方文化事业总委员会章程》通过后，有人认为这“在日本固可谓为成功，亦已让出若干权限于委员会，利害得失，若以公平之眼光观之，实各有其半。如今后我国委员能处处留意，国人亦积极起而监视之，未始无减少弊害与不利之可能”[③]，寄望于中方委员和国人对“东方文化事业”的监督。胡瑞霖指出：“所谓东方者，指中日而言，所谓文化者，指科学而言。此种文化在中国诚有必需，但一般之见，以为可以径取诸西方，不必转贩于日本，且西方文化者，侵略文化也，自取之则为利，人与之则为害，征诸往事，其例甚多。而日本必欲以此相贻，谓求亲善，其孰信之。故中国教育界置文化于不择，而但以保卫国权为口号也。”他建议“中日两国当共兴佛教”，“设立世界佛教图书馆”，“联布佛教于欧美”，“至已成之文化事业，若图书馆研究所等，宜姑仍之，其未定议之一部，则当决其用途于佛法。庶世界之和平可期，中日之亲善可成”。[④] 这些过于理想主义、宗教色彩的诉求，并未引起多少社会关注。

倒是个别知识分子对“东方文化事业”的“推崇”和《顺天时

① 《七零八落之东方文化事业》，《教育杂志》1927 年第 2 号。

② 王树槐：《庚子赔款》，第 509 页。

③ 《秘密解决之东方文化事业：中国委员事事让日方独断，此后事业进行仍持秘密主义》，《四川教育公报》1926 年第 8 期。

④ 胡瑞霖：《论东方文化事业告当局》，《东方文化》1927 年第 3 期。

报》《盛京时报》等日系报纸对“东方文化事业”的鼓吹，更具迷惑性。1925年1月8日，《顺天时报》刊载程光铭的《日本对华文化事业之真相及我见》，吹捧日本退还庚款虽在美国之后，“然美国当初仅退还半数，日则全部退还，且其文化事业计划，较法国、英国更形大公无私”与“完美”，故招致列强“反感”，强调“学术研究是无国境之限制”的。4月4日，该报发表社论，宣称：“知识无古今中外之别，学问无欧美华日之分，又何有文化侵略之可言耶?”4月下旬，《盛京时报》刊文批驳“文化侵略”说，指责“倡文化侵略之说者”，系少数个别人，是“被害狂妄想者”，或者专以“反日”为饭碗者，“未必真正爱国”，批评“今倡文化侵略说之背后，实以军阀为后盾，暗中煽惑之结果，用以转移国人对内政腐败之注意”。[①] 这种文化无国界的理论，故意忽略文化的政治性，为“东方文化事业”张目。客观上，文化常常沦为政治的工具，这也是各国竭力保护本国优良文化，培养本国国民爱国心的重要原因之一。

由于日本政府牢牢控制庚款与“东方文化事业”的主导权，故无论日系报纸如何吹捧“东方文化事业”，都无法使中国文化教育界人士产生合作感与成就感，反而在“东方文化事业”运作中油然而生一种屈辱感和危机感。如，危害中国经济命脉与国家安全的研究题目之设置，个别中方委员的愤而辞职等，即是明证。中日文化“合作”期间，日本三次出兵山东，制造“济南惨案”，更将中国文化教育界对“东方文化事业”的些许幻想击得粉碎。于是，中国文化教育界采取理性斗争方式，开展反对与抵制“东方文化事业”活动：一是文化教育团体联合或单独发表反对宣言，二是公布以不合

① 王树槐：《庚子赔款》，第507—509页。

作为主要方式的斗争办法，三是撰写批判“东方文化事业”的文章，唤醒民众。他们的斗争虽无法直接迫使日本政府让步，却使之缓和中国民众反日情绪、促进“日中亲善”的目标化为泡影，同时促使北京政府、国民政府转变对“东方文化事业”的态度，进而影响中国留日学生对“东方文化事业”的认识。

三、留日学生：知与行的背离

中国留日学生对日本退还庚款补助其学费，最初也抱有较高期待。其原因主要有二，一是第一次世界大战以来日本物价腾贵，而中国财政困难、留学经费紧张且解送不及时，从而使不少留日学生陷入生活困境。[①] 二是日本国会自 1918 年通过两项改善中国留日学生待遇议案后[②]，不断有政要名流提出改善中国留日学生待遇的建议或对策。如，1922 年 3 月，荒川五郎、山本条太郎各自联络议员，分别向国会提出《关于退还庚子赔款的建议案》《关于对华文化事业设施的建议》，呼吁日本政府退还庚款，资助中国留日学生。[③] 8 月 9 日，日本驻上海总领事船津辰一郎致函外务大臣内田康哉，建议退还庚款充作留日学生教育经费。[④] 这些建议使留日学

---

① 孫安石：《“経費は遊学の母なり”——清末～一九三〇年代の中国留学生の留学経費と生活調査について》，大里浩秋、孫安石編：《中国人日本留学史研究の現段階》，東京，御茶の水書房 2002 年版，第 183—184 页。

② 実藤恵秀：《中国人日本留学史》，第 121 页。

③ 《義和团事件賠償金還付ニ関スル建議案》，《東方文化事業部関係会計雜件》第 1 巻，外務省外交史料館藏，アジア歴史資料センター、レファレンスコード，B05015062700。

④ 上海总领事船津辰一郎致外务大臣内田康哉：《留日学生学費問題に関する件》，1922 年 8 月 9 日，外務省外交史料館藏，請求番号，3—10—5—17—2，第 3 册。

生对日本退还庚款补助其学费产生了乐观期待。1923年初，中国留日学生听闻日本国会即将通过《对华文化事业特别会计法案》，兴奋地认为："拟以日本所获中国庚子赔款二千万元为基本金，以其年利作为中国留学生费用……所有中日间一切误解可以扫除，而此后之中国排日运动，亦必能从此消灭。"①

但是，《对华文化事业特别会计法案》公布后，中国留日学生对其由期待转为批判，并表示拒绝接受。他们指责该法案是日本政府未经与中国政府协商的单独决定，认为其中的救恤金、医院补助费等非属文化事业，且以庚款补助日本在华设立的学校，包藏日本文化侵略野心。② 1923年6月26日，中国留日学生总会发表宣言，表示拒绝接受日本所谓"退还"庚款之补助。③ 7月，留日学生散发的《中华民国留日学生关于排日问题之宣言》中，指责日本对华文化事业是在所谓"中日友好"的招牌上涂脂抹粉，借此责怪"反日者"忘恩负义，其实这种完全不顾中国人利益的文化事业，只是日本对华侵略扩张的"前驱或附属事业"而已，揭露日本政府此举犹如中元节赠物与人，却又强夺其家产或田宅作为交换，真是"何等奇妙的现象"，强调"像这样的恩惠或友好，我们无论如何不能接受"。④ 他们认为日本政府实施对华文化事业有两个目的，一是借此堵塞中国人尤其是留日学生的反日之口，二是推行文化侵略，辅助日本对华侵略扩张政策，故坚决反对之。

---

① 王树槐：《庚子赔款》，第497页。

② 阿部洋：《"对支文化事業"の研究——戦前期日中教育文化交流の展開と挫折》，第227—228页。

③ 実藤恵秀：《中国人日本留学史》，第124页。

④ 《中华民国留日学生关于排日问题之宣言》(1923年7月)，转引自実藤恵秀：《中国人日本留学史》，第125—126页。

补助留日学生学费是日本对华文化事业的重要内容，但鉴于留日学生因为欠费问题导致内部对立、冲突之局面，所以为避免刺激他们，并未载入1924年2月6日签订的《中日文化协定》，而是根据当时中日双方的“共识”[①]，北京政府教育部于1924年3月8日颁布《日本对华文化事业留学生学费补助分配办法》。其主要内容是：1. 补助留日学生的总人数为320名，以众议院的各省议员数及负担庚款数额为标准，分配各省补助名额。2. 留日学生每月学费补助金额为70日元。3. 留日官、自费生各占补助名额之一半。4. 根据就读学校确定补助名额分配顺序。首先是指定的43所官立大学，其次是3所私立大学，再次是33所官立专门学校、官立高等学校，第四是5所私立专门学校、私立大学的专门部及选科，第五是第一至第八高等学校及部分县之高等学校，第六是早稻田大学、庆应义塾大学、明治大学的预科，第七是东京高等工业学校、第一高等学校的特别预科，最后是早稻田大学、庆应义塾大学、明治大学的专门部。[②]

留日学生原本反对接受日本对华文化事业学费补助的运动，在前述分配办法颁布后不仅半途而废，反而为争夺补助名额发生了内讧。早稻田大学、明治大学等校的留日自费生，认为官费生再次接受补助属于双重补助，强烈要求修改过于照顾官费生的这一分配办法。随之，以东京高等师范学校等公立学校为中心的留日官费生，

---

① 《日本对支文化事业及其纠葛》，《东方杂志》第21卷第6期，1924年3月；阿部洋：《“对支文化事業”の研究——戦前期日中教育文化交流の展開と挫折》，第238—239、335—336页。

② 陈学恂、田正平编：《中国近代教育史资料汇编·留学教育》，第409—414页。

认为有权获得日本对华文化事业的学费补助，坚决拥护前述分配办法。[①] 于是，留日官、自费生之间围绕学费补助问题，相互攻击，使整个留日学界在此后一年多的时间内处于一种混乱状态。[②] 部分留日学生甚至大闹中国驻日公使馆和留学生监督处，以致驻日公使暂时归国，监督处人员或躲避他处，或相率辞职，最终逼迫北京政府教育部对《日本对华文化事业留学生学费补助分配办法》进行部分修改与调整。[③] 更有甚者，有的留日学生竟直接诉之日本外务省、文部省等相关机构。[④]

日本各校趁机向接受对华文化事业补助的留日学生，提出签署含有“不忘日本政府深厚恩典，尽力于日中亲善”等类似内容的“誓约书”，再次引发留日学界轩然大波。如，东京商科大学的“誓约书”，除了留日学生姓名、年级、出生年月，以及致函校长的亲笔签章和时间外，主要内容是“我此次基于日本政府对华文化事业相关法案之一的《中国留学生给费实施大纲》，从大正十三年十月开始，每月领取学费补助 70 日元，至为感谢而专心勤学，发誓毕业之后，体悟是项主旨，奋力报答隆恩”。[⑤] 其他各校“誓约书”与

---

① 阿部洋：《“对支文化事業”の研究——戦前期日中教育文化交流の展開と挫折》，第 339 页。

② 《留日学生総会の紛擾》，《在本邦留学生関係雑件》，外務省外交史料館藏，請求番号：H－5－0－0－1，第 2 册。

③ 《文化事業部補助留学生費修正弁法案 大正十五年十二月》，《民国政府ノ外国留学ニ対スル諸調査関係雑件》，外務省外交史料館藏，アジア歴史資料センター、レファレンスコード，B05016089800。

④ 孫安石：《“経費は遊学の母なり”——清末～一九三〇年代の中国留学生の留学経費と生活調査について》，大里浩秋、孫安石編：《中国人日本留学史研究の現段階》，第 191 页。

⑤ 阿部洋：《“对支文化事業”の研究——戦前期日中教育文化交流の展開と挫折》，第 346—347 页。

此大体相同，留日学生认为“只有受日本政府之意才能如此大同小异”，批判“像这样的侮辱尚敢称文化事业”。[①] 但是，随着部分留日学生在“誓约书”上签字，他们不得不屈从日方压力。

日本政府此举引起了留日学生和国人的担忧。有人指出：“日本留学生受庚款项下之资金补助者，人数不少，因我国政府未能将此项问题根本解决，而分配铨衡之权，操诸对支文化事业部，使我国多数青年而仰异国政府之鼻息。”表达了对留日学生为获得庚款补助不得已屈从日本政府的担忧与愤怒，并针对这一问题提出上、中、下三策。上策是：“我国外交当局向日本驻华公使开始交涉，提出觉书，要求我国庚子赔款悉数退还，仿照中美庚款办法，组织董事会，所有款项之支配及保管，统由董事会处理，前此双方所定之换文协定，一律废止。”中策是：“以上办法（即上策——引者注）如一时不能达其目的，应暂行改组，遴选有学识手腕者充任委员，一面仍积极交涉，促其退还，并要求撤废对支文化事业部。”下策是：“置之不闻不问，或空言片面之取消，而事实上仍一任日

---

① 阿部洋：《戦前日本の“対支文化事業”と中国人留学生——以学費補給問題を中心に》，国立教育研究所：《国立教育研究所紀要》第 121 集，1992 年 3 月。

人自由行动。”则种种弊端难以避免[①]，呼吁政府采取上策，敦促日本全数返还庚款，废除《中日文化协定》，仿效美国退还庚款之方式，由专门的董事会负责退还庚款补助留日学生事宜。

但是，日本政府妄图通过控制庚款补助留日学生事务实现收买和控制留日学生的目的，因而拒绝国民政府全数返还庚款和废止《中日文化协定》的要求。对此，一篇题为《留日庚款生仇日愈益厉害——因日当局压迫轻视、用心险恶无可忍受》的文章，揭露了日本政府的野心与做法。外务省文化事业部打着审查的名义，详细调查各校补助生的思想信仰、活动、资格、成绩等，剥夺了原本属于驻日留学生监督处选拔补助生的权力；在发给留日学生补助金时，训示他们要“亲日”，否则将立即取消其学费补助。[②] 其目的是“以中日文化事业为借口，实为文化侵略及收买走狗的手段。数年来，日本人对于中国留学生的不肖之徒以操行善良为由，给与选拔

① 《中日文化事业与外交关系》，《时事新报》1929 年 11 月 23 日。该报道指出的弊端有八：一、办理此项文化事业之经费，由前所述，系从我国庚款项下资金支出，若我国一日不问，则我国之资金，即一日任其支配。二、北平总委员会事务所，日人盘踞期间，假借文化机关之名，或发生别种作用。三、我老朽昏庸及寡廉鲜耻之徒，不免受彼方利用，为虎作伥。四、我国虽置之不理，而彼方依旧进行，如日本委员岸上镰吉赴我长江流域视察水产物，中央研究院纵派方常二君监视其行动，而彼则曰学术机关与我合作，中国意旨并非一贯。五、我国放弃不管，日本即单独行动，闻已在东西两京设立研究所，不仅不通知我国而反笑我国朝野无人。六、方今我国学术正在饥渴之时，而抱有研究学术之志愿者，又苦无经费，大率为稻粱之谋，而学殖日趋于荒落，其影响于国家社会者，实非浅鲜，今有巨款而不能利用，则等于暴弃。七、我国学界对于东方文化事业，虽甚冷观，然希望解决此事者，实繁有徒，若迁延日久，悬而不决，则士林之腹诽。八、日本留学生受庚款项下之资金补助者，人数不少，因我国政府未能将此项问题根本解决，而分配诠衡之权，操诸对支文化事业部，使我国多数青年而仰异国政府之鼻息。

② 《留日庚款生仇日愈益厉害——因日当局压迫轻视、用心险恶无可忍受》，《新闻报》1930 年 7 月 24 日。

生的名义，每月支付50乃至240日元的补助金……日本人妄想利用其作为侵略之资，培养我留日学生中的一部分为帝国主义的走狗”[①]，揭露了日本政府的险恶用心。1931年6月5日，《新京日报》的“东京通讯”栏目刊文，指责“日本政府利用选拔名义，以收买我国留日学生，现由日本文化事业部，通知各学校，选拔留日学生若干名，每月津贴日金三十元至五十元不等，现正在征集中云”[②]，也反映了日本政府利用文化事业补助费收买留日学生的情况。

留日学生对日本退还庚款和“东方文化事业”的认识，既与国内各界有大体一致的看法，也有其身处日本留学的显著特点。一是他们主要关注对华文化事业补助留日学生学费问题。二是他们对日本“退还”庚款补助其留学学费的态度变化较大。1923年3月日本国会通过《对华文化事业特别会计法案》之前，留日学生对日本“退还”庚款补助其留学费用抱有乐观期待，而之后则大为不满，认为其包藏文化侵略祸心，进而表示拒绝接受。1924年3月8日北京政府教育部颁布《日本对华文化事业留学生学费补助分配办法》后，留日学生为争取补助名额反而发生内讧，甚至为接受补助而不惜签署屈辱的“誓约书”。三是留日学生对日本“退还”庚款和“东方文化事业”的认识与行动背离。他们清楚日本以“东方文化事业”之名义，利用“退还”庚款收买留日学生为日本侵华服务，但在现实中却又主动“上钩”，甚至争抢文化事业学费补助名额。

---

① 《文化事業費支給拒絶令》，《支那時報》第13卷第3号，昭和5年（1930）9月，“時事要覧（文化教育）”。

② 《日政府之无赖行径——既无诚意废止中日文化协定，复思利用庚款收买留日学生》，《新京日报》1931年6月5日，“东京通讯”。

留日学界缘何出现如此悖象？一个重要原因是留日学生生活困苦而又无经费资助，不得已接受日本政府的选拔补助。1930 年 7 月 20 日，国民政府教育部训令留日学生停止接受日本对华文化事业补助。① 但是，“际此日金暴涨，生活高贵，既不肯废学返国，又无法继续维持”之留日学生，于 1931 年 1 月 20 日推选卢福保、何忱、崔紫峰作为代表回国，陈述生活困苦之状，指出“政府令行禁止序补庚款，系对日外交上一种运用，而生等学业不能因一时外交关系而中途停止，且庚款序补虽不能普及于留学生之全体，然在日学生成绩优良而有序补之希望者，绝非少数，以多数学生课业之牺牲，作为外交上非积极之表示，其损益绝不相抵。”故拟于 22 日赴南京请愿，“目的在文化协定废除后，请求政府仍将庚款一部分，为补助留日学生学费之用，在文化协定未经废除，而庚款停补之间，请求政府设法救济困苦学生，以免失学流离”。② 遗憾的是，国民政府不仅没有资助他们，反而以严厉态度制止留日学生序补庚款的请求。③ 于是，部分留日学生不顾国民政府教育部训令，或主动或被动地接受了庚款序补。④ 当爱国情怀遭遇生活所迫，一些留日学生采取了无奈的现实选择。

---

① 《教育部訓令》，《日華学報》第 17 号，昭和 5 年 10 月。

② 《留日学生代表昨招待新闻界代表　卢福保、何忱、崔紫峰为序补庚款向政府请愿》，《时事新报》1931 年 1 月 21 日。

③ 阿部洋：《“対支文化事業”の研究——戦前期日中教育文化交流の展開と挫折》，第 600—601 页。

④ 日華学会学報部：《中華民国・満州国留日学生名簿》第 12 版，日華学会 1938 年编印，第 18 页。

四、小结

总体而言，中国政府、文化教育界、留日学生对“东方文化事业”，从抱有期待、尝试“合作”逐渐转向怀疑、失望、抵制和反对。其直接表现为日本是否全数返还庚款和“东方文化事业”主导权之争，而中方失利的结果使之怀疑日本退还庚款的诚意和“东方文化事业”包藏文化侵略野心，引发全国范围内反对“东方文化事业”的舆论氛围。其实，中国各界转变对“东方文化事业”态度的根本原因，是日本政府对西方列强奉行“协调外交”，而对中国从未停止武力威胁或军事侵略。在中日“合作”开展“东方文化事业”期间，日本政府和军部召开“东方会议”，推进“满蒙政策”，阻挠北伐战争，三次出兵山东，制造“济南惨案”等，这种对华步步紧逼的侵略扩张政策使原本脆弱的中日关系更形紧张。胡瑞霖指出：“中国教育界人士鉴于已往中日关系，以为凡中日合作事业，必不利于中国，遂有全国教育联合会及中华教育改进社数团体，联合反对中日文化事业协定，并有请撤回委员之举。”[①] 作为日本对华外交策略之一的“东方文化事业”，非但未能缓和中国人的反日情绪，反而随着中日关系恶化加剧了文化对抗，最终沦为日本侵华战争的文化“帮凶”。[②] 可见，平等互利、和平共处的国际关系，是国际文化交流与合作的基础，而别具用心的文化“合作”只能走向文化对抗，成为国际交恶的助推器和固化剂，给国际关系带来更加艰

① 胡瑞霖：《论东方文化事业告当局》，《东方文化》1927 年第 3 期。

② 阿部洋：《“对支文化化事業”の研究——戦前期日中教育文化交流の展開と挫折》，第 665—934 页。

难、持久的消极影响。

原本作为中日文化交流与合作之桥梁的留日学生，既是催生“东方文化事业”的一个重要因素，也深受“东方文化事业”的影响，成为近代中日文化教育交流史上一道特殊的风景线。留日学生在中日文化交流中的作用与影响，留日学生与中日关系的互动因应，留日学生对中国政治、经济、军事、文化、外交、科技等方面现代化的影响，留日学生接受日本“退还”部分庚款的学费补助，留日学生的学习、生活、社会活动，以及他们所学专业、就读学校、与日本社会、老师、同学的关系等，都是中日两国学者关注的重要内容。但是，中日两国学者因为掌握的史料不同、研究视角的差异、研究方法和模式的区别，既各有侧重，又互为补充，共同推进了近代中国留日学生史研究的进步与发展。以留日学生研究为靶子，观察和分析中日两国学者对同一问题研究的异同，既使我们理解、认识“他者的视角”，从而“知己知彼”，更使我们从中汲取丰富自身研究的营养，找到推进留日学生研究的资料线索与学术方向。

第三章　中国学界的留日学生研究

在近代中国留学史上，中国人赴日本留学虽非开始最早、历时最长，却是人数最多、影响巨大的留学运动。近代中国留日学生在清末立宪、反清革命、二次革命、护法战争、马克思主义传播、共产主义运动、反抗列强侵略和社会变革中往往身先士卒、勇立潮头，成为推动中国现代化的一支重要力量，涌现出宋教仁、陈独秀、李大钊、周恩来、蒋介石、阎锡山等影响中国近代历史和中日关系的一批重要人物，引起中外学界广泛关注和高度重视，相关研究成果精彩纷呈。其中，近代中国留日学生研究的硕士、博士论文，大多回顾了与其论文相关的学术成果。但是，从 1896 年中国 13 名学生赴日留学，至今一个多世纪的近代中国留日运动及其研究，时间跨度长，内容范围广，相关成果多，故中国学界目前鲜少有人对此系统梳理，以致我们难以窥探近代中国留日学生研究的概貌、内容、特色、焦点和问题，以及未来的发展方向和路径。因而，本章拟就中国学界的近代中国留日学生研究的历史、现状及趋势做些探讨[①]，希冀为今后的中国留日学生研究提供些许借鉴或启示。

一、留日学生研究的发展历程

近代中国人留学日本可谓东亚千年未有之大变化，无论对长期处于文化优势和“天朝上国”地位的中国人，还是曾羡慕华风、积极来华留学的日本人、朝鲜人而言，都是标志中日文化易位的大事件。无论湖广总督张之洞所撰《劝学篇》，还是山东道监察御史杨深秀上奏《请议游学日本章程片》、“公车上书”领袖康有为奏《请广译日本书派游学折》，以及赴日考察学务官员姚锡光的《东瀛学校举概》、署理陕西提学使刘廷琛的《调查日本学务情形片》等，皆认为日本人学习西学已是“灿然美备”，强调选派学生赴日留学为当务之急。无论光绪皇帝致“国书”于明治天皇，表达选派留日学生之意，还是总理衙门妥定游学日本章程，以及驻日公使蔡钧、杨枢等人的留日学生调查和学务报告等[②]，虽非留日学生研究成果，却是留日学生研究的重要资料。清政府驻日“游学生监督处”从1906年至1910年发行月刊《官报》（共50期），设置文牍、奏章、调查报告、经费报销、学界记事等栏目，主要记录留日学务和留日学生活动，对于研究近代中国留日学生“具有较高的史料价值”。[③]

《申报》《东方杂志》《教育世界》等重要的报刊杂志，也高度

---

① 本章所列成果包括中国学者和旅日中国学者的中文成果，以及日本学者个别以中文发表的成果。

② 陈学恂、田正平编：《中国近代教育史料汇编·留学教育》，第317—414页。

③ 吕顺长：《清末留日学生史研究的珍贵史料：〈官报〉》，《文献》2002年第4期。

关注和及时报道留日学生的学习、生活和社会活动，而留日学生一方面投书国内报刊，介绍日本留学情况和接触的新知识、新思想、新技术；另一方面创办报刊杂志，诸如《开智录》《浙江潮》《湖北学生界》《夏声》《河南》《关陇》《云南》等，既在留日学生之间交流思想，又向国内发行推介，成为他们参与清末政治运动的推手和喉舌。这些留日学生创办的报刊，以及国内报刊对留日学生的报道，大多成为近代中国留日学生研究的对象和参考。另外，日本的报刊杂志对中国留日学生也相当关注。例如，著名的《太阳》杂志在1898年8月发表文部省专门学务局局长兼东京帝国大学教授上田万年的《关于清国留学生》，两个月后又发表日本前驻华公使大鸟圭介在东京学士院的演讲稿——《对华今昔感情之变迁》，其中专门提及中国留日学生问题。[①]《读卖新闻》还关注当时人数极少的中国留日女生。[②] 除新闻媒体外，留日学生的回忆录、校友录、同学录和日记、小说等，在一定程度上反映了他们的留日生活。如，黄尊三的留日日记、清末留日小说《东京梦》等，虽不为彼时所重，但皆为后世学者所关注。[③]

若言清末主要是为留日学生研究提供素材、积累资料和重在介

---

① 上田万年：《清国留学生に就着て》，《太陽》1898年8月号；大鳥圭介：《清国に対する古今感情の変遷》，《太陽》1898年10月号。

② 孙伟珍：《日本报纸〈读卖新闻〉关于晚清女子留日学生的记载》，《徐州师范大学学报》2012年第3期。

③ 参见施晔：《从〈东京梦〉到〈留东外史〉：清末民初留日小说的滥觞和发展》，《明清小说研究》2010年第1期；范铁权：《黄尊三留日史事述论——以黄尊三〈留学日记〉为依据》，《徐州师范大学学报》2012年第4期；杨瑞：《辛亥变局与留日学人心态裂变——以湘人黄尊三心路历程为个案的考察》，《史学月刊》2013年第10期；李在全：《“新人”如何练就：清末一位留日法科学生的阅读结构与日常生活》，《史林》2016年第6期，等。

绍的起步阶段，那么民国时期真正开启了留日学生相关的学术研究，呈现出媒体报道、小说反映和学术研究并举的综合性特点。例如，《申报》对留日学生的留学地点、学习科目、经费情况、归国就业等一如既往地关注和报道，即使抗战期间，该报仍报道了日伪政权的留日政策、留日学生选拔与派遣、留日生活等，成为研究民国时期留日学生的重要史料。① 次如，兼具留日学生和“亡命客”身份的平江不肖生向恺然，从 1914 年底开始以吃喝玩乐的留日学生和“二次革命”失败后赴日的“亡命客”为原型创作《留东外史》，既向这两类所谓“留日学生”的“恶德党宣战”②，也在书中体现了“革命”“国民”的时代主题，开启现代留学生文学的先河。③ 再如，20 世纪 20 年代，中国教育界人士围绕留学生问题、留学教育宗旨与政策等，在《中华教育界》上发表文章，展开讨论，而留日学生始终是焦点之一。1927 年，舒新城出版《近代中国留学史》（中华书局），其中留日专章有三，占据相当篇幅，反映了留日学生研究在近代中国留学史上的特殊地位。

中华人民共和国成立初期，外有冷战铁幕、朝鲜热战、越南战争，以及中苏“论战”与交恶，内有稳固政权、发展经济、改善人民生活的压力和频繁政治运动的冲击，从而使留日学生研究在当时成为相对敏感的涉外话题，以致鲜少问津，反倒是港台地区的学者在此期间做出了不少成果。具体而言，他们的留日学生研究成果主

---

① 魏善玲：《抗战时期〈申报〉留学史料研究》，《江苏社会科学》2015 年第 2 期；李新军：《〈申报〉视野下民国时期留学生研究（1929—1936）》，《衡阳师范学院学报》2016 年第 1 期。

② 不肖生：《留东外史》（上中下），花山文艺出版社 2013 年版，第 2 页。

③ 董炳月：《〈留东外史〉的历史位置》，《中国现代文学研究丛刊》2012 年第 11 期。

要集中以下三个方面。一是整理留日学生资料，编辑、核校留日学生名录。例如，房兆楹辑录了1902—1903年在日本东京的中国学生名单，沈云龙主持编辑了清末各省官自费留日学生的姓名表和日本陆军士官学校中华民国留学生名簿。[①] 二是以清末留日学生为中心，重点研究清政府的留日政策和留日学生的革命思想、革命活动及其对中国现代化的积极作用。[②] 三是近代中国留学史研究，始终将留日学生置于重要地位。例如，瞿立鹤的《清末留学教育》、林子勋的《中国留学教育史：1847—1975》、苏怡怡的《近代中国留学史》等，都以相当篇幅专注于留日学生。[③]

1978年12月，党的十一届三中全会决定解放思想，实施改革开放，为学术研究和对外交流创造了良好条件与环境，而1979年

---

① 房兆楹：《清末民初洋学学生题名录初辑》，台北，"中央研究院"近代史研究所1962年版；沈云龙主编：《清末各省官自费留日学生姓名表》，台北，文海出版社1974年版，等。

② 参见戴瑞生：《清季留日学生与革命运动》，《中华杂志》1967年第10期；石锦：《中国现代化运动与清末留日学生》，台北，嘉新水泥公司文化基金会1968年版；黄福庆：《清末留日学生》；林启彦：《清末民权思想研究——以1900—1904年间的留日学生为中心》，《史学研究》第131卷，1976年，等。

③ 参见瞿立鹤：《清末留学教育》，台北，三民书局1973年版；林子勋：《中国留学教育史：1847—1975》，台北，华冈出版公司1976年版；苏怡怡：《近代中国留学史》，台北，龙田出版社1979年版；王焕琛：《留学教育——中国留学教育史料》，台北，"国立编译馆"1980年版；陈琼莹：《清季留学政策初探》，台北，文史哲出版社1989年版，等。

的中国人赴日留学再度兴起[①]，更使留日学生研究受到特别关注，推动其进入快速发展的新时期。一是中国学者不仅翻译日本学者的留日学生研究成果，而且积极参与或联合日本学者开展留日学生研究。例如，香港学者谭汝谦、林启彦翻译了日本学者实藤惠秀的《中国人留学日本史》，并于1983年在内地由三联书店出版。浙江大学的吕顺长、王宝平与日本神奈川大学的大里浩秋、孙安石等联合开展中国留日学生史料整理与研究课题。[②] 中日韩学者关于中国留日学生的相互交流、联合研究，形式多样、成果丰硕。例如，大里浩秋、孙安石编《近现代中日留学生史研究新动态》，由上海人民出版社在2014年出版，便是他们合作的结晶。二是中国学者的留日学生研究论著纷呈[③]，不少青年学子更是将留日学生作为自己硕士、博士论文选题对象。三是南开大学、江苏师范大学分别成立

---

① 新中国公派赴日留学始于中日复交后的1973年底，首批7名，包括刘子敬、许金平、程永华、腾安君、李佩等。此后至1976年，中国大陆每年派遣几名学生赴日学习日语，1977年还派遣7名理工和农科专业的学生到东京大学进修。1978年，中国大陆在日留学生达23名。20世纪50—70年代，中国台湾是派遣留日学生的主力，中国香港、中国澳门均有留日学生，中国大陆还有辗转赴日留学的自费生，而当代中国留日运动的兴起，则始于改革开放后的1979年。参见沈殿成：《中国人留学日本百年史（1896—1996）》（下册），第643—670、796页；苗丹国：《出国留学六十年——当代中国的出国留学政策与引导在外留学人员回国政策的形成、变革与发展》，中央文献出版社2010年版，第853—856页。

② 浙江大学日本文化研究所、神奈川大学人文研究所编：《中日文化论丛：一九九九》，北京图书馆出版社2001年版。

③ 参见程麻：《鲁迅留学日本史》，陕西人民出版社1985年版；钟少华：《早年留日者谈日本》，山东画报出版社1996年版；沈殿成：《中国人留学日本百年史（1896—1996）》（上下册）；靳明全：《攻玉论：关于20世纪初期中国军界留日生的研究》，重庆出版社2001年版；尚小明：《留日学生与清末新政》，江西教育出版社2002年版；李跃乾：《日据时期台湾留日学生与战后台湾政治》，九州出版社2011年版；周立英：《晚清留日学生与近代云南社会》，云南大学出版社2011年版；刘振生：《近代东北人留学日本史》，民族出版社2015年版，等。

了近代中国留学生研究中心、留学生与近代中国研究中心，均将留日学生研究作为重要方向，培养留日学生研究人才，推动留日学生研究的交流与发展。

从改革开放新时期到新时代，留日学生研究承前启后、继往开来、日益活跃，成为中国近现代史、中日关系史、中日文化教育交流史研究的一个热门领域。从 1996 年 5 月辽宁大学日本研究所和辽宁省留学人员联谊会、辽宁省留日同学会，在沈阳联合举办“纪念国家公派日本留学生一百周年”学术研讨会，到 2018 年 5 月、2019 年 8 月江苏师范大学相继主办的“留学生与中国的现代化——纪念邓小平扩大派遣留学生讲话发表 40 周年”国际学术研讨会、“留学生与中国传统教育的转型和现代教育的发展——第二届留学生与中国的现代化”国际学术研讨会在徐州召开①，其间经历 2003 年 11 月在徐州召开的“留学生与近代中国的社会发展”学术研讨会，2003 年 12 月在香港召开的“近代中国留学生”国际学术研讨会，以及 2004 年、2017 年分别在南开大学举办第一、二届“留学生与中外文化”国际学术研讨会，留日学生均是讨论和交流的热门话题和重要内容。

随着档案、文献的信息化和更加开放，以及中外文化和学术交流的日益频繁，新时代的留日学生研究呈现出总体研究越来越深、专题研究越来越细的特点，不仅有助于推进留日学生研究的广度、深度和高度，而且可以为新时代的留学工作、中外文化交流和打造人类命运共同体提供文化和学理依据。因此，在近代中国留日运动

---

① 申晚营、李超整理：《改革开放 40 年留学教育的影响和习近平留学思想的意义——2018 年江苏徐州“留学生与中国的现代化”国际学术研讨会纪要》，《江苏师范大学学报》2018 年第 4 期。

开始一个多世纪后的今天，重新回顾和梳理留日学生各个方面研究的学术史更具有特殊意义。

二、留日学生相关考释

轰轰烈烈的近代中国留日运动究竟始于何时，人数多少，他们在日本学习何种专业，为何近代中国屡次出现留日热潮？中国学界虽有不少关于留日学生基本情况的考释性文章和留日运动的介绍性成果，推动了近代中国留日学生研究的进步与发展，但对于前述问题并无一致答案，反而存在不少分歧和争议，值得治留日学生史者重视。

关于近代中国人赴日留学的起始时间，学界主要存在以下四种说法。1.1882 年说。清政府驻日公使黎庶昌为培养所需日语翻译人才，于 1882 年在公使馆西侧建立“东文学堂”，从国内招募学生受训。汪叔子据此认为近代中国官费留学日本始于“东文学堂”的开设。[①] 2.1888 年说。日本学者细野浩二指出北洋通商大臣兼直隶总督李鸿章曾计划派遣 15 名学生赴日学习日语，遭到日本文部省和东京大学拒绝，但作为前述 15 名学生之一的张文成，在东京大学教授兼同人社校长中村敬宇的斡旋下于 1888 年 3 月 5 日入学同人社，被认为是近代中国留日史的“起点”。[②] 3.1896 年说，这也是学界比较认可的一种说法。舒新城、黄福庆、陈学恂、田正平、李喜所、吕顺长等中国学者，以及实藤惠秀、阿部洋、大里浩秋、

① 汪叔子：《近代中国人留学日本原始考》，《中日关系史研究》1992 年第 2 期。

② 细野浩二著，晓舟译：《近代中国留日学生史的起点和他的周边》，《历史教学问题》1996 年第 5 期。

酒井顺一郎等日本学者，大多认为近代中国人赴日留学始于甲午战后的 1896 年。[①] 4. 1898 年说。桑兵从 1898 年日方对清政府派人留日的邀请、光绪帝和总理衙门将留日定为国策、地方督抚的积极派遣出发，认为近代中国留日学生发端于 1898 年。[②] 其实，以上各种说法均有一定道理，只是依据的标准和规则不同，特别是 1896 年说不仅体现了中日官方的协商与斡旋，而且此后留日学生逐年增多，拉开了近代中国留日运动的序幕。

近代中国人赴日留学总体来说相对自由，特别是自费生，今朝入学，明日退学，真正从大学或专门学校毕业者，据说不足入学人数的十分之一，即使精于计算的日本学者，也难以统计出准确的中国留日学生人数。实藤惠秀根据兴亚院于 1940 年 10 月编印的《日本留学中华民国人名调》的统计结果：1901 年至 1939 年中国留日毕业生共计 11966 人，保守估计近代中国留日学生至少有 5 万人。成立于 1918 年的日华学会，专门负责中国留日学生相关工作，在 1939 年估计此前 40 年间，中国留日学生不下 10 万人。1955 年 12 月 8 日，郭沫若在日本早稻田大学演讲时，推测从 1896 年以来的中国留日学生有 30 万人。[③] 可见，不同学者和机构对中国留日学生人数的估计差别甚大。

中国学者主要根据自己所掌握的史料和文献，开展留日学生人数实证研究。例如，刘望龄、苏贵民、李喜所等人，重点参考当时

---

① 参见吕顺长：《清末浙江与日本》；阿部洋：《“对支文化事業”の研究——戦前期日中教育文化交流の展開と挫折》；酒井順一郎：《一八九六年中国人日本留学生は派遣・受け入れ経緯とその留学生教育》，《日本研究》第 31 集，2005 年 10 月。

② 桑兵：《留日学生发端与甲午战后的中日关系》，《华中师范大学学报》1986 年第 4 期。

③ 实藤惠秀：《中国人日本留学史》，第 136、142—143 页。

的新闻报道，1902年2月中国留日学生成立“清国留学生会馆”后开展的五次留日学生调查及其每次所编的《清国留学生会馆报告》，以及相关研究成果，逐年考订或推测1896年至1912年间的留日学生人数。[①] 周一川依据日本文部省、日华学会、中华民国留日学生监督处、驻日伪满洲国大使馆对中国留日学生的调查统计和日本学界相关研究成果，考订了1906年至1944年每年的中国留日学生人数[②]，是比较详尽和相对客观的留日学生人数研究成果。因为中国留日学生的每年人数，也会包含前一年、前两年乃至前几年、甚或十数年前的留日学生，所以中国留日学生总人数并不等于历年留日学生人数的简单相加。因此，近代中国留日学生总人数仍未有或者说很难有精确的答案。于是，一些学者转而校补日本陆军士官学校中国留学生名录，或者辑录各校、各省留日学生名册[③]，为小范围之精确统计做准备。陈芳就参照日本防卫省防卫研究所图书馆藏《陆军士官学校沿革志》和日华学会学报发行的“留日学生名簿”等，考订日本陆军士官学校中国留学生入学人数是1755人，毕业人数1299人。[④] 这高达74%的毕业率，在近代中国留日学生毕业率总体不及10%的大背景下，突显了军事学的受欢迎程度。

---

① 参见刘望龄：《二十世纪初年中国留学日本人数补正》，《江汉历史学丛刊》1979年第1期；苏贵民：《辛亥革命前中国留日学生人数考正》，《社会科学战线》1981年第4期；李喜所：《清末留日学生人数小考》，《文史哲》1982年第3期，等。

② 周一川：《近代中国留日学生人数考辨》，《文史哲》2008年第2期；周一川：《近代中国人日本留学の社会史——昭和前期专中心汇》，東京，東信堂2020年版，第15—62页。

③ 日本陆军士官学校印，郭荣生校补：《日本陆军士官学校中华民国留学生名簿》，台北，文海出版社1977年版；丁中江提供，张柏庭保藏：《日本陆军士官学校中国留学生名录》，《近代史资料》第80号，中国社会科学出版社1992年版，等。

④ 陈芳：《近代中国留日陆军士官生人数考究》，《军事历史研究》2008年第2期。

面对甲午战后亡国灭种的严峻形势，怀揣“留学救国”梦想的中国人，如饥似渴地学习军事、法政、师范、外语、医学、理工、商业、体育、美术等各个学科专业，且以法政、军事、师范等专业最受欢迎。清末留日学生“重文轻理”的学科、专业特点，虽经国民政府的政策调节有所改观①，但直到日本全面侵华战争期间的1939年，才实现留日学生学习文理科者人数基本持平。② 不过，即使留日学生中并不那么热门的物理、医学、建筑、科技等专业，却对中国物理学、医学、建筑学的普及、教育、研究和制度化发展，以及西方科技在中国的传播和中日科技文化交流等发挥了重要作用。③ 由于军事专业“过热”，更关键的是清政府限制留日学生擅学军事，故留日学生“曲线救国”，借助学习体育而强身健体、修习武备，提倡尚武精神，将西式体育传入中国。④ 此外，留日学生学习警务也受到学者关注。⑤

近代中国留日学生趋之若骛的法政、军事、师范等热门专业，更是学者关注的焦点和重点。1.法政专业最受关注的是日本法政大

---

① 王贺元、张耀萍：《民国时期留日学生的学科专业特点分析》，《煤炭高等教育》2003年第5期。

② 周一川：《近代中国女性日本留学史（1872—1945年）》，社会科学文献出版社2007年版，第273页。

③ 参见赵冬、邢润川：《清末民初中国留日学生的科技活动及其影响》，《科学技术与辩证法》2003年第5期；卫莉、张培富：《近代留日学生与中国建筑学教育的发轫》，《江西财经大学学报》2006年第1期；咏梅、冯立昇：《清末民初留日物理学生及其科学贡献》，《河北大学学报》2011年第1期，等。

④ 参见刘博、张宝强：《清末留日学生徐一冰的体育思想与实践研究》，《兰台世界》2011年第26期；周亚婷：《1894—1927年间中国留日学生体育活动考略》，《体育科研》2016年第2期，等。

⑤ 石嘉、李军：《民国时期的警察留日教育（1928—1945）》，《浙江师范大学学报》2017年第4期。

学中国留学生速成科。该速成科源于两位留日学生曹汝霖、范源濂的发起和法政大学总理梅谦次郎等人的支持，从 1904 年 5 月至 1908 年 4 月，共开办 5 期，接受中国留学生达 1885 人，虽因过于“速成”而存在一些问题，但培养了诸如夏同龢、居正、沈钧儒等政法精英，对于清末立宪、法制改革、法政教育、法学体系建立，以及民国时期的法制现代化具有非常重要的意义。[①] 2. 留日学生虽就读于日本一些军事院校，既学习陆军各科，也学习海军各科[②]，但最受关注的是留日士官生。他们既是袁世凯编练新军的中坚力量，又是清末督抚因其革命思想、“反叛”行为而谨慎防范的对象，还是事关中国军事现代化的直接要素，更是参加近代中国革命与战争的一支重要力量。[③] 毋庸讳言，有些留日士官生也卷入军阀割据和混战的漩涡，甚至沦为人所不齿的汉奸卖国贼，引人深思。3. 留日学生因应清政府废科举、兴学堂而需才孔急之状，纷纷入学日本各类师范院校，其中尤以呼应清末留日热潮的速成师范最为引人注目。[④]

清末中国缘何出现大规模的留日热潮？中国学者主要从以下几

---

① 参见贺跃夫：《清末士大夫留学日本热透视——论法政大学中国留学生速成科》，《近代史研究》1993 年第 1 期；侯强：《清末留日热潮对近代中国法制现代化的影响》，《历史档案》2007 年第 3 期；朱腾：《清末日本法政大学速成科研究》，《华东政法大学学报》2012 年第 6 期，等。

② 元青、王建明：《近代中国海军留日教育及其影响》，《徐州师范大学学报》2006 年第 1 期。

③ 参见王建华：《袁世凯与留日士官生》，《苏州大学学报》1994 年第 1 期；杨学新：《留日士官生与保定陆军军官学校》，《日本问题研究》1995 年第 1 期；张瑞安：《留日士官生与民初军事变革研究》，《江南大学学报》2011 年第 5 期，等。

④ 参见杜敦科、岳珑：《清末留日学生速成教育探析》，《福建论坛》2011 年第 1 期；翁洪燏：《试论清末留日速成师范生的派遣》，《徐州师范大学学报》2011 年第 4 期，等。

个方面进行阐释。一是甲午惨败极大地刺激了中国有识之士，决计卧薪尝胆，师法日本，以救亡图存。二是清政府废除科举，兴办学堂，实施新政，鼓励留学。三是中国社会矛盾加剧和传统对日观、天下观的转变，从而推动不少人“睁眼看世界”和赴日留学。四是中日一衣带水，不仅地理相近，而且文化相通，赴日留学具有相对便利的客观条件。五是早期留日学生回国后的宣传鼓动，以及反清革命者借留学之名流亡日本。六是日本朝野对中国留日学生的积极态度，为清末留日热潮的形成推波助澜，等。[①] 一些学者虽看到日本亚洲主义者对中国留日学生的欢迎，却没有注意日本政府内部对接受中国留日学生的分歧和争议，特别是明治维新后日本近代教育的发展程度不高和接受中国留日学生的实际能力相对有限。[②] 再如，近代中国留日运动除清末外，还有民国初年、日本全面侵华战争前夕等几次留日高潮，而后者鲜少专项研究。

其实，近代中国留日学生研究有“重清末轻民国”的特点，以“清末民初”为时限的留日学生研究多将重点放在“清末”，往往是宏观视角或贯通研究的成果才将“近代中国留日学生”视为一个整体。王晓秋将清末至今的中国人留学日本史，分为 1896 年至 1911 年的兴起和首次高潮、1912 年至 1930 年的发展和风波迭起、1931 年至 1945 年的曲折、1946 年至 1976 年的低潮和萧条、1977 年至今的恢复和新高潮五个时期，贯通研究近代以来的中国留日运动，

---

① 参见黄继宗：《二十世纪初年留日学生为何陡然激增》，《西南民族学院学报》1984 年第 2 期；赵寿莲：《清末留日热潮出现的原因及其影响》，《学术论坛》1997 年第 6 期；周棉、王荣国：《清末新政与留日大潮的涌起》，《江海学刊》2014 年第 5 期，等。

② 参见徐志民：《甲午战后中国留日热潮的日本因素》，《江苏师范大学学报》2014 年第 4 期；徐志民：《明治维新与赴日留学》，《华中师范大学学报》2018 年第 4 期，等。

强调留日学生是中日友好交流的桥梁和纽带。[1] 李喜所分析了甲午战后50年间留日学生的日本观，认为留日学生是欧美新思想传入中国的“架桥铺路人”。[2] 孔繁岭和申在文总结了近代中国留日学生的特点，即人数最多，政治性强，具有既爱又恨的双重日本观，对中日关系影响很大。[3] 周一川、周蕾指出近代中国留日运动存在相对自由的自费渠道，不仅导致国民政府调节学科专业的政策落空，而且留日学生来源广泛、成分复杂，存在“政治留学”现象，以及不少学生成绩不佳等消极表现[4]，也是形成近代留日学生相较留欧美学生处于“二等”的原因之一。[5] 总体而言，近代中国留日学生研究的宏观成果远不如专题成果丰富，即使从宏观视角研究，也多与近代中国的政治运动、社会变革、留日生活等专题领域结合起来。

三、留日学生与政治运动

近代中国人在甲午惨败后的危急时刻赴日留学，这种“战败国留学生”的身份和民族危亡意识，促使他们一方面强烈批判和反思

---

① 王晓秋：《中国人留学日本110年历史的回顾与启示》，《徐州师范大学学报》2006年第4期。

② 李喜所：《甲午战后50年间留日学生的日本观及其影响》，《社会科学研究》1997年第1期。

③ 孔繁岭、申在文：《简论中国近代留日学生的特点》，《徐州师范大学学报》2007年第5期。

④ 参见周一川：《近代留日史研究中的三个问题》，《东岳论丛》2008年第3期；周蕾：《自费途径对近代中国留日学生群体特征的影响》，《亚太教育》2015年第6期。

⑤ 汪丞：《近代留学生“东洋二等”现象探析》，《教育评论》2012年第5期。

封建旧文化[①]，另一方面积极传播西方政治文化学说。[②] 他们或主张君主立宪，或提倡尚武精神，或倡导反清革命[③]，同时积极参加清末立宪运动、辛亥革命、护国运动、护法战争、共产党成立、国共合作、北伐战争等政治活动或革命战争，以及拒俄运动、反对"取缔规则"、反对"二十一条"、五四运动、五卅运动、反对日本出兵山东、参加抗日战争等反帝爱国运动，与近代中国的历史命运息息相关，体现了他们强烈的民族意识和爱国自觉。[④] 因此，原本以学习和传播科学文化知识为主的留日学生，却与近代中国混乱而又动荡的政治结下不解之缘[⑤]，既是造化弄人，又是时势造英雄，在近代中国政治变革和社会发展中发挥了至关重要的作用。[⑥]

在清末民初的政局变动和政治转型中，留日学生既有人参与立宪运动，也有人参加辛亥革命[⑦]，但后者的革命光芒在相当程度上遮蔽了前者应有之学术研究。鉴于此，张学继在 1993 年专门发文介绍留日学生在立宪运动中的作用，指出他们翻译西书、创办了至

---

① 郭英杰：《清末留日人士对封建旧文化的反思与批判》，《洛阳师专学报》1998 年第 1 期。

② 周棉：《留日学生与清末新政时期西方政治文化学说的传播》，《江苏社会科学》2014 年第 1 期。

③ 参见李倩：《二十世纪初留日学生的立宪思想评析》，《社会科学战线》2002 年第 4 期；李群：《日本体验与近代中国尚武思潮的发生》，《东疆学刊》2011 年第 1 期；陈宇翔：《清末留日学生的政治倾向》，《社会科学战线》1991 年第 4 期。

④ 张海鹏：《留日学生与近代中国的历史命运》，《中国社会科学》1996 年第 6 期。

⑤ 张艳华、郭雪萍：《晚清留日教育的政治色彩及其成因》，《黄冈师范学院学报》2005 年第 2 期。

⑥ 万建兰、滕明政：《清末民初留日学生群体的历史地位评析》，《湖北省社会主义学院学报》2014 年第 4 期。

⑦ 参见陶士和：《试论中国留日学生与晚清政局的大变动》，《北方论丛》2003 年第 5 期；魏聚刚：《留日学生群体对晚清政治与社会的影响》，《兰台世界》2012 年第 25 期，等。

少 17 份有较大影响的报刊，成为宣传宪政的主力军和立宪派的组织者，强调他们“在整个立宪运动中扮演了主要角色”。[①] 陈宇翔指出清末立宪派中的留日出身者，抨击封建专制制度，宣传建立国会、制定宪法、成立责任内阁等资产阶级民主政治思想，揭露了清政府假立宪、真专制的虚伪面目，导致“皇族内阁”成立后清廷即呈众叛亲离之势。[②] 尚小明、袁㟋然、吴善中等考察了留日出身议员在清末资政院或各地咨议局的发言、任职、提案、表决等环节的活动，认为他们非常活跃，积极参政议政，几乎主导了议场。这不仅促使清朝专制统治的瓦解，而且有助于推进中国政治的民主化进程。[③] 孙燕认为部分留日学生受戊戌变法以来康梁的改良思想影响，见证了英日君主立宪制的优势，加之清政府实施新政的招揽，成为清末立宪运动的重要推动力量，但“皇族内阁”的现实导致不少人转而投身反清革命。[④]

留日学生无论参加立宪运动还是投身反清革命，都利用在日本相对便利的条件，接受日本化的欧美期刊话语体系，采取“报刊分离”方法，创办了近百份革命期刊、改良期刊、学术期刊、妇女期

① 张学继：《论留日学生在立宪运动中的作用》，《近代史研究》1993 年第 2 期。

② 陈宇翔：《清末留日立宪派的理论贡献》，《求索》1996 年第 4 期。

③ 参见尚小明：《清末资政院议政活动一瞥——留日出身议员对议场的控制》，《北京社会科学》1998 年第 2 期；袁㟋然、吴善中：《论江苏咨议局的议政活动——以留日或新式教育出身议员为例》，《江苏大学学报》2009 年第 5 期，等。

④ 孙燕：《留日学生与清末立宪运动研究》，硕士学位论文，南京师范大学，2005 年。

刊、白话期刊等[①]，不仅促进中国近代报刊业和新闻传播业的发展[②]，而且开启民智，宣传维新立宪、反清革命思想和传播现代科学文化知识。然而，如同留日学生与立宪运动之关系研究相对薄弱一样，留日学生创办的维新立宪类期刊甚少受到关注，只是在有关留日学生刊物的综合性研究中偶有提及。关于留日学生进步或革命刊物的研究成果，主要分为三大类。一是早期留日学生创办的综合性刊物，兼具启蒙、学术、救亡、爱国的多重目的。如，《醒狮》《开智录》等，甚至《湖北学生界》和《浙江潮》在某种程度上也属于此类期刊。[③] 二是翻译类或专业性学术刊物。如，北京大学留日学生编译社创办的《学海》杂志，分为甲编“文、法、政、商”和乙编“理、工、农、医”，内容丰富。[④] 再如，留日学生创办的《游学译编》《译书汇编》等，主要是翻译和介绍西方与日本先进的政治、法律、社会、教育等新知识，同时也揭露列强侵华政策和野心，传播革命思想。[⑤] 三是以批判封建专制统治、反对君主立宪和传播反清革命思想为主的刊物。如，《河南》《中国新女界》《四川》《云南》《滇话》《江苏》《夏声》《关陇》等，都对辛亥革命产生了

---

① 参见孙琴：《清末留学生日本创办期刊概述》，《图书情报工作》2010 年第 5 期；叶建：《晚清留日学生办刊风潮与期刊畛域的重新厘正》，《现代出版》2015 年第 5 期，等。

② 参见朱佳：《晚清留日学生的办报活动及对中国近代报业发展的影响》，《科技文汇》2007 年第 1 期；尹妍：《留日学生的办报活动与中国近代新闻事业》，《新闻研究导刊》2014 年第 6 期，等。

③ 参见宁树藩、陈匡时：《评〈开智录〉》，《复旦学报》1984 年第 3 期；宋徽：《晚清留日学生刊物〈湖北学生界〉的出版发行》，《出版发行研究》2012 年第 6 期；刘训华：《近代留日学生的革命性——对〈浙江潮〉编辑群的历史考察》，《江西社会科学》2014 年第 3 期，等。

④ 张晓芳：《北大留日学生创办的〈学海〉杂志研究》，《北京大学学报》2009 年第 6 期。

⑤ 葛文峰：《清末留日学生的报刊编译与救国探索——以〈译书汇编〉与〈游学译编〉为中心》，《邢台学院学报》2015 年第 1 期。

积极影响。[①] 辛亥革命后，中国留日学生在日本也创办了不少刊物，但大多没有受到学界应有关注。

如同清末留日学生创办的进步期刊受到重视一样，留日学生的反清革命活动，尤其是他们与辛亥革命的关系，是留日学生研究的焦点之一。例如，1905 年 8 月中国同盟会在东京成立之前，中国留日学生回国传播革命思想、参加起义，以及借助成城学校入学事件、拒俄运动等发展壮大反清革命势力，推动原主张变法图强的改良主义者转向支持民主革命，从而为中国同盟会及其各地留日学生支部的相继建立，以及辛亥革命的到来发挥了思想引领、革命先导、组织准备的重要作用。[②] 回族留日学生也于 1907 年夏在东京成立了进步团体“留东清真教育会”。[③] 1908 年旧历元旦，中国留日学生在“清国留学生会馆”公开发表反清革命演说，在留日学生界和国内引起不小反响。[④] 江、浙、沪、皖等泛长江三角地区出身的

① 参见汪维真：《〈豫报〉创办始末及其与〈河南〉之关系》，《史学月刊》2002 年第 11 期；康大寿：《从〈四川〉看二十世纪川籍留日学生的爱国思想》，《四川师范大学学报》1995 年第 2 期；木基元：《〈云南〉杂志及其革命影响》，《云南社会科学》1996 年第 3 期；张应超：《辛亥革命前陕西留日学生创办的几种刊物》，《人文杂志》1982 年第 5 期；王公望：《辛亥革命时期留日学生的刊物——〈夏声〉》，《兰州学刊》1984 年第 3 期；魏善玲：《辛亥革命前留日学生创办期刊及其影响》，《江苏大学学报》2012 年第 4 期，等。

② 参见谢玉章、王永康：《留日学生运动与辛亥革命》，《湖南师院学报》1980 年第 2 期；桑兵：《孙中山与留日学生及同盟会的成立》，《中山大学学报》1982 年第 4 期；屠听泉：《论辛亥革命前留日学生运动的历史作用》，《同济大学学报》1992 年第 2 期；张永红：《试论清末留日学生在资产阶级民主革命中的先导作用》，《山西高等学校社会科学学报》2001 年第 12 期，等。

③ 参见许宪隆、哈正利：《晚清留日回族学生与辛亥革命——基于“留东清真教育会”会员史迹的考察》，《民族研究》2011 年第 4 期；王希隆、马振华：《留东清真教育会“革命团体”说质疑》，《史学集刊》2017 年第 2 期；王希隆、雍赟：《留东清真教育会述论》，《青海社会科学》2018 年第 2 期，等。

④ 桑兵：《癸卯元旦留日学生排满演说史实考辨》，《学术研究》1984 年第 3 期。

留日学生人数原本较多，此际成为反清革命活动的“重灾区”。[①] 1911年10月10日，武昌首义枪响，留日学生纷纷回国参加革命，留日医学生还组建红十字团回国救护。因而，留日学生与辛亥革命的关系长期受到学界关注。[②]

辛亥革命后不久，留日学生又参加反对袁世凯复辟帝制的护国运动[③]，时刻关注和参与国内政治发展，但最受学者关注的是留日学生向国内传播马克思主义和参与中国共产党的成立。马克思主义向近代中国传播主要有三个渠道，即欧洲、俄罗斯和日本，其中日本渠道主要是通过留日学生学习、翻译和向国内介绍，因而他们被认为是从日本向中国传播马克思主义的“主媒介”。有学者专门研究留日学生接受和传播马克思主义文学理论、教育思想，以及他们传播马克思主义的历程、经验和贡献。[④] 留日学生不仅较早地接触、学习和传播马克思主义，而且批驳各种反马克思主义的思潮，并以自身革命实践促进马克思主义与中国工人运动相结合，成为中共建党活动的“基本组织者和骨干力量”。[⑤] 1921年7月，中共“一大”召开时，不仅已有旅日共产主义小组，而且在13名“一大”代表

① 陈健：《留日学生界与清末革命——以泛长江三角地区为中心》，《河北民族师范学院学报》2016年第1期。

② 参见戴学稷：《清末留日热潮与辛亥革命——纪念辛亥革命七十周年》，《暨南大学学报》1981年第4期；池子华：《辛亥革命中留日医学生的救护行动》，《徐州师范大学学报》2004年第2期；贾蕙萱：《留日三杰与辛亥革命——兼议宫崎滔天的鼎力襄助》，《中日关系史研究》2011年第3期，等。

③ 王丽云：《留日学生与云南护国首义》，《徐州师范大学学报》2008年第1期。

④ 参见王奇生：《取经东洋　转道入内——留日学生与马克思主义在中国的传播》，《中共党史研究》1989年第6期；周谷平、代妮娜：《清末民初留日学生与马克思主义教育思想的导入》，《徐州师范大学学报》2006年第2期，等。

⑤ 彭焕才：《留日学生与中国共产党的创立》，《湘潭大学学报》1992年第4期。

中有 4 位出身留日学生。因此，有人以中共创建时期的留日学生群体，以及中共第一代留日学生群体为研究对象，认为相似的留日经历和对马克思主义的趋同态度，成为他们传播马克思主义与积极创建党的早期组织的重要动力和思想基础，从而为中共建立和共产主义运动在中国的发展做出了重要贡献。① 中共留日学生还在日本成立支部，开展反帝爱国活动。②"七七"事变后，他们回国参战，尤其是返回延安的留日学生在敌情研究、教育日本俘虏，以及中共早期对日政策的制定、形成与实施方面发挥了特殊作用。③

实际上，近代中国留日运动既是中国人救亡图存、反帝爱国的产物，又与反抗列强特别是日本侵华活动相始终。1900 年俄国借参加八国联军镇压义和团运动之际出兵中国，而在义和团运动平息和《辛丑条约》签订后不仅不撤兵，反而不断向中国增兵，企图占据中国东北地区。在日本获知消息的中国留日学生义愤填膺，决计成立拒俄义勇队，一方面准备回国驱逐俄军，另一方面动员国内力量开展拒俄运动，成为这次大规模反帝爱国运动的主要发起者和骨干力量。④ "前门拒虎，后门进狼。"日本在 1905 年获胜日俄战争后，先以日俄《朴茨茅斯条约》划定在中国东北的势力范围，后迫

---

① 参见金安平：《近代留日学生与中国早期共产主义运动》，《近代史研究》1990 年第 2 期；张戈：《中共第一代留日学生群体探析》，《北京党史》2011 年第 1 期，等。

② 参见刘建美、杨德山：《20 世纪二三十年代中共东京支部始末》，《北京党史》2005 年第 5 期；王宜田、丁伟：《中共党史上的"东京事件"》，《中共党史资料》2009 年第 4 期；中共广州市委党史研究室编：《中共东京支部 1935—1938》，广州出版社 2013 年版；徐志民：《中共东京支部考论》，《中国社会科学》2019 年第 5 期，等。

③ 赵新利：《延安时期留日归国群体的历史作用研究》，《华侨华人历史研究》2018 年第 1 期。

④ 参见李喜所：《中国留日学生与拒俄运动》，《天津师院学报》1981 年第 2 期；谢忠强：《1903 年留日学生拒俄运动述略》，《兰台世界》2011 年第 26 期，等。

使清政府签订《中日会议东三省事宜条约》，接受日本在中国东北强取殖民权益的现实。深陷屡屡侵犯中国主权和领土完整的“贼窝”的留日学生，不仅眼睁睁看着祖国受辱，而且还要遭受日本社会的种种歧视，故以 1905 年 11 月日本文部省颁布“整顿”留日学生求学和居住环境的“取缔规则”为导火索，掀起大规模罢课回国运动。[①] 此后，随着日本侵华活动加剧，中国留日学生与日本政府的冲突不断升级。例如，1915 年留日学生为反对日本的“二十一条”要求，再次罢课回国和开展抵制日货运动。[②] 1918 年留日学生为抵制和反对中日两国政府签订《中日共同防敌军事协定》，成立“中华民国留日学生救国团”，回国开展宣传和请愿活动，成为五四爱国救亡运动的“序曲”和“前奏”。[③]

不少关于五四运动研究的成果虽把学生视为这场爱国救亡运动的主力军，但往往将学生限定为国内的进步学生，相对忽视留日学生在日本，以及回国后对学潮的准备、组织、发动、发展和领导所起的重要作用。其实，留日学生不仅在东京组织日本版的“五四运动”，而且积极投身国内的五四运动，率先提出“外争国权”“内惩国贼”的斗争口号与目标，推动了国内五四运动的发展。[④] 因而，留日学生在五四运动中的作用越来越受到重视，甚至有学者比较研

---

① 参见秦裕芳、赵明政：《关于“取缔规则事件”的若干流行说法质疑》，《复旦学报》1980 年第 2 期；李喜所、李来容：《清末留日学生“取缔规则”事件再解读》，《近代史研究》2009 年第 6 期，等。

② 赵纯清：《留日学生反对“二十一条”斗争述论》，《徐州师范大学学报》2007 年第 1 期。

③ 参见张惠芝：《“五四”爱国运动的先声——“中华民国留日学生救国团”的成立》，《首都师范大学学报》1997 年第 6 期；田雪梅：《1918 年留日学生救国团活动述评》，《西南民族学院学报》2001 年第 8 期，等。

④ 参见孔凡岭：《留日学生与五四运动》，《齐鲁学刊》1993 年第 5 期；王友平：《留日学生与五四运动》，《社会科学研究》1999 年第 3 期，等。

究中韩留日学生在五四运动、三一运动中的作用。[①] 留日学生以其特殊身份、特殊才能的反日爱国壮举，不仅生动诠释他们既热爱真心传道授业的日本老师和真正友爱相处的日本同学、朋友，也热爱真理、热爱祖国的民族大义。[②] 因此，近代中国留日学生的反日爱国活动，主要是与日本政府之间的冲突，是反对日本侵华战争和进行抗日救亡的正义之举，自然受到包括日本正义之士在内的一切爱好和平力量的支持和帮助。若言留日学生以爱国救亡为主的政治运动，为中国走出瓜分豆剖、亡国灭种的险境发挥了重要的推动作用，那么他们在思想文化、教育艺术、社会风尚等其他领域的作用同样引人注目。

四、留日学生与社会变革

留日学生不仅是中国政治现代化的推动者，军事现代化的参与者和亲历者，而且也是教育、文学、艺术、妇女解放、移风易俗等中国各个领域走向现代化的引领者，为中国早期现代化做出了重要贡献。于是，不少专家学者以留日学生与中国现代化进程为题，相对宏观地介绍留日学生对中国政治、经济、思想、文化、教育、科

---

① 董顺擘：《留日学生在五四运动与三一运动中的作用之比较》，《牡丹江大学学报》2009 年第 5 期。

② 参见王奇生：《留学与救国——抗战时期海外学人群像》，广西师范大学出版社 1995 年版；刘建美：《全面抗战爆发前留日学生的抗日救亡运动》，《党史研究与教学》2003 年第 4 期；谢忠宇：《战前中国留日学生与日本的矛盾冲突考略》，《日本学论坛》2004 年第 3 期，等。

学、军事、外交等领域走向现代化所做的种种努力和产生的重大影响。[①] 例如，他们促进了中国教育事业进步，掀起了解放思想的新文化运动，推动了辛亥革命爆发，传播了马克思主义和参与中国共产党成立等。这虽有助于人们从整体上把握留日学生与近代中国社会变革的因应关系，但不易厘清他们在各个行业和具体领域所发挥的作用与特点。因此，相较于留日学生与近代社会变革的宏观性成果，研究留日学生促进某个行业或领域现代化的微观成果越来越多，其中比较突出的是留日学生对教育现代化的影响。

近代中国需才孔急，而培养人才首重教育，清政府确实选派不少留日师范生和速成师范生，加之"教育救国"思想的影响，故无论清末还是民国时期均有不少留日学生选择师范专业。他们回国后为中国教育现代化做出了重要贡献，而关于这方面的研究主要分为两类。一是综合留日学生担任教师、出任教育机构负责人、创办现代学校、引进新式教科书、制定和实施新学制、推进女子教育、促进各个学科建设等方面，阐述留日学生对中国教育现代化的促进作用和独特贡献。[②] 二是关于留日学生与教育事业现代化的专项研究。例如，留日学生通过考察和体验日本教育制度，学习先进的师范教育知识，回国后推动清末师范教育制度的制定、革新和实行。[③] 又如，留日学生积极开办或服务于图书馆，推动学校或公共图书馆事

---

① 参见黄新宪：《留日学生与近代社会的变革》，《福建论坛》1989年第6期；易古、杨艺：《论留日学生对中国近代化的作用》，《日本学刊》1992年第2期；陈麟辉：《留日运动与中国现代化》，《学术月刊》1995年第6期，等。

② 参见黄新宪：《留学日本与中国近代教育的发展》，《辽宁师范大学学报》1988年第6期；何燕侠：《清末留日学生与中国教育近代化》，《大连大学学报》1992年第1期，等。

③ 韩彦肖：《留日学生与清末师范教育制度的确立及变革》，《徐州师范大学学报》2011年第2期。

业的发展。① 再如，留日学生中有人编译或撰写不少中小学教科书，并在教育内容、编排体例、装帧印刷等方面突破传统，为教科书的制度化、法制化做出贡献。② 1906 年，反对“取缔规则”罢课回国的 13 省留日学生代表，在上海创办中国公学，不仅为中国人自己创办私立大学提供了一个范本，而且确实培养了大批优秀人才。③

近代中国社会发展变化的一个重要现象，是女性解放的思想自觉和解放运动的兴起，而留日女生的出现既是女性解放和近代社会进步的结果，也进一步推动中国女性解放运动的发展。学界普遍认为随着传教士在中国沿海口岸兴办女塾和女学的兴起，亟需女学师资的现实促使清政府逐渐放开并倡导女子游学，日本朝野对此表示欢迎。于是，在甲午战后的留日热潮中涌现一支留学女生队伍。④她们大多先是随父兄、亲朋或丈夫到日本伴读，而后独自留学，经历了从自费到公费，从学习初级、简单的家政知识到学习高级、复杂的科学文化知识，从关注知识到关心社会的转变过程，提高了自我性别认识，为参加此后的女性解放运动和反帝爱国斗争奠定了思想基础。⑤ 留日女生无论在日期间，还是回国之后，不少人积极组织或参加各种爱国进步社团，创办女性或革命报刊，运用进化论、天赋人权说等宣传女权思想，勇敢地参加拒俄运动、辛亥革命，以

---

① 石烈娟：《近代中国留日学生对图书馆事业的影响述论———以考察 20 世纪初留日学生主要活动为中心》，《图书馆》2014 年第 5 期。

② 吴小鸥、石鸥：《晚清留日学生与中国现代教科书发展》，《高等教育研究》2011 年第 5 期。

③ 朱华：《晚清留日学生与中国公学》，《中国国家博物馆馆刊》2013 年第 5 期。

④ 田梅英：《论清末女子留学日本的起因与作用》，《山东师范大学学报》2005 年第 5 期。

⑤ 参见周一川：《清末留日学生中的女性》，《历史研究》1989 年第 6 期；谢长法：《清末的留日女学生》，《近代史研究》1995 年第 2 期，等。

及此后历次反日反帝斗争。[①] 当然，留日女生回国后大多出任教师、兴办女学，为近代中国女子教育发展、女性解放运动和参政议政等做出了重要贡献。[②]

不少留日学生包括留日女生，原本并非学习文学，却如同鲁迅“弃医从文”一样走向文学创造的道路，以至近代中国文坛大半由归国留日学生构成，形成留日作家、留日诗人、留日小说家群体。[③] 他们接触异域新风，追慕日本文学，与日本作家和诗人交流，自然而然地受日本近代文学影响。[④] 例如，留日作家早期浪漫主义思想，大多带有一定程度的日本浪漫主义印迹。郁达夫、颜一烟的自传体小说《沉沦》、《盐丁儿》，取材于各自的留日经历，以留日生活为主要表现内容。[⑤] 鲁迅、郭沫若、张资平等均借鉴日本私小说的创作形式和写作手法，并形成各自独特的创作风格。其实，不同留日体验和不同时期的留日作家，甚至同一位留日作家在不同时期的作品，不仅内容、风格不同，而且对日本的认识也会发生变化。例如，张资平、凌叔华、夏写时等人的作品皆有如此呈现。其中，留

---

① 参见孙越：《留日女学生的抗战活动》，《山西师大学报》1995 年第 3 期；李兰萍：《晚清女生留日与辛亥革命》，《学术研究》1998 年第 6 期；谢忠强、李云：《20 世纪初年中国留日女生参加拒俄运动述评》，《西北工业大学学报》2011 年第 4 期，等。

② 参见阎广芬：《我国女子教育近代化进程中的留日女子教育》，《日本问题研究》1995 年第 2 期；田梅英：《清末女子留日与近代女子解放》，《中华女子学院山东分院学报》2001 年第 1 期；秦亚男、王君峰：《留日女学生对民国元年妇女参政运动的影响》，《沧桑》2013 年第 3 期，等。

③ 参见董炳月：《文学与历史的纠缠——比较文学视野中的留日作家群》，《郑州大学学报》2003 年第 6 期；田源：《中国诗坛现代精神的发轫——晚清留日浪潮与现代留日诗人》，《南昌大学学报》2014 年第 6 期，等。

④ 贾植芳：《中国留日学生与中国现代文学》，《山西师大学报》1991 年第 4 期。

⑤ 王璐：《从〈沉沦〉到〈盐丁儿〉——中国现代作家的留日叙事》，硕士学位论文，吉林大学，2007 年。

日作家重国家轻社会、有国民无个人的民族主义倾向和反战书写[①]，既是“催生”中国新文学、左联文学的思想基础之一，也是留日文学作品研究的一个关注点。

留日作家中受日本浪漫主义文学影响较深者成立了创造社，而受日本白桦派文学影响较大者成立文学研究会，虽都对近代中国文坛产生了重大影响，但基于不同的留学体验和文学主张导致 20 世纪 20 年代的文学论争。[②] 总体而言，中国学界目前更为关注创造社及其成员的活动。[③] 有学者指出创造社成员寻找个人出路和追求富国强兵的现代国家建设，是其文学活动中个人命运与国家命运紧密相连的思想源头。[④] 然而，近代中日文化发展的错位，使之在“民族性与个人性之间的偏差中，承受着无法自我认同的焦虑与困惑”。[⑤] 这种“异化”体验和情感，不仅使他们在日本广泛汲取西方的浪漫主义、唯美主义、表现主义和弗洛伊德的精神分析学等方面的思想，确立“反叛传统的生命价值追求”，而且从“我”与国家、国家与民族、“我”与民族三个层面构建国家形象。[⑥] 无论创造社还是文学研究会的留日作家个体都有不少相关研究，此处不再赘述，

① 参见黄曼：《晚清留日群体与民族主义在中国小说中的兴起》，《云南社会科学》2015 年第 1 期；李静：《留日作家抗战小说中的反战书写》，《伊犁师范学院学报》2016 年第 1 期，等。

② 高晓瑞：《留学体验与 1920 年代文学论争》，《求索》2017 年第 3 期。

③ 陈龄：《“创造社”成员的留日活动》，《解放军外语学院学报》1997 年第 3 期。

④ 刘婉明：《立身出世的热望与富国强兵的追求——清末民初留学潮与创造社成员的日本留学》，《郭沫若学刊》2011 年第 4 期。

⑤ 尚新磊：《变异与错位：前期创造社作家留日的文化人格心理考察》，《广东技术师范学院学报》2014 年第 9 期。

⑥ 参见黄健康：《留学日本与创造社小说家的生命意识》，《徐州师范大学学报》2007 年第 1 期；尚新磊：《前期创造社作家留日的“异化”体验及成因》，《郭沫若学刊》2013 年第 3 期，等。

倒是桐城派文人面对留日、“革新”思潮的态度值得关注，反映了原本占据晚清文坛重要地位的桐城派，在历史大势面前适者“兴盛”而抱残守旧者终将退出历史舞台。[①]

与留日作家和留日文学对近代中国社会的思想冲击、强大影响不同，留日艺术类学生人数少，对中国社会影响较小，却受到学界高度关注，相关研究成果纷呈，确实出人意料。红帆据《官报》统计清末留日艺术学生有114人，其中男性58名，女性53名，另外3名性别不详，估计女性的可能性较大，而鉴于清末留日学生中女性约为男性的1%，反映了艺术类专业在留日女生中较受欢迎[②]，但在全体留日学生中并非热门专业。目前，中国学界关于留日艺术学生的研究成果，主要分为戏剧、西乐、美术三类。一是留日学生的戏剧观念和话剧传入中国。随着西学东渐和留日兴起，独具魅力的戏剧现代化和从日本引进的话剧，适应了辛亥革命宣传需要。不过，留日学生春柳派的艺术原则与上海市民口味犯冲，结果春柳剧场勉强维持三年而终。[③] 二是留日学生学习西乐知识，创办西乐刊物，组织西乐社团，开展西乐教育，研究西乐理论，“推动了西方音乐在中国的传播和中西音乐文化的交流”，也“推动了中国传统音乐的改革步伐”。[④] 三是留日美术学生的赴日原因、人员名单、留

① 陈冰：《清末民初桐城派留日风潮探微》，硕士学位论文，安徽大学，2013年。

② 红帆：《日本学生监督处〈官报〉中的留日艺术学生》，《云南艺术学院学报》2005年第4期。

③ 夏菁、王烨：《留日学生春柳派与近代上海的脆弱情缘》，《汕头大学学报》2003年第4期。

④ 关心：《清末留日学生与早期西乐传习》，《中州学刊》2016年第10期。

日学校、绘画风格、群体特征，以及对中国美术教育的作用与影响[①]，既是学界关注的焦点，也是近代中国留日艺术学生史的重点，相关成果较戏剧、话剧和西乐更为丰富。

留日学生不仅为中国文化艺术做出了贡献[②]，而且推动了中国近代主流科学学科的建设、民族企业的近代化，以及兵工业的发展，直至影响国民政府对日外交政策的制定与实施。留日学生回国后成为各个新学科的开拓者和建设者，诸如他们在化工、纺织等领域取得突出成就，促进了相关领域民族企业的现代化。[③] 1906 年暑假期间，留日学生王曾宪、朱增成立“补助兴复海军社”，购买电影放映设备和影片，希望借助播放影片普及军事知识，并将放映收入充作海军军费，以振兴中国海军。[④] 因此，当留日学生成长为近代中国兵器工业各部门主管官员和技术骨干后，他们利用留日所学，“科学规划兵器工业发展方向、选定兵器制式和兵工科技发展路径”，“组建兵工管理机构、整顿并新建各类兵工厂、仿制和改良

① 参见徐立：《浅析抗战期间留日美术家退学风潮——以东京美术学校粤籍留学生为例》，《美与时代》2011 年第 1 期；贺晓舟：《清末中国的留日美术女生——以日本私立女子美术学校江苏籍女生为主的考察》，《南京艺术学院学报》2014 年第 3 期；红帆、张丽花：《京都府画学校与中国留学生》，《云南艺术学院学报》2014 年第 3 期；李程：《20 世纪留日油画家对东北地区油画的影响》，《美与时代》2017 年第 9 期，等。

② 孔凡岭：《留日学生对中国近代文化的贡献》，《齐鲁学刊》1987 年第 6 期。

③ 姜丽萍、刘记茹：《留日学生与中国近代主流科学学科的建设及发展研究》，《科技传播》2015 年第 8 期。

④ 张隽隽：《“补助兴复海军社”的电影放映活动始末》，《解放军艺术学院学报》2016 年第 2 期。

各类兵器、兴办兵工学校”[①]，不仅为中国兵器工业现代化做出积极努力，而且改变了近代中国兵器科技单纯从西方引进的尴尬和受制于人的处境。对日既爱又恨的中国留日学生，在成为国民政府对日政策的决策者和制定者后，往往基于这种双重日本观和中日实力对比悬殊的现状，呈现出“对日妥协和抵抗的双重政策”。[②]

留日学生既是近代中国社会变革的产物，也是中国人继留美、留欧运动之后探寻国家独立和民族解放道路的体现。他们不仅推动了中国政治、经济、军事、文化、外交、艺术等社会各领域的现代化，而且从衣食住行等生活层面也试图“革新求变”。蒋磊考察了留日学生脱掉长袍马褂，主动穿戴西式制服和日式和服的服饰变化，以及尝食“和洋折中”的所谓“日式料理”的味觉体验，分析在“和”“洋”之间与“新”“旧”冲突之中，他们潜藏内心的文化变革和社会发展诉求。[③] 随之，他们将这种诉求付之实践。例如，留日学生参与或主导近代中国军事变革，既推动了中国军事现代化，又参加军阀混战；既有人投敌卖国，又有更多的人奋起反抗日本侵略，体现了他们在近代中国社会变革中的复杂性和多面性。因此，勿用说留日学生整体，就是留日学生个体，特别是在近代中国历史进程产生重要影响的个体，非常值得关注和开展个案研究。

---

① 参见王姝、赵阳辉：《中国留日生与近代中国兵器工业的改革》，《佳木斯教育学院学报》2011 年第 5 期；王姝：《留日学生对南京国民政府时期兵器工业发展的贡献及其影响》，硕士学位论文，国防科学技术大学，2012 年，等。

② 于杨、孔繁岭：《留日学生在南京政府中的地位及对中日政策的影响》，《徐州师范大学学报》2006 年第 6 期。

③ 蒋磊：《“和洋”之间：清末民初留日学生的服饰与饮食》，《中华文化论坛》2013 年第 8 期。

五、留日个案与比较研究

近代中国留日学生的个案研究，既包括留日学生人物个案研究，也包括留日学生相对集中的地域个案研究；而留日学生的比较研究，虽有学者对比古代日本遣唐使与近代中国留日学生之间的异同[①]，但重点仍是近代中国留欧美学生与留日学生之间的比较。其实，无论近代中国留日学生研究，还是近代中国留学史、中国近现代史研究，都自觉不自觉将留日学生置于与留欧美学生的比较之中，且留日出身的名人受到学界高度关注。例如，关于陈独秀、李大钊、周恩来、蒋介石、阎锡山、孙传芳、鲁迅、郭沫若等人的研究，均将其留日生活视为重要内容。笔者此处重点介绍的是，以留日期间活动为主的留日学生人物和地域个案，以及留日学生与留欧美学生比较研究的专题性成果。

留日学生人物研究，主要分为文学家、政治人物和其他精英三类，且大多以留日生活对他们各自走向不同人生道路的影响为主。具体而言，关于留日出身的文学家，虽包括田汉、胡风、周作人、朱镜我、穆木天、高旭等人，但主要集中于鲁迅、郭沫若、郁达夫三人。一些学者分别研究了鲁迅留日时期的学习成绩、翻译活动、爱国思想、复古倾向、民主观、文明观、文化观、“人学”思想、信仰、文化选择意识、思想变迁、国民性批判等，以及托尔斯泰和俄国文学、夏目漱石和日本文学等对他“弃医从文”和文学创作的

---

① 赵维宁：《浅析日本遣唐使与近代中国留日学生之异同》，《文化创新比较研究》2018年第3期。

影响。[①] 郭沫若既是文学大家，又积极参加爱国革命运动，因而学界关于郭沫若留日时期的研究，一是分析其赴日留学的时代背景和心路历程；二是探讨他在日期间的思想变化，特别是五四期间由“弃医从文”转向“弃文从武”的激进革命思想；三是研究其文学创作和文学作品的日本背景，阐释郭沫若小说与川端康成小说在生命意识、自由意识上的关照。[②] 原本腼腆、内向、敏感的郁达夫，以弱国子民身份经历的留日体验，特别是青春期的“沉沦”对其情感生活、日本观、女性观产生了重大影响，以致其小说创作淡化情节、宣泄情绪，通过“自我暴露”展示其反抗精神和促使国人觉醒。[③]

留日学生无论在日期间还是回国后，大多积极参加政治活动和反帝爱国运动，具有明显的政治色彩，其中既有君主立宪论者，也有反清革命志士；既有国民党的精英分子，也有中共革命的思想家、理论家和社会活动家。具体来说，一是参与君主立宪活动的人

① 参见盛家林：《鲁迅留日时期的思想变迁及其哲学基础》，《天津师院学报》1982 年第 4 期；孙玉石：《留日时期鲁迅的文化选择意识》，《鲁迅研究月刊》1992 年第 3 期；袁荻涌：《鲁迅留日时期的翻译活动》，《中国翻译》1995 年第 6 期；由同来：《解读留日时期的鲁迅与夏目漱石》，《天津师范大学学报》2005 年第 3 期；李兆忠：《孤独的东方摩罗诗人———鲁迅留日生涯和“弃医从文”的背后》，《理论学刊》2008 年第 7 期；董炳月：《鲁迅留日时期的文明观——以〈文化偏至论〉为中心》，《鲁迅研究月刊》2012 年第 9 期；黎保荣：《鲁迅仙台医专成绩单的几个版本辨正及其启发意义》，《晋阳学刊》2014 年第 2 期，等。

② 参见吴小华：《论郭沫若留日小说与川端康成小说在自由意识上的关照》，《绵阳师范学院学报》2008 年第 6 期；黎保荣：《论郭沫若“五四”时期的暴力思想与表现》，《贵州师范大学学报》2016 年第 3 期；屈军：《郭沫若初赴日本动机的心路历程——基于清末教育变革分析》，《成都师范学院学报》2017 年第 2 期，等。

③ 参见李丽君：《论郁达夫的日本观》，《浙江学刊》2002 年第 2 期；马维、鲁守广：《沸腾的欲望———谈郁达夫留日期间的情感生活》，《昭通学院学报》2014 年第 1 期，等。

物个案，如介绍孟昭常的留日活动及其思想。[①] 二是反清革命志士个案，包括考察吴禄贞、刘道一、邹容等人的留日和归国时间，秋瑾留日相关的一些史实[②]，景梅九留日期间的革命活动等。[③] 三是国民党留日精英的个案，如考察戴季陶留日经历对其日本观的形成和影响[④]，分析胡汉民在日本法政大学接受的国际法教育与其倡导的“主权国家论”关系。[⑤] 四是中共革命的早期领导和重要人物研究，如彭湃留日时期的革命活动[⑥]，周恩来的留日历程与思想转变[⑦]，分析留日经历对陈独秀、李大钊转向马克思主义的影响。[⑧] 还有不少留日学生兼具多重政治身份。例如，留日期间积极参加反帝反清活动的李书城、吴绪华等人[⑨]，从“废学救国”到“苦学救国”爱国民主人士、教育家、社会活动家章士钊[⑩]，以及旅日华工

① 柳朴方：《孟昭常留日活动及思想考略》，《常州大学学报》2014 年第 6 期。

② 参见余田禾：《关于秋瑾留日的几个史实》，《福建论坛》1985 年第 3 期；易惠莉：《秋瑾 1905 年入读和退学东京实践女学校之原因》，《杭州师范大学学报》2014 年第 1 期，等。

③ 谢忠强、刘转玲、黄红莲：《景梅九留学日本期间革命活动考略》，《历史档案》2010 年第 4 期。

④ 张玉萍：《留日时期的戴季陶——其日本观形成与留学经历的关系》，《江海学刊》2010 年第 2 期。

⑤ 陈健：《胡汉民主权国家论与留日国际法教育》，《史学月刊》2017 年第 8 期。

⑥ 方回：《彭湃烈士与一九一九年五月七日中国留日学生东京示威游行运动》，《历史研究》1954 年第 2 期。

⑦ 徐行：《周恩来的留日历程与思想转变》，《江淮文史》2016 年第 5 期，等。

⑧ 参见沈寂：《陈独秀第一次留日考》，《近代史研究》1983 年第 4 期；韩一德：《李大钊留学日本时期的史实考察》，《近代史研究》1989 年第 1 期；权赫秀：《“南陈北李”的留学日本经历及其影响》，《社会科学战线》2012 年第 4 期，等。

⑨ 李新福：《李书城留日期间反帝反清的爱国思想和实践》，《湖北大学学报》1987 年第 4 期；吴志兰：《中国留日学生总会会长吴绪华》，《贵阳文史》2001 年第 4 期。

⑩ 郭华清：《从废学救国到苦学救国——青年章士钊在日本和英国的留学经历及其思想转变》，《安徽史学》2001 年第 4 期。

领袖、烈士王希天。[①]

其实，爱国、革命是近代中国危亡背景下的时代主旋律，也是其他留日精英共有之思想基础。例如，作为1896年中国首批13名留日学生之一的戢冀翚，热心革命，参与创办不少革命报刊，积极翻译政法方面图书，为中外文化交流做出了独特贡献。[②] 范熙壬留日时期创办《新译界》，探讨“立法救国”，成为清末民初司法体系的理论家和实践者。[③] 报界精英马君武通过翻译西方先进思想作品和办报活动，从维新改良的得力干将转为民主革命思想的忠实信徒。[④] 坚信“勉学报国”的张季鸾经过近六年的留日生活，与不少留日学生和社会各界人士结下深厚友谊，奠定了日后成为知名报人的人脉基础。[⑤] 20世纪30年代，钟敬文以留日学生、文学家和民俗学者的三重身份，赴日进行双向学术交流，展现出“对抗日本文化殖民的学术自觉”。[⑥] 邱巍介绍了钱玄同家族人员的留日情况[⑦]，吕成冬考察了钱学森之父钱均夫1902年至1908年的留日史实，以

---

① 参见任秀珍：《旅日华工领袖王希天》，《文史精华》1996年第1期；陈铁健：《尘封半个世纪的“五四”先驱王希天》，《中共党史研究》1999年第4期，等。

② 参见戢焕奇、高怀勇、刘锋：《别求新声于异邦———留日先驱戢冀翚事略》，《重庆交通大学学报》2011年第5期；王祖华：《但开风气不惧先——戢翼翚的翻译活动述考》，《东方翻译》2017年第4期，等。

③ 张祥干：《日本留学时期的范熙壬（1903—1909）》，《荆楚学刊》2017年第2期。

④ 覃哲：《马君武留日期间的报界活动》，《新闻爱国者》2011年第19期。

⑤ 刘宪阁：《知日派张季鸾的早期养成——以东渡留学为中心》，《兰州学刊》2017年第11期。

⑥ 参见吴真：《钟敬文在日本的文学活动与民俗研修》，《民族文学研究》2011年第3期；董晓萍：《钟敬文留日研究：东方文化史与民俗学》，《北京师范大学学报》2016年第5期，等。

⑦ 邱巍：《钱玄同家族留学日本考述》，《西北工业大学学报》2005年第1期。

管窥清末浙江留日学生群像。[①] 留日士官生黄国梁的日记、留日学生王拱璧的留日日记《东游挥汗录》等也受到学界关注，成为研究当时留日学生日常学习、生活、交友和爱国革命活动的重要资料。[②]

在其他留日精英中，有一个留日艺术精英群体，如同留日艺术专业一样受到学界特别重视。例如，唐卫萍分析了滕固留学东洋大学时，受文化科学和唯美主义影响，形成现代艺术观念，奠定其中国艺术研究的学术基础。[③] 黄旭东、汪朴考辨现代专业音乐教育的开拓者和奠基人——萧友梅留日时间是 1902 年 10 月至 1909 年夏，认为他两次参加清廷主持的归国留学生考试，分别是 1909 年 9 月、1910 年 5 月。[④] 还有学者考察了李叔同的留日动机、精神波折、创作取向，认为这段经历与其日后出家密切相关，肯定他在日本成立春柳社，开展话剧活动，培养了中国话剧早期的骨干力量和艺术人才。[⑤] 陈凌虹认为徐卓呆留日期间的创作和翻译活动，为其日后的文学创作和登上戏剧舞台奠定了基础。[⑥] 相较音乐、话剧艺术精英而言，留日美术精英人才受到更多关注。例如，分析留日经历对岭南派画家高剑父、方人定、黎雄才在绘画创作方面，以及对丰子恺

① 吕成冬：《钱均夫留日史实考》，《浙江档案》2016 年第 11 期。

② 参见王金玉、窦克武：《王拱璧与〈东游挥汗录〉》，《近代史研究》1987 年第 3 期；霍利群、李凤琴、王杰瑜：《黄国梁留日士官学校日记小考》，《文物世界》2003 年第 2 期，等。

③ 唐卫萍：《文化科学与唯美主义：滕固留日时期的艺术观念》，《美术学报》2017 年第 5 期。

④ 黄旭东、汪朴：《萧友梅留日年份、回国日期及参加清廷考试时间考辨——旧资料重读与新史料初探》，《音乐研究》2007 年第 3 期。

⑤ 参见张彦丽：《李叔同留日三题》，《杭州师范学院学报》1999 年第 2 期；孙越、彭寿：《李叔同留日时期的话剧活动及其贡献》，《山西教育学院学报》1998 年第 1 期，等。

⑥ 陈凌虹：《徐卓呆留日经历及早期创作活动考》，《中国现代文学研究丛刊》2016 年第 11 期。

在漫画和文学创作上的深刻影响[①]；梳理何香凝留日学习绘画的历史，并分析其早期画风之生成。[②] 陈建宏认为关良经过五年留日生活，积极参加日本青年艺术家的文艺活动，实现了“从古典向现代主义的绘画转变”。[③]

远在异国他乡求学的留日精英，具有强烈的地域观念、乡土情结和爱国主义[④]，往往以省域为界，既赋予省域文化正面价值，又反思和批判本省文化不适宜现代社会的成分[⑤]，积极投身中国政治运动和社会变革。总体而言，以各地留日学生为主的个案研究，具有以下几个特点。一是以省域留日学生研究为主，同时既有跨省区的留日学生个案，又有细化至省内地市或县区的成果。例如，跨省区的留日学生个案，虽有清末江浙、东北地区的留日学生研究[⑥]，但以抗战时期沦陷区的伪满洲国、伪蒙疆政权、华北、华东各地的留日学生为主。[⑦] 细化至各地市或县区留日学生的研究成果，包括

---

① 参见黄大德：《山本梅崖在广州及高剑父在日本留学的相关问题》，《美术学报》2011年第1期；王米娜：《留日经历对丰子恺艺术创作的影响》，《郑州航空工业管理学院学报》2012年第6期；彭飞：《方人定、黎雄才的留日及其绘画创作相关问题》，《美术学报》2017年第2期，等。

② 余湘智：《何香凝留日学画史迹钩沉及其早期画风的生成》，《书画世界》2018年第4期。

③ 陈建宏：《现代主义绘画的中国源起：从留日时期关良的艺术抉择说起》，《艺术探索》2017年第3期。

④ 李细珠：《辛亥时期留日学生的乡土情结与爱国主义》，《求索》1994年第3期。

⑤ 朱发建、张晶萍：《认同与批判：清末留日学生的地域文化观》，《安徽史学》2015年第3期。

⑥ 参见张元隆：《辛亥时期江浙留日学界对近代国家观念的播扬》，《近代中国》2004年卷；王黎鸣：《清末东北地区赴日留学活动研究》，硕士学位论文，辽宁大学，2013年，等。

⑦ 参见孔凡岭：《伪满留日教育述论》，《抗日战争研究》1997年第2期；余子侠：《日伪统治下的华北留日教育》，《近代史研究》2004年第5期；徐志民：《日本政府对伪蒙疆政权留日学生政策探微》，《抗日战争研究》2008年第2期，等。

浙江湖州、嘉应和宁波，以及四川合江、广西容县、山东烟台等地[①]，虽然相关成果不多，但随着各地学者重视和相关研究的深入、细化，各地市或县区留日学生资料的发掘、整理和研究或许是一个方向。二是省域留日学生研究涉及全国大部分省份，但相对集中于湖南、浙江、河南、云南、四川等省。三是研究时限以清末为主，同时向北洋时期、国民政府时期和抗战时期的留日学生延伸。四是研究内容既包括各省留日学生概述，也包括他们参加辛亥革命和反帝爱国斗争；既包括他们在日活动，也包括回国后推动本省教育进步和社会变革。

留日学生有出身地域之别，而同一地域学生也有留学国别之差。从洋务运动时期的留美留欧之举到甲午战后的留日运动，探求救国救民道路的中国人向世界各国学习，但因中国政府的派遣政策、留学国的接受态度和教育政策，以及留学生的家境、动机、兴趣和人生际遇等方面不同，导致留美留欧和留日学生在学习、生活、与留学国关系、回国后的工作领域与贡献等方面，既有一定程度的相似，也有很大的区别。当时社会上有所谓留学“西洋一等，东洋二等”现象、“留美者亲美，留日者反日”等言论，更引起中国学界对比留日学生与留欧美学生的兴趣。其实，留欧美学生之间本身也有很大差异。例如，从时间上说，1872 年的中国幼童留美与清末民国时期的庚款留美不同，洋务运动时期的海军学生留欧与民国时期的海军学生留欧也不相同；从国别上说，留美学生与留欧

---

① 参见范蕾蕾、冯君、孙涌：《论清末民初的嘉应留日学生》，《嘉应学院学报》2010 年第 9 期；韦秋杰：《容县籍留日革命志士在辛亥革命中的贡献述评》，《边疆经济与文化》2013 年第 7 期；王华东、于向宁、张美容：《晚清烟台籍留日学生与近代烟台社会变迁》，《现代交际》2017 年第 5 期，等。

各国学生有所区别，勤工俭学留法学生与接受社会主义革命培训的留苏学生也不一样。

然而，中国学界较少关注留欧美学生之间的异同，而主要是比较留日学生与留欧美学生，特别是与留美学生之间的区别。一些学者重点分析中国留日与留美兴起的原因，留日学生与留美学生的留学渠道和生源质量，彼此的留学生活、政治态度，以及回国后对中国教育、政治、科技、医学等方面现代化的影响。他们普遍认为留日学生人数众多，鱼龙混杂，喜好军事、法政、师范等科，热心创办报刊、翻译西书，关注时事，积极投身反帝爱国运动之中，在军事和政治领域影响中国甚巨；而留美学生大多选学理、工、农、医各科，学习勤勉刻苦，虽也提倡民主、反对专制，但强调“实业救国”“科技救国”而政治态度相对温和，在中国科技、教育、医学等领域有显著影响。① 其实，留日学生与留美学生从不同侧面都对中国现代化和中外文化交流发挥了重要作用。将留欧美学生视为一个整体与留日学生比较研究的成果，虽都包含彼此留学的“动因、规模、特点与影响”②，但如前所述，双方差异明显，特别是文学方面。留欧美的文学家提倡文学独立、自由，反对“文以载道”，而留日的文学家强调文学的社会功能，两者的文学观念不同，且相互

① 参见薛玉胜、杨学新：《近代中国留日与留美运动之比较》，《日本问题研究》1996年第3期；马永斌、刘文渊：《留日和留美教育对中国近代教育影响的比较研究》，《清华大学教育研究》1997年第4期；赵燕玲：《近代留美生与留日生对中国社会影响之比较》，《中山大学学报》2002年第2期；刘欣：《试析五四时期归国留美留日学生政治见解差异之原因》，《徐州师范大学学报》2003年第3期，等。

② 姚琦：《中国近代赴欧美与赴日本留学教育比较分析》，《教育评论》2016年第11期。

争论。[①] 实际上，关于留日学生与留欧美学生的争论和比较，某种程度上也是彼此留学生活不同的反应和所受留学国政策影响差异的体现。

六、留学生活与留日政策

留学生活主要是留学生在国外的学习、衣食住行和日常活动，而限于资料或语言等因素的制约，这方面的专题研究成果不多。不少“中国人留学史”论著，大多是“中国人为着留学如何‘出国’的历史，而不是一部中国人出国后如何‘留学’的历史”。[②] 以“留日生活”为题的专项研究，主要有马斌对郁达夫留日生活的介绍[③]，王树义、王云红分析留日生活对周作人文学创作的影响[④]，徐志民重点考察抗战时期留日学生在日本的衣食住行等日常生活和学习情况，以及他们被组织参加的社会活动，反映了战时留日生活的特殊性和被殖民奴化教育的特色。[⑤]

与战时严格管控的留日生活相比，战前留日学生的学校生活、办报创刊活动和翻译、与日本社会的接触和中日文化交流活动相对自由一些，但其背后的两个魔影始终影响他们的留学生活，即日本

---

① 李兆忠：《论中国现代文学史上的留日派与留欧美派之争》，《广东社会科学》2010年第3期。

② 章开沅、余子侠主编：《中国人留学史》，社会科学文献出版社2013年版，第11页。

③ 马斌：《郁达夫的留日生活》，《神州学人》2001年第4期。

④ 王树义、王云红：《浅谈留日生活对周作人文学创作的影响》，《作家杂事》2008年第12期。

⑤ 徐志民：《敌国留学——抗战时期在日中国留学生的生活实态》，《近代史研究》2015年第5期。

侵略扩张的大陆政策和日本社会弥漫的歧视中国人的情绪与氛围。[①]有学者以宏文学院为例，分析留日学生在该校遵守严格的作息制度、体验班级管理的民主方式、参加运动会等新式教育和生活方式，但学校教育背后的大陆政策和侵略扩张思想，不仅导致留日学生与学校难以形成信赖关系，而且使日本社会对留日学生从最初的欢迎、同情转向批评、谩骂和歧视。[②] 邱佩文考察了成城学校中国留学生的学习生活、编辑杂志、革命活动，以及他们对日本人歧视的反抗。[③] 赵瑞以日本第三高等学校就读的伪满洲国留日学生为例，主要分析他们的留学费用及其来源，以及日伪通过伪满洲国留日学生会加强对他们日常生活的监控和管理，使之沦为日本殖民同化教育的牺牲品。[④] 这种留学环境下的生活体验，怎么可能培养出真正的“日中亲善”感情和“亲善”人才，“留日者反日”自然也就见怪不怪了。

近代中国留日学生就是在如此恶劣的留学环境下，一方面发愤图强，刻苦学习，翻译西书，向国内推介先进的科学文化知识；另一方面积极向日本各界传播中国文化，在特殊环境下架起中日文化交流的友谊之桥。如前所述，留日学生创办《游学译编》《译书汇编》等翻译类杂志，并进行相应的翻译活动。可以说，翻译活动已

---

① 参见夏应元：《中国留日学生问题与日本大陆政策》，《日本研究》1988 年第 1 期；吕顺长：《近代日本人对中国人留学日本的认识》，《世界历史》2001 年第 6 期，等。

② 参见王卫平、邵宝：《清末留日学生与日本社会的摩擦和冲突》，《苏州大学学报》2013 年第 6 期；孙波：《清末留日学生派遣与明治体验》，《安阳师范学院学报》2017 年第 6 期，等。

③ 邱佩文：《明治时期成城学校中国留学生之研究》，硕士学位论文，浙江工商大学，2017 年。

④ 赵瑞：《日本第三高等学校中国留日学生之研究——以伪满洲国留日学生为中心》，硕士学位论文，浙江工商大学，2014 年。

成为不少留日学生生活的一部分。中国学界认为留日学生译介外来优秀文化的主要目的，是出于“知识救国”的认识，故重点翻译西方及日本的人文社科类图书。其主要表现一是大量翻译法国大革命相关的论著①，二是翻译反映俄罗斯人反抗沙皇专制统治的俄国文学作品。② 他们留学之余的翻译活动，从1896年首批中国学生东渡至1937年日本全面侵华战争爆发而持续不断，对中国政治、经济、军事、思想、文化、教育等产生了重大影响。③ 文化交流的一般规律是强势文化影响弱势文化，而弱势文化也会反作用于强势文化。留日学生通过与日本友人的切磋交流、在日本刊物发表论著、展演中国传统戏剧和文艺作品等，也向日本传播了中国优秀文化，促进了中日文化交流。④ 其实，日本作家武田泰淳等人与中国留日作家的交流⑤，以及著名教育家松本龟次郎与留日学生的交往⑥，都是留日学生在日生活的重要部分，至今使人感怀。

留日生活与中日两国对留日学生的关心程度、经费支持、监管

---

① 王娟：《清末留日学生对法国大革命资料的译介》，《兰台世界》2011年第19期。

② 余静：《近代中国留日学生俄罗斯文学翻译简论》，硕士学位论文，青海师范大学，2011年。

③ 李广超、陈伟明：《近代中国留日学生的译书活动（1896～1937）》，《广西社会科学》2008年第5期。

④ 参见李喜所：《清末留日学生与中日文化交流》，《历史教学》1986年第2期；元青、王建明：《北洋政府时期的留日学人与中国文化的对日传播》，《广东社会科学》2009年第1期；王建明：《抗战爆发前留日学人对日传播中国文化的特点》，《东北亚学刊》2015年第2期，等。

⑤ 参见山本优子：《中日作家的交流与留日影响》，硕士学位论文，山东大学，2011年；冯裕智：《武田泰淳与20世纪30年代中国留日作家》，《新文学史料》2016年第2期，等。

⑥ 参见田正平：《中国留日学生的良师松本龟次郎》，《杭州大学学报》1985年第4期；杨惠萍：《松本龟次郎与中国留学生教育》，《北方论丛》1994年第5期，等。

措施等密切相关，但中国学界主要关注以下四个方面内容。一是清末留日学生政策的演变。清末留日运动从兴起到高潮再到降温，清政府留日政策也发生了很大变化，而清廷重臣张之洞、驻日公使杨枢等都是留日相关政策制定者、参与者。① 有学者指出张之洞从主政湖广到入值内阁，经历了为留日学生制定章程、设置留日学生监督、请求日方协助管理，到提高留日学生派遣资格、实施留学生归国考试、严查和限制留日学生任用等由宽到严的转变过程，认为张之洞主持的留日政策虽无法挽救清朝覆亡的必然结果，但客观上有助于清末留日教育规范发展。② 二是留日学生监管政策与措施。清政府及民国政府均制定留日学生监督制度，监管留日学生的学业考核、转学退学、奖惩任用、思想管控等，但仍难以防堵留日学生的文凭造假，直至引入上海律师公会参与治理，才有效遏制了留日文凭造假的蔓延之势。③ 三是留日经费的筹措与对日借款助学。④ 四

① 参见刘杰辉：《试论张之洞与清末留日运动》，《社会科学论坛》1999 年第 4 期；刘功君：《杨枢与清末留日教育初探》，《乐山师范学院学报》2007 年第 8 期；谢忠强：《清末留日政策演变述论》，《历史档案》2011 年第 4 期，等。

② 余秀：《张之洞与清末留日学生管理》，硕士学位论文，华中师范大学，2014 年。

③ 参见杨木庆、周晓光：《清末留日热的有限抑制与学业激励——留日学生监管与任用制度评析》，《安徽师范大学学报》2017 年第 5 期；李严成、赵霞：《留日毕业文凭的泛滥与治理（1901—1931）》，《湖北大学学报》2011 年第 5 期；赵霞：《近代文凭造假与社会组织参与治理：以留日文凭造假和上海律师公会为例》，《武汉大学学报》2015 年第 1 期，等。

④ 参见刘功君：《清末留日经费的筹付与管理》，《安庆师范学院学报》2007 年第 1 期；刘功君、沈世培：《北洋时期留日经费筹措考察》，《历史档案》2009 年第 1 期，等。

是抗战时期伪政权的留日政策与国民政府对留日学生的甄审政策。[①]国民政府对伪政权的留日学生既不信任也不救济，随着中国解放事业的推进，原本亲近国民政府的留日学生逐渐转向支持中国共产党。[②]

作为留日学生接受国的日本，其对留日学生接受、教育、管理方面的政策，与留日学生的在日生活直接相关。吕顺长以清末“五校特约”中的浙江留日学生为例，重点分析了 1907 年中日签订“五校特约”的背景、过程、内容和实施状态。[③] 严平以“五校特约”为中心考察了日本大学预科教育，介绍了日本大学预科中留日学生的概况与特点。[④] 一些学者认为日本政府鉴于“留日者反日”的状况和第一次世界大战前后留日学生生活困苦的现实，支持创办“日华学会”以斡旋、协调他们的留学事宜，并决定“退还”部分庚子赔款兴办“东方文化事业”和建立庚款补给留学生制度，以资助留日学生。[⑤] 徐志民考察了明治维新对中国留日运动兴起的客观

① 参见曹必宏：《汪伪留日教育政策与管理机构述略》，《江苏师范大学学报》2014 年第 1 期；曹必宏：《抗战时期关内日伪政权选派留日公费生考略》，《社会科学研究》2016 年第 4 期；王春南：《南京国民政府对抗战期间留日学生的甄审》，《历史档案》1994 年第 1 期；殷昭鲁：《论战后国民政府对战时留日学生的甄审政策》，《历史教学》2015 年第 6 期，等。

② 干保柱、刘笑非：《战后初期中国留日学生的国家认同》，《历史教学》2016 年第 22 期。

③ 吕顺长：《清末留日学生从量到质的转变——关于清末“五校特约”留学的考察》，《浙江大学学报》2001 年第 1 期。

④ 严平：《近代中国留学日本大学预科研究——以“五校特约”为中心》，《清史研究》2012 年第 4 期。

⑤ 参见刘功君：《庚款补助留日学生述略》，《乐山师范学院学报》2011 年第 8 期；徐志民：《日本政府的庚款补给中国留日学生政策研究》，《抗日战争研究》2012 年第 3 期；徐志民：《从合作到对抗：中国人眼中的“东方文化事业”（1923—1931）》，《社会科学研究》2017 年第 4 期；石嘉：《日华学会与留日教育（1918—1945）》，《北京社会科学》2018 年第 5 期，等。

作用[①]，解析满铁成立以留日预备教育为主的南满中学堂的历史原委[②]，专门分析了近代日本的中国留日学生接受政策和对中国留日军事学生的特殊政策[③]，这些都反映了日本政府对中国留日学生政策的某个或某些侧面。徐志民还持续考察了日本政府对清末、民国初期、中日战争时期的中国留日学生政策，试图分析这一政策的调整与变化[④]，但这些成果多属某个历史阶段的中国留日学生政策，既不系统也不完整，难以窥探日本政府对中国留日学生政策的全貌、本质、特点与规律。

七、小结

近代中国留日学生因其人数多、规模大、影响深远而广受关注，相关研究成果丰硕且层出不穷，具有不同于近代留欧美学生和改革开放后留日学生研究的显著特点。一是近代中国留日学生自踏上日本列岛就受到中外各界高度关注。留日学生的相关报道、留学资料、留日研究等较为丰富，并延续至今，且各种研究成果仍呈

---

① 徐志民：《明治维新与赴日留学》，《华中师范大学学报》2018 年第 4 期。

② 徐志民：《满铁与留日教育——以南满中学堂为例》，《东北师大学报》2017 年第 4 期。

③ 参见徐志民：《九一八事变前日本对中国留日军事学生政策述论》，《徐州师范大学学报》2010 年第 5 期；徐志民：《接受留学与日本“国益”——近代日本的中国留学生接受政策》，《江苏师范大学学报》2016 年第 6 期，等。

④ 参见徐志民：《1918—1926 年日本政府改善中国留日学生政策初探》，《史学月刊》2010 年第 3 期；徐志民：《九一八事变后日本政府对中华民国留日学生政策述论》，《抗日战争研究》2011 年第 3 期；徐志民：《日本的中国留日学生政策（1937—1945）》，《历史研究》2013 年第 3 期；徐志民：《日本政府的清末留日学生政策》，《史林》2016 年第 5 期；徐志民：《放任自流与优待主义——日本对民初留日学生政策（1912—1917）》，《民国档案》2019 年第 2 期，等。

“井喷”之势，以致难以对其做一个比较全面、详细的学术史回顾。二是近代中国留日学生研究的内容广泛、细致。留日学生基本情况考释，留日学生的爱国政治运动，留日学生与近代中国社会变革的关系，留日个案和比较研究，留日生活和留日政策等，虽是留日学生研究的重点和热点，但随着留日学生相关资料的发掘和信息化，留日学生人物个案和细化至各个地市、县区留日学生的研究仍有不少空间，且前述各领域的细化和深入研究也是一个趋势。三是近代中国留日学生研究虽以史学的视角和方法为主，但从文学、教育、艺术、军事、国际关系学的视角和方法进行研究的成果越来越多。四是近代中国留日学生研究的资料，大多依据中文的档案文献、新闻报道、留日日记或回忆录、口述资料等，虽有学者注意利用日文档案文献和相关研究成果，但总体而言尚远远不足。这也是留日学生政策研究主要关注中国政府的留日政策，而相对忽视日本政府对中国留日学生政策的重要原因之一。

因此，我们需要从研究内容、视角、方法、资料等方面，不断推进近代中国留日学生研究的广度、深度和高度。从高度而言，近代中国留日学生研究既要置于东亚千年未有之大变局的时代背景、国际环境中考察，又要从为新时代的中外文化交流、科学文化知识传播和打造人类命运共同体提供借鉴和启示的角度进行探讨，这样才具有更加特殊的学术价值和现实意义。从深度而言，近代中国留日学生研究既要广泛发掘和搜集留日学生相关史料与文献，深入或细化留日学生研究领域的各个方向；又要以更加宏观的时空视野，比较近代中国留日学生与改革开放后留日学生、中国留日学生与日本、欧美国家派往其他国家的留学生之间的异同，分析造成不同国家间留学生差异的文化、地域、政策等方面的深层次原因。[①] 从广度而言，我们既要搜集留日学生相关的中文资料，也要搜集与之相关的日文资料、英文资料；既要关注中国学界的近代中国留日学生研究，也要关注日本学界关于这方面的研究成果。

① 参见胡连成：《走向西洋——近代中日两国官派欧美留学之比较研究（1862—1912）》，吉林大学出版社 2007 年版。

第四章　日本学界的留日学生研究

1896年中国首批13名学生赴日留学，不仅标志千年以来中日“师生关系”易位，而且近代持续不断的留日运动，对中日两国社会和中日关系产生了巨大影响，成为中日学界关注的焦点之一。日本学界利用日本政府、学校和个人保存的中国留日学生相关文献与资料，探讨他们的派遣情况和日本政府的应对，考察日本学校对他们的接受和教育，分析他们的留日生活及其与日本社会的关系，评介他们在中日文化交流中的地位与作用等，这与中国学界侧重介绍留日学生的基本情况和他们的爱国革命活动、推动中国社会变革的作用有所不同。中日学界虽不乏中国留日学生研究的学术史回顾[①]，

---

① 参见小林共明：《留日学生史研究の現状と課題》，辛亥革命研究会編：《中国近代史研究入門》，東京，汲古書院1992年版；小林文男：《中国人日本留学史考——日本留学開始100周年に当って》，《愛媛大学教育学部紀要 第Ⅱ部 人文・社会科学》1997年第2号；李協京、田渕五十生：《中国人の日本留学の百年——歴史的軌跡と現在の留学事情に ついて》，《奈良教育大学紀要 人文・社会科学》1997年第1号；田正平：《1990年代における中国近代留学史研究の概観》，浙江大学日本文化研究所、神奈川大学人文研究所编：《中日文化论丛：一九九九》；平田諭治：《留学史研究の回顧と展望——欧米－日本－アジアの“知”の連還と構造を考える》，《筑波教育学研究》2006年第4号；王暁秋：《日本へ留学する中国人留学生の110年間にわたる歴史の回顧と啓発をめぐって》，《国際日本学》2007年第4号，等。另，本章所列之成果主要是日文成果，包括部分中国学者的日文成果，特此说明。

但往往从“知识流动”的视角，概述近代中国人的留日史，或者主要回顾与个人研究相关之学术史。时至今日，一个多世纪的近代中国留日运动及其研究，确有全面总结之必要，而日本学界在这方面研究的宏观选题微观化和微观选题精细化的趋向也值得关注。故而，本章拟通过梳理日本的近代中国留日学生研究历程，重在考察当代日本学界的相关成果和发展现状，总结其研究特点，分析其研究规律和趋向，为深化和拓展近代中国留日学生研究提供“他山之石”。

一、研究历程之回顾

日本的近代中国留日学生研究，既是近代中国留日运动在日本社会留下深刻印迹的学术反响，也是日本学界结合近代以来中日关系、文化交流、国际环境的历史与现实做出的回应和探讨，因而不同时段的近代中国留日学生研究，自有其不同内容与特色。基于此，笔者按照历史发展顺序，将日本的近代中国留日学生研究分为三大阶段：一是近代包括战前和战时的学术积累与研究起步阶段，又可分为明治末期、大正时期和昭和初期三个时期[①]；二是战后初期的学术延续与研究低潮时期；三是20世纪80年代以来的学术发展和研究高潮时期。

（一）近代的学术积累与研究起步

穿着长袍马褂、拖着长长辫子的清末留学生，从踏上日本列岛

① 笔者根据研究需要和表述便利，将明治末期设为1896—1912年、昭和初期设为1926—1945年，大正时期是1912—1926年，特此说明。

的那一刻起便引起日本社会广泛关注。这种关注不仅仅来自他们的穿着打扮和发饰造型，更多的来自日本国民对昔日“先生之国”的中国人竟到日本留学的惊奇，来自学习西方先进科学文化知识和通过明治维新取得“进步”的沾沾自喜，来自打败大清国后极度膨胀的傲慢与向东亚大陆扩张的侵略野心，来自对作为“战败国”的中国留学生的怜悯和惋惜，也有人出于从中国学习古代文明的“报恩”心理等，或友善，或蔑视，或同情，或嘲讽，不仅直接影响中国留日学生的对日情感和日本认识①，而且他们被视为日本社会的一个“特殊存在”，引起各界的讨论和关注。明治末期，日本知名报刊，如《外交时报》《东京朝日新闻》《太阳》《中央公论》等都曾对中国留日学生的到来、入学、教育和社会活动等给予详细报道。② 1898 年 5 月，驻华公使矢野文雄提出“清国留学生招聘策”③；早稻田大学教授青柳笃恒，多次呼吁日本积极接受中国留日学生，以增强日本对中国的潜在影响力。④

大正时期，日本虽出现民主运动气息，但向中国提出“二十一条”，企图独霸中国、称雄世界，即使在华盛顿会议后号称秉持“协调主义”，也从未放弃侵华扩张的根本追求，而留日学生被其视为增进“日中亲善”倾向和辅助侵华扩张政策的战略资源。日本学

---

① 参见吕顺长：《清末浙江与日本》，第 97－110 页。

② 実藤恵秀：《中国人日本留学史》，第 16、44—47 页。

③ 河村一夫：《外交官としての矢野竜渓——清国留学生招聘策について》，《政治経済史学》第 167 号，1980 年 4 月。

④ 参见青柳篤恒：《支那人の子弟は何故に游学せざる可からざる乎》，《早稲田学報》第 141 号，1906 年 11 月；青柳篤恒：《支那留学生と列国》，《早稲田学報》第 143 号，1907 年 4 月；青柳篤恒：《支那人教育と日米独間の国際的競争》，《外交時報》第 122 号，1908 年 1 月，等。

界对中国留日学生从观感体会般的描述与介绍，逐渐转向实用性对策分析。明治专门学校创办者安川敬一郎，在1917年自刊小册子《教育事业是"日中亲善"之基》，强调要发挥留学教育在"日中亲善"事业中的积极作用。[①] 日本驻华使领馆人员、军人建议改变明治末期以来对中国留日学生的冷漠政策，转向"优待主义"，为他们提供住宿、学习便利[②]，从而培养其"亲日倾向"。日本的有识之士和部分国会议员，尤其与留日学生教育相关的松本龟次郎、服部美佐雄等人，多次呼吁改善中国留日学生待遇。日本国会从1918年通过两项改善中国留日学生待遇的建议案，到1923年通过《对华文化事业特别会计法案》，促使日本政府逐步调整和"改善"中国留日学生政策。[③] 这些法案和对策虽未全部实施，但成为研究留日学生的重要参考资料，反映了大正时期日本社会关于中国留日学生问题的讨论。

昭和初期是日本侵华加剧和挑起全面侵华战争的年代，留日学生常常因此愤而归国，但总体上仍赓续不绝，如在1934—1936年的中日关系暂缓期反而出现"留日高潮"，即使在1937—1945年中日全面战争时期各伪政权仍选派了一批批留日学生，而日本学界关于他们的研究也未因战争中断。1931年，松本龟次郎出版《中华

---

① 安川敬一郎：《日支親善の基礎たるべき教育事業》，東京，1917年，自刊。

② 《32. 雑/分割2》，《在本邦清国留学生関係雑纂/雑之部》第1卷；《分割2》，《在本邦清国留学生関係雑纂/雑之部》第2卷，外務省外交史料館藏，アジア歴史資料センター、レファレンスコード，B12081625700、B12081629800；《暹国、支那留学生(1)》，《大正2年　公文備考　卷16　学事1》，防衛省防衛研究所藏，アジア歴史資料センター、レファレンスコード，C08020252300。

③ 徐志民：《1918～1926年日本政府改善中国留日学生政策初探》，《史学月刊》2010年第3期。

留学生教育小史》①，回顾其教育中国留日学生的历程，提出积极接受和培养中国留日学生的建议，并对中日教育交流抱有良好期待。实藤惠秀从1936年11月至1938年12月在日华学会主办的《日华学报》上系统介绍近代中国人赴日留学的原因、人数，以及日本教育机构、日本教习等，几乎涵盖1896—1937年的中国留日学生史。日华学会将其前述成果于1939年3月结集出版，即《中国人日本留学史稿》。② 实藤惠秀还采访唐宝锷、曹汝霖等多位原留日学生，在20世纪40年代出版《日本文化对中国的影响》《近代日中文化论》等，重点分析留日教育和日本文化对留日学生、中国现代化的影响③，奠定其战后继续开展中国留日学生研究的基础。

从明治末期至昭和初期的留日学生相关资料，虽历经战火和战争结束时的"特别处置"——焚毁或掩埋④，仍然保留不少相关文献与史料。例如，成城学校留学生部于1937年编印的《留学生部出身者》，日华学会的砂田实在1939年组织编印的《日华学会二十年史》⑤，日本外务省外交史料馆、防卫省防卫研究所、国立公文书馆等处遗存的外务省、内务省、文部省、陆军省、海军省、警视厅、各地政府、日本各学校之间关于中国留日学生之公文、往来函电、各类报告等，均成为日后研究中国留日学生的重要史料与文献。松本龟次郎、实藤惠秀关于战前和战时中国留日学生的研究，

---

① 松本亀次郎：《中華留学生教育小史》，東京，東亜書房1931年版。

② 実藤恵秀：《中国人日本留学史稿》，東京，日華学会1939年版。

③ 参见実藤恵秀：《日本文化の支那への影響》，東京，蛍雪書院1940年版；実藤恵秀：《近代日支文化論》，東京，大東出版社1941年版。

④ 吉田裕：《現代歴史学と戦争責任》，東京，青木書店1997年版，第129－130页。

⑤ 成城学校留学生部編：《留学生部出身者》，東京，成城学校留学生部1937年版；砂田実編：《日華学会二十年史》，東京，日華学会1939年版。

不仅开启了近代中国留日学生史学术研究的先河，而且他们及其研究成果本身也成为后人研究对象①，直接或间接影响战后初期的留日学生研究。

（二）战后初期的学术延续与研究低潮

战后初期中日两国分属以苏美为首的两大阵营，在冷战对峙的国际环境下，中国大陆不仅留日运动中断，转向苏联和东欧等社会主义国家派遣留学生，而且近代留日学生因“海外关系”备受“嫌疑”和政治运动冲击；日本经过战后经济恢复和高速增长，到20世纪五六十年代否认侵略战争责任的错误思潮抬头，狭隘的民族主义膨胀，也没有研究近代中国留日学生的良好学术环境，仅仅维持近代中国留日学生研究薪火相传而已。20世纪50年代，永井算巳主要关注明治末期留日学生的动向，包括1902年孙揆均、吴稚辉等20多人联名担保9名自费生入学成城学校事件，以及留日学生的拒俄运动、反对“取缔规则”等活动。② 佐藤三郎介绍早期中国留日学生的一些逸闻趣事。③ 1960年，实藤惠秀出版《中国人留学日本史》，成为近代中国留日学生研究的名著，且与其后的系列作

① 参见小川博：《さねとうけいしゅうの二つの中国人日本留学史について》，《社会科学討究》1987年第1号；河路由佳：《盧溝橋事件以後（一九三七～一九四五）の在日中国人留学生》——さねとうけいしゅう〈中国人日本留学史〉再考》，《一橋論叢》2001年第3号；松本龟次郎的相关研究，详见后文。

② 参见永井算巳：《所謂清国留学生取締規則事件の性格——清末留日学生の一動向》，《信州大学紀要》1952年第2号；永井算巳：《所謂呉孫事件に就て——清末留日学生史の一断面》，《史学雜誌》1953年第7号；永井算巳：《拒俄学生軍をめぐって》，《信州大学紀要》1954年第4号；永井算巳：《光緒末年に於ける留日学生界の趨勢》，《歴史学研究》第206号，1957年，等。

③ 佐藤三郎：《最初の留日中国人学生のこと》，《新中国》1956年第1号。

品共同奠定其在该领域的重要地位。[①] 1966 年，大高岩、波多野太郎将留日学生景梅九的《罪案》，翻译为《留日回顾——一个无政府主义者的半生》[②]，叙述其留日期间参加同盟会和开展反清革命活动的经历。

20 世纪 70 年代，中日关系从“复交”到签署《中日和平友好条约》，进入所谓“蜜月期”，特别是随着中国大陆决定改革开放、再次派遣留日学生[③]，近代中国留日学生问题又引起日本学界关注。其关注点集中在以下几个方面：一是结合晚清中国面临瓜分豆剖的严峻形势和清末新政的应对，重在分析清政府选派留日学生政策的确立过程、主要特点、影响因素和指导理念。[④] 二是介绍日本对中国留日学生的特设预科制度和以增进“日中亲善”、借机扩大在华

① 参见実藤恵秀：《中国人日本留学史》；実藤恵秀：《中国留学生史談》，東京，第一書房 1981 年版；黄尊三著，さねとう・けいしゅう、佐藤三郎訳：《清国人日本留学日記》，東京，東方書店 1986 年版，等。

② 景梅九著，大高巖、波多野太郎訳：《留日回顧——中国アナキストの半生》，東京，平凡社 1966 年版。

③ 参见馬越徹：《アジア・オセアニアの高等教育》，東京，玉川大学出版部 2004 年版，第 29 页；坪井健：《在日中国人留学生 20 年の動向と日本の課題——日本と中国の留学生戦略を背景として》，《駒澤社会学研究》第 38 号，2006 年 3 月。

④ 参见黄福庆：《清末における留学生の特質と派遣政策の問題点》，《東洋学報》1972 年第 4 号；黄福庆：《清末における留日学生派遣政策の成立とその展開》，《史学雑誌》1972 年第 7 号；細野浩二：《中国対日留学史に関する一問題——清末における留学生派遣政策の成立過程の再検討》，《史観》第 86、87 册，1973 年 3 月；細野浩二：《清末留日極盛期の形成とその論理構造——西太后新政の指導理念と“支那保全”論的対応をめぐって》，《国立教育研究所紀要》第 94 集，1978 年 3 月，等。

权益为目的的对华文化事业。[①] 三是考察接受中国留日学生的主要学校，如作为1907年8月中日签订“五校特约”之一的山口高等商业学校、以从事留日学生预科教育闻名的早稻田大学“清国留学生部”、同仁会的东京同仁医药学校、号称东京大学“预备校”的第一高等学校等对留日学生的接受与教育均受到关注。[②] 四是留日学生个案研究，包括鲁迅、郭沫若、彭湃等。[③] 五是中国留日学生相关统计。如，二见刚史、佐藤尚子分类统计近代日本各类学校的中国留日学生人数、专业、出身、年龄、入学前学历、毕业后的就职与去向。[④] 六是收集、整理与研究近代中国留日学生相关史料，

---

① 参见二見剛史：《戦前日本における中国人留学生の教育——特設予科制度の成立と改編》，《日本大学精神文化研究所・教育制度研究所紀要》1976年第7号；二見剛史：《戦前日本における中国人留学生予備教育の成立と展開》，《国立教育研究所紀要》第94集，1978年3月；阿部洋：《“対支文化事業”の研究——近代日中学術文化交流史の一断面》，東京，アジ了経済研究所1978年版；阿部洋：《“対支文化事業”の成立過程》，《日本の教育史学》第21集，1978年9月，等。

② 参见渡部宗助：《アジア留学生と日本の大学・高等教育明治末期の山口高商の事例より》，《大学論集》1973年第1号；実藤恵秀：《早稲田大学における中国留学生教育——特に清国留学生部を中心に》，《早稲田フォーラム》1975年第8号；細野浩二：《所謂“支那保全”論と清国留日学生教育の様態——同仁会・東京同仁医薬学校を例にして》，《早稲田大学史記要》1975年第8号；二見剛史：《第一高等学校における中国人留学生教育》，《国立教育研究所紀要》第95集，1978年3月，等。

③ 这方面的代表性成果，参见上垣外憲一：《鲁迅と郭沫若の日本留学時代——救国、実学、留学、そして文学》，《比較文学研究》第26号，1974年11月；細野浩二：《境界の上の鲁迅——日本留学の軌跡をおって》，《朝日アジアレビュー》1976年第4号；斎藤秋男：《彭湃——中国人日本留学生の一典型》，《国立教育研究所紀要》第94集，1978年3月；仙台における鲁迅の記録を調べる会細《仙台における鲁迅の記録》，東京，平凡社1978年版，等。

④ 二見剛史、佐藤尚子：《中国人日本留学史関係統計》，《国立教育研究所紀要》第94集，1978年3月。

包括清末留日学生名簿等。[①] 七是日本政府和学校对作为殖民地台湾的留日学生的接受、教育和同化政策[②]，也是日本学界反思与探讨的内容。

战后初期，日本学界从对近代中国留日学生的零星关注和个别成果，维持其相关研究赓续不绝，到20世纪70年代重新关注这一问题，且关注度越来越高、关注内容日渐广泛，为20世纪80年代以后更加广泛、深入的学术研究奠定了基础。可以说，战后初期尤其是20世纪70年代，不仅是中日关系的转折年代，也是日本学界对近代中国留日学生研究的转折时代。

（三）当代的学术发展与研究高潮

20世纪80年代以来，随着苏东剧变和冷战崩溃，全球秩序发生重大变化，而试图成为重要“一极”的日本，为增进世界各国特别是亚洲邻国对日感情，缓解老龄化带来的劳动力不足、大学招生困难等问题，决定积极招收留学生，正呼应了改革开放后中国大规模的出国留学潮。1983年8月，日本政府发布“留学生10万人计划”，即到2000年达到接受10万名留学生的规模。为此，日本政府扩充教师、教育设施、学生宿舍，放宽留学签证等，到2003年5

---

① 参见增田史朗亮：《清末、中国人日本留学界の一側面——二、三の留学生名簿による分析をめぐって》，《長崎大学教育学部教育科学研究報告》第17号，1970年3月；伊澤平八郎：《“清国人留学生”についての一史料》，《キリスト教史学》第33集，1979年9月，等。

② 参见渡部宗助：《アジア留学生と日本の大学・高等教育——植民地・台湾からの留学生の場合》，《大学論集》1974年第2号；上沼八郎：《日本統治下における台湾留学生——同化政策と留学生問題の展望》，《国立教育研究所紀要》第94集，1978年3月，等。

月接受留学生达109508名，其中中国大陆留学生为70814人，占总数之64.7%；中国台湾留学生4235人，占总数之3.9%，两者合计占总数之68.6%，可见中国留日学生规模之盛。2008年7月，日本政府通过“留学生30万人计划”，预计2020年达到接受30万名留学生的规模，并制定鼓励政策。[①] 2018年5月，日本接受留学生达298980人，其中中国大陆留学生114950人，占总数之38.4%，中国台湾留学生9524人，占总数之3.4%[②]，两者合计占总数之41.6%，虽然比例有所下降，但中国留日学生绝对人数却在增加，是日本第一大留学生群体。

当代中国的“留日高潮”和持续扩大的中日文化教育交流，促使日本学界思考留日学生现实问题的同时，转向从近代中国留日学生研究中寻找历史智慧与借鉴，推动了近代中国留日学生研究的快速发展与研究“高潮”。首先，日本政府设立相关课题，支持近代中国留日学生研究。无论从坪井健整理的“留学生研究相关文献目录（1955—2005）”，还是从年度的“东洋教育史相关文献目录”，均可发现20世纪80年代以来文部省（2001年1月更名“文部科学

① 参见田中宏：《“留学生10万人計画”の検証と今後への若干の提案》，《一橋論叢》1995年第4号；長谷川正明：《我が国の留学生政策の動向——“留学生受け入れ10万人計画”がもたらしたもの》，《レファレンス》1999年第3号；寺倉憲一：《我が国における留学生受け入れ政策——これまでの経緯と“留学生30万人計画”の策定》，《レファレンス》第697号，2009年2月；岡田昭人、岡田奈緒美：《日本における留学生受入れ政策の史的展開過程と現状に関する一考察》，《学苑》2011年第5期；三宅真由美：《ポスト“留学生10万人計画”における留学生受入れに関する一考察——大学における留学生受入れ拡大に有効な方策とは何か》，《信州大学経済学論集》第66号，2015年，等。

② 文部科学省：《文部科学白書　平成30年度》第2部，東京，日経印刷株式会社2019年版，第364、365页。

省”）资助的近代中国留日学生研究相关项目。例如，文部省科研资助项目，有1997—1999年度的《日本对亚洲诸国教育影响的实证性比较研究》、1998—2000年度的《明治时期至昭和20年代日中文化交流的资料收集与分析》、2007—2008年度的《近代中国留日归国者的社会活动》等，此类资助课题较多，详见相关文献资料汇编[①]，此处不再赘述。2001年，文部科学省在《文部科学时报》第1507号发表《留学生接受制度100年纪念》，追溯1901年11月11日《文部省直辖学校外国人特别入学规程》颁布以来的留学生接受体制。[②] 2005年，总务省出版《关于留学生接受推进施策政策评价书》[③]，反映了日本政府对留日学生研究的重视。

其次，从“单打独斗”走向共同研究，从一国学者合作走向多国学者联合研究。20世纪80年代以来，随着中日韩学术交流频繁和当代留日运动的发展，出现当代留日学生在日本教师指导下独立或与日本教师合作研究近代中国留日学生的现象，且这个群体以留日体验和语言优势，在日本的近代中国留日学生研究中产生重要影响，后文将介绍他们的研究成果。日本学者也联合这些留日学生、旅日学者和中韩学者开展共同研究，避免“单打独斗”式的个人研究或一国学者研究的局限。1998年，神奈川大学的大里浩秋、孙安石等，在横滨成立中国留日学生史研究会，搜集留日学生相关资

① 参见大里浩秋：《留学関係資料の中間報告》，浙江大学日本文化研究所、神奈川大学人文研究所编：《中日文化论丛：一九九九》；坪井健：《留学生研究関連文献目録（1955—2005）》，《駒澤社会学研究》第38号，2006年；北村嘉恵：《東洋教育史関連文献目録2009》，《日本の教育史学》第53号，2010年10月，等。

② 文部科学省：《文部科学時報〈特集〉留学生受入れ制度100年記念》第1507号，2001年12月。

③ 総務省：《留学生の受入れ推進施策に関する政策評価書》，東京，総務省2005年版。

料，组织学术交流，培养新的留日学生研究人才，推动各国学者的联合研究，推出一系列高水平合作成果。例如，2002 年出版的《中国人日本留学史研究的现阶段》，2009 年的《从留学生派遣看近代日中关系》、2014 年的中文版《近现代中日留学生史研究新动态》、2015 年的《近现代中国留日学生的诸相：以“管理”和“交流”为中心》、2019 年的《中国人留学生与“国家”“爱国”“近代”》[①]，某种程度上代表着近代中国留日学生研究的国际水平与方向。

最后，当代日本的近代中国留日学生研究成果丰硕，内容广泛，形式多样，特色鲜明。具体而言，1. 日本学界从近代中国留日学生的资料整理到学术研究，从学术论文到学术著作，从报刊通俗文章到学术普及读物，各种成果形式皆有。2. 日本的近代中国留日学生研究，既有以留日学生政策、留日学生群体、留日学生资料整理为主的宏观选题，也有以留日学生就读的日本学校、专业和留日学生教育者、留日学生个案为主的微观选题，内容广泛程度远超之前的研究。3. 20 世纪 80 年代以来的 40 年，日本学界的近代中国留日学生研究成果数倍于之前 80 多年的成果总和，真正进入研究“高潮”期和研究成果的井喷期。4. 宏观选题的微观化研究和微观选题的精细化研究趋向，既是当代日本的近代中国留日学生研究现状，也是其一大特点。笔者拟在此框架下，阐述 20 世纪 80 年代以

① 参见大里浩秋、孫安石編：《中国人日本留学史研究の現段階》；大里浩秋、孫安石編：《留学生派遣から見た近代日中関係史》，東京，御茶の水書房 2009 年版；大里浩秋、孫安石編：《近現代中国人日本留学生の諸相：“管理”と“交流”を中心に》，東京，御茶の水書房 2015 年版；孫安石、大里浩秋編：《中国人留学生と“国家”、“愛国”、“近代”》，東京，東方書店 2019 年版。

来日本的近代中国留日学生研究成果、特色与方向。

二、宏观选题的微观化

日本的近代中国留日学生研究，即使是宏观选题也大多选取某个时段、某个事件或某个侧面进行探讨，往往把某个人、某件事考释地较为详细，彰显了日本学者的资料搜集和考证能力。但是，他们容易忽略宏观的时代背景，即近代中日关系的剧烈变动和日本不断扩大侵华行动的基本史实；难以透过近代中国留日运动的表象，探究留日学生追求国家独立、民族解放的本质目的，以及日本政府通过接受中国留日学生而培植“日中亲善”倾向和向大陆侵略扩张的主要目的，往往就事论事或陷入“碎片化”的窠臼之中。

首先，日本的近代中国留日学生政策选题，以清政府的留日政策为主。具体而言，一是清政府留日政策的形成与调整。日本学者认为甲午战后中日互有所需，是清政府选派留日学生的真正原因和历史契机，而矢野文雄的“清国留学生招聘策”，对试图效仿日本维新变法的康有为、光绪帝具有相当吸引力。① 戊戌政变后，清政府留日政策继续保留和发展，嘉纳治五郎创办弘文学院，积极接受

---

① 参见容应萸：《清末近代化における対日留学生の派遣》，《アジア研究》第26卷第4号，1980年1月；柴田幹夫：《康有為と清末留日政策》，《東アジア》1999年第8期；山口隆正：《清朝における留日学生派遣の契機について》，《留学生教育》2000年第5期；川崎真美：《清末における日本への留学生派遣——駐清公使矢野文雄の提案とそのゆくえ》，《中国研究月報》第696号，2006年2月。

留日学生就是一例。[①] 但是，1905 年的反对“取缔规则”事件[②]，以及留日学生在清政府的留学生考试中效果不佳，导致清政府调整留日政策，与日本一些教育机构合作成立“清国留学生教育协议会”[③]，且与日本政府签订由日本 5 所官立高等学校为留日学生保留固定名额的“五校特约”，而地处沿海和开风气之先的浙江留日学生积极应对和投考，占据一定优势。[④] 二是比较研究中日两国留学政策。横井和彦、高明珠以日本的留学政策为参照，分析清政府的留日学生派遣政策与执行情况[⑤]。虽肯定后者的积极意义，但指出当时留日学生的历史贡献与日本留学生相比仍暗淡不少。[⑥] 三是清政府留日政策的微观化研究。如，有学者专门探究清政府的商业类留日学生的派遣政策与实态。[⑦]

国民政府乃至伪政权的留日政策和日本政府对中国留日学生政策虽也受到关注，但非重点，故无论研究时限还是研究内容均不完整，没有连续性。如，周一川认为日本接受中国留日学生的低门槛，导致国民政府无法控制“政治留学”和难以调控留日学生的学

---

① 荊建堂：《清末における留日学生派遣政策の成立——“弘文学院”設立経緯緯の再検討》，《KGU 比較文化論集》2012 年第 4 号。

② 孫安石：《清国留学生取締規則事件の諸相——政治考察 5 大臣、上海、そして韓国との 関連を中心に》，《中国研究月報》第 565 号，1995 年 3 月。

③ 胡穎：《“清国留学生教育協議会”について》，《アジア文化》2008 年第 30 号。

④ 呂順長：《清末“五校特約”留学と浙江省の対応》，《中国研究月報》第 600 号，1998 年 2 月。

⑤ 横井和彦、高明珠：《中国清末における留学生派遣政策の展開——日本の留学生派遣政策との比較をふまえて》，《経済学論叢》2012 年第 1 号。

⑥ 高明珠：《日本留学生の歴史的貢献からみた清末留学生派遣政策の効果》，《同志社政策科学研究》2012 年第 1 号。

⑦ 王嵐、船寄俊雄：《清末における商業系留日学生の派遣政策と派遣実態に関する紀究》，《神戸大学発達科学部研究紀要》2002 年第 2 号。

习专业。[①] 她还通过访谈伪满洲国的原留日学生，以具体事例介绍伪满的留日政策和留日学生的大致情况。[②] 三好章从“七七”事变前国民政府的留日政策入手，重点分析伪中华民国维新政府和汪伪政府的留日政策，认为三者的留日政策具有一定连续性，但后者努力将“和平运动理论”加入留日学生选拔规定之中。[③] 这些研究未能充分关照北京政府的留日政策。至于日本政府对中国留日学生政策，不仅时间上存在明治末期、大正时期和日本战败前后三个时间段的断裂，而且内容上主要是接受政策和预备教育政策[④]，对普通教育政策和管理政策并未给予相应重视。

即使日本对中国留日学生的预备教育政策，也大多局限于某所学校的预备教育或日语培训。如，二见刚史介绍了东亚高等预备学

① 周一川：《国民党政府の留学政策と日本留学の特殊性》，《中国研究月報》第624号，2000年2月。

② 周一川：《“満洲国”の留学政策と留日学生——概況と事例研究》，《アジア教育史研究》第8号，1999年3月。

③ 三好章：《維新政府と汪兆銘政権の留学生政策——制度面を中心に》，《人文学研究所報》第39号，2006年3月。

④ 参见張芸文：《清末渡日学生の教育に対する明治日本の対応》，《京都女子大学教育学科紀要》第41号，2001年；多仁安代：《明治期の清国留学生と日本の姿勢——近代留学生問題の視点》，《自由》2002年第12号；陳昊：《大正期における中国人留学生受け入れに関する一考察——明治専門学校を素材として》，《アジア教育史研究》2002年第11号；酒井順一郎：《1920年代から1930年代に於ける中国人留学生政策》，《留学生教育》第9号，2004年12月；田中剛：《日本敗戦前後の中国人留日学生政策：汪精衛政権、“満洲国”、“蒙疆政権”》，森時彦編《長江流域社会の歴史景観》，京都，京都大学人文科学研究所2013年版；大里浩秋：《敗戦前後の留日学生受け入れ事情など——石田一郎氏に聞く》，《中国研究月報》第800号，2014年10月；川崎真美：《石田一郎氏所蔵文書にみる中国人留学生受け入れの実態——日華協会を中心に》，《中国研究月報》第800号，2014年10月，等。

校对中国留日学生的预备教育[1]，陈昊考察了接受中国留日学生的明治专门学校的特设预科。[2] 近代中国留日学生蜂拥赴日，其中不少人赴日前没有日语基础，但又欲收“速成”之效，因而日本各校对中国留日学生预备教育的主要内容多为培训日语。从事留日学生教育的本田增次郎，最初通过手势、笔谈等方法教授中国学生日语[3]，还有学校利用翻译或日语程度较好的留日学生担任课堂翻译教授日语[4]，不少留日学生学习日语也是一知半解，反而成为中日文化教育交流“相互误解”的一个因素。[5] 因此，1896 年首批中国留日学生的日语教育和宏文学院、东亚高等预备学校等校的日语培训，以及松本龟次郎、难波常雄、菊池金正等对留日学生的日语教授方法、教育理念、编纂的日语教材，是解密留日学生学习和中日

---

① 二見剛史：《戦前日本における中国人留学生教育　東亜高等予備学校を中心として》，阿部洋：《日中関係と文化摩擦》，東京，巌南堂書店 1982 年版。

② 陳昊：《特設予科における中国人留学生受け入れに関する考察——明治専門学校を中心として》，《飛梅論集》2003 年第 3 号。

③ 長谷川勝政：《本田増次郎と清国留学生教育——“グアン・メソッド”と“筆談”による日本語教育》，《英学史研究》第 43 号，2010 年 10 月。

④ 周德喜：《清末留日学生と翻訳》，《中国交換研究員論叢》1996 年第 13 号。

⑤ 酒井順一郎：《清国人日本留学生の言語文化接触——相互誤解の日中教育文化交流》，東京，ひつじ書房 2010 年版。

文化教育交流的一把“钥匙”，广受日本学界关注。[①]

1923年3月，日本效法美国“退款兴学”，通过《对华文化事业特别会计法案》，利用所谓“退还”的部分“庚子赔款”，兴办“对华文化事业”，资助中日文化交流和中国留日学生。阿部洋从20世纪70年代以来涉足日本“对华文化事业”研究，不仅介绍该事业的来龙去脉，而且以中国留日学生学费补助问题为中心，阐述日本政府在“对华文化事业”名义下建立的一般补给生制度、选拔补给生制度、特选补给生制度，梳理“对华文化事业”随着日本侵华扩张而出现业务范围和所属日本机构的变化。他的《“对华文化事业”研究——战前日中教育文化交流的展开与挫折》[②]，是其关于“对华文化事业”研究的集大成之作。酒井顺一郎、韩立冬指出日本“对华文化事业”为培养成绩优秀和尽早适应留日生活的“日中亲善”人才，积极资助第一高等学校、东亚学校等校的“特设高等科”“特设预科”，以及中国境内的天津中日学院、江汉高级中学

---

① 参见張金塗：《戦前の日本における中国人留学生に対する日本語教育の歴史的研究——東亜学校を中心に》，《日本語教育》第86号，1995年；河路由佳：《戦前・戦中の在日留学生に対する直接法による予備教育用日本語教科書 国際学友会編〈日本語教科書 基礎編・巻1～5〉——その編纂・内容・使われ方》，《文学部紀要》1996年第1期；二見剛史：《松本亀次郎の日本語教育論》，《アジア教育史研究》第14号，2005年3月；酒井順一郎：《1896年中国人日本留学生派遣・受け入れ経緯とその日本語教育》，《日本研究》第31集，2005年10月；諸星美智直：《宏文学院教授難波常雄と文典型日本語教科書〈漢和対照日語文法述要〉》，《国学院雑誌》2006年第4号；諸星美智直：《宏文学院教授菊池金正と会話型日本語教科書〈漢訳学校会話篇〉》，《国学院雑誌》2007年第11号；南勇：《近代中国の言語意識と“日本語”——中国留学生が編纂した初期日本語教科書をめぐって》，《成城文芸》第198号，2007年；増田光司：《宏文学院編纂〈日本語教科書〉について》，《東京医科歯科大学教養部研究紀要》第41号，2011年3月，等。

② 阿部洋：《“対支文化事業”の研究——戦前期日中教育文化交流の展開と挫折》。

等，强化中国学生赴日留学前后的预备教育。[①]

其次，近代中国留日学生相关资料的搜集、整理和研究，由于时间跨度长、涉及内容范围广、史料数量多，属于留日学生研究的宏观基础性课题。原本擅长资料搜集、整理、保存和利用的日本学界，从20世纪80年代以来集中摸排近代中国留日学生资料的收藏情况。根据大里浩秋介绍，外务省外交史料馆现藏有1898—1922年中日交涉留日学生学费问题的文书——《中国留日学生学费之部》，1899—1921年中国留日学生革命运动、生活状况、经费来源等方面的调查资料——《中国留日学生关系杂纂：杂之部，第一至四卷》；1924—1940年中国留日学生情况汇览——《留日学生关系杂件》（全12册）；东洋文库藏有汪伪政权选派的留日学生的资料；东京大学、爱知大学、早稻田大学、明治大学、法政大学、天理大学等校的同学录、研究纪要、校史中，均有不少中国留日学生的资料；《外事警察报》《外事警察概况》等报刊图书中，也有一些当时中国留日学生活动的记录。[②] 大里浩秋对近代中国留日学生史料做了较为系统的梳理。

---

① 参见酒井順一郎：《中国人留日学生予備教育の展開——対支文化事業と特別予科》，2004年日本語教育国際研究大会実行委員会編《2004年日本語教育国際研究大会予稿集発表2》，2004年；韓立冬：《“対支文化事業”下の中国人留学生教育——第一高等学校特設予科を事例に》，《思想史研究》第12号，2010年9月；韓立冬：《旧制第一高等学校特設高等科の留学生教育》，《アジア地域文化研究》第7号，2011年3月；韓立冬：《天津中日学院・江漢高級中学校の中国人教育——“対支文化事業”下の留日予備教育という視点から—》，《年報地域文化研究》第15号，2011年3月；韓立冬：《東亜学校の中国人留学生予備教育——特設予科との関係を中心に》，《年報地域文化研究》第16号，2012年3月；韩立冬：《近代日本的中国留学生预备教育》，北京语言大学出版社2015年版，等。

② 参见大里浩秋：《留日学生関連报告へのまえがき》、《留学関係資料の中間報告》，浙江大学日本文化研究所、神奈川大学人文研究所编：《中日文化论丛：一九九九》。

日本学界或留日学生相关资料保存机构，还进一步搜集、考订、整理、编辑和出版这些资料。1987 年，法政大学大学史资料委员会整理出版该校 1904—1909 年的“清国留学生速成科”资料，包括留日速成法政学生的招收、教育、毕业，以及社会各界的关注和评价。[①] 所泽润、谷本宗生等在东京大学史料保存委员会编的《东京大学史纪要》上，展示该校保存的留日学生的申请书、各类报告等文献或记录。[②] 川岛真介绍了散存于日本和中国台湾的原中国驻日留学生监督处、外务部、教育部档案中有关清末民初留日学生的相关史料。[③] 大里浩秋不仅介绍了 1927 年 8 月创刊至 1945 年 10 月第 97 号终刊的《日华学报》每期目录[④]，而且与见城悌治、孙安石合作，将含有中国留日学生丰富资料的《日华学报》全部汇编出版，共计 16 卷[⑤]，为研究这一时期中国留日学生日常生活、社会活动、留日学校，以及他们与日本社会的接触、交流提供了资料便利。

槻木瑞生以兴亚院 1940 年 10 月编制的《日本留学中华民国人名调》，兴亚院政务部 1942 年 3 月制成的《日本留学支那要人录》，

---

① 法政大学大学史資料委員会：《法政大学史資料集　第 11 集　法政大学清国留学生速成科（明治 37～42 年）》，東京，法政大学 1987 年版。

② 参见所澤潤：《“外国人留学生取扱ニ関スル調査委員会”（昭和十七［一九四二］年・東京帝国大学）の記録》，《東京大学史紀要》第 9 号，1991 年 3 月；谷本宗生：《東京大学所蔵“留学生関係書類”の一端——申報書・報告書類》，《東京大学史紀要》第 13 号，1995 年 3 月，等。

③ 川島真：《日本と台湾における清末民初留日学生関係史料——中国留日学生監督処文献、外務部档案、教育部档案》，《中国研究月報》第 557 号，1994 年 7 月。

④ 大里浩秋：《〈日華学報〉目次》，《人文学研究所報》第 38 号，2005 年 3 月。

⑤ 大里浩秋、見城悌治、孫安石編：《日華学報》全 16 巻，東京，ゆまに書房 2012—2013 年版。

日华学会学报部1935年11月整理的《第9版留日学生名簿》，日本陆军士官学校印、郭荣生校补的《日本陆军士官学校中华民国留学生名簿》，日华学会1937年6月出版的《第2版留日学务规程及概况》，东亚同文会于1918年6月、1919年6月分别提出的《中国人本邦留学情况改善案》《中国留学生状况调查书》，中国留日同学会1942年9月发行的《中国留日同学会季刊》（第1号）等资料为基础，于2014年7月出版《日本留学中国人名簿关系资料》（全7卷）①，不仅将近代中国留日学生相关资料的搜集、整理和出版提升一个新台阶，而且为留日政策和留日学生个案研究提供了方便。阿部裕树整理了明治大学史料中心所藏的亚洲留学生相关资料目录，其中不少是近代或关于近代中国留日学生研究的论著。②

最后，近代或其中某个时段、某个地域的中国留日学生被视为一个整体或群体的研究，属于整体史的宏观选题。严安生、张玉法、刘金钊等均以近代中国留日学生为主体，阐述他们的留日体验、思想变化及其日本认识③，但如此宽泛的宏观成果相对较少。日本学界大多根据时间顺序，将他们分为明治末期、大正时期和战时三个时期的留日学生群体，其中明治末期的留日学生是重点，内容包括明治末期中国人的留日史实，以及留日学生与日本社会的日

① 槻木瑞生：《日本留学中国人名簿関係資料》全7卷，東京，龍渓書舎2014年版。

② 阿部裕樹：《明治大学史資料センター所蔵アジア留学生関係資料目録》，《大学史紀要》第20号，2015年3月。

③ 参见厳安生：《日本留学精神史——近代中国知識人の軌跡》，東京，岩波書店1991年版；厳安生：《近代中国知識人の三波にわたる来日・留学体験について》，《立命館文学》第590号，2005年；张玉法：《中国留日学生的经历与见闻（1896－1945）——以回忆录为主题的探讨》，卫藤瀋吉：《共生から敵対へ——第四回日中関係史国際シンポジウム論文集》，東京，東方書店2000年版；劉金釗：《中国人留学生と日本》，《武蔵野学院大学日本総合研究所紀要》2006年第3輯。

常接触，指出当时中国留日高潮的出现是近代以来西力东渐和中国人思想开放的结果，还有日本人对中国留日学生惊奇、嘲讽、同情、怜悯等交织的复杂认识，强调这也是明治末期日本社会现实的反映，认为应以史为鉴，关注当代留日学生问题。[①] 这些成果丰富了明治末期留日学生的整体形象。大正时期和战时留日学生的整体研究成果尚不太多，主要考察他们的人数、赴日留学与战时特殊环境下的留日教育。[②]

近代中国留日学生除按时限划分外，还包括宏观地域的留日学生整体。与欧美各国留日学生相比，亚洲留日学生或东亚留日学生

---

① 参见佐藤慎一：《留学ブームと与思想的開国——二十世紀初頭の中国人日本留学生》，加藤祐三：《近代日本と东亚》，東京，筑摩書房 1995 年版；董守義：《清朝末期における日本留学の回顧》，《史泉》第 88 号，1998 年；呂順長：《＜共同研究報告＞明治末期日本人の中国人日本留学に対する認識》，《日本研究》第 18 集，1998 年；張芸文：《清末留日学生の日本体験について》，《関西教育学会紀要》第 23 号，1999 年；高田幸男：《明治期東京の中国人留学生諸相》，藤田直晴：《東京：巨大空间の請相》，東京，大明堂 2001 年版；酒井順一郎：《もう一つの留学生活——明治期清国人日本留学生と日本社会の関係》，《留学生教育》2006 年第 11 号；片桐史尚、宇田川のり子：《清国留学生——明治に始まる日本留学ブーム》，《月刊日本語》2006 年第 12 期；酒井順一郎：《過去の光から現在を照らし、現在の光から過去を照らす（第 1 回）日本留学界の原点 その1——明治期の中国人留学生》，《留学交流》2010 年第 11 号；酒井順一郎：《過去の光から現在を照らし、現在の光から過去を照らす（第 2 回）日本留学界の原点 その2——中国人留学生をめぐる日米攻防》，《留学交流》2010 年第 12 号，等。

② 参见傳澤玲：《日本留学と日本人教習——一九一〇年代を中心に》，《比較文学・文化論集》1996 年第 12 号；劉家鑫：《民国時期の留学生と日本——研究と課題》，《現代社会文化研究》1997 年第 7 号；周一川：《日中戦争時期の留日学生——概況と事例研究》，《人間文房論叢》1998 年第 1 号；河路由佳：《戦時体制下の在日留学生教育》，《インターカルチュラル》2003 年第 1 号；陳昊：《日中戦争期における在日中国人留学生について》，《九州教育学会研究紀要》第 31 巻，2003 年；周一川：《近代日本に留学した中国人の総数をめぐって——1922～1936 年度のデータに関する調査》，《中国研究月報》第 708 号，2007 年 2 月，等。

是一个整体。例如，移民研究会编《来日留学生的体验　北美、亚洲出身者的1930年代》，和田博文、徐静波、俞在真、横路启子编《作为“异乡”的日本——东亚留学生所见的近代》①，既将亚洲或东亚留日学生视为一个整体，也将中国、朝鲜等地留日学生视为较小范围的留日学生整体进行研究，或者选取其中部分或个别留日学生作为研究对象。由于选派的主体不同，中国留日学生又分为台湾“内地留学生”、伪满洲国留日学生以及各地域留日学生。这些表面上被视为某个地域留日学生的整体，在日本学界的实际研究中往往选取其中的一个点或某个侧面。例如，阪口直树、河口充勇和佐藤由美主要介绍同志社、青山学院中的台湾“内地留学生”②；纪晓峰以大正时期为中心研究台湾人的赴日留学③，而阪根庆子从近代留学教育史的视角，考证与分析台湾人作为“内地留学生”赴日求学的历史实况。④

伪满洲国、内蒙古的留日学生虽也受到日本学界特别关注，但

---

① 参见マイグレーション研究会：《来日留学生の体験　北米・アジア出身者の1930年代》，東京，不二出版2012年版；和田博文、徐静波、俞在真、横路啓子：《〈異郷〉としての日本　東アジアの留学生が見た近代》，東京，勉誠出版2017年版，等。

② 参见阪口直樹：《戦前の同志社と台湾留学生》，《言語文化》2000年第2号；阪口直樹：《戦前の同志社と台湾留学生（続）》，《言語文化》2001年第1号；河口充勇：《同志社と台湾留学生——一〇〇年の軌跡》，《評論・社会科学》第83号，2007年11月；佐藤由美：《青山学院と戦前の台湾・朝鮮からの留学生》，《日本の教育史学》第47集，2004年；佐藤由美：《青山学院の台湾・朝鮮留学生に関する記録[1906—1945]（III）》，《青山学院大学教育学会紀要　教育研究》第50号，2006年。

③ 参见紀旭峰：《大正期台湾人“内地留学生”と近代台湾——早稲田大学専門部政治経済科を中心として一》，《アジア太平洋研究科論集》第16号，2008年；紀旭峰：《大正期台湾人留学生寄宿舎高砂寮の設置課程》，《日本歴史》第722号，2008年；紀旭峰：《大正期台湾人の“日本留学”研究》，東京，龍渓書舎2012年版。

④ 坂根慶子：《留学生教育史の視点から見た“台湾人内地留学”の実態》，《東海大学紀要　留学生教育センター》第18号，1998年3月。

相关研究成果除滨口裕子系统地阐述伪满洲国留日学生的战时留日、战后回国和为中日复交、民间交往发挥积极作用外[①]，大多是以地域留日学生群体为名的微观化研究。例如，赵洪凤根据外务省外交史料馆藏资料，考察1938—1942年伪满洲国文教部选派的留日学生的留学地点和学习专业[②]；周一川虽宏观概述过伪满洲国的留日女生[③]，但与曹曦的合作研究则围绕“满洲国”留日预备学校第三期学生进行探讨。[④] 刘国彬、田中刚分析了伪蒙疆政权的留日学生选派政策、蒙古族留日学生群体[⑤]，而横田素子在介绍1906年的内蒙古留日学生后，考察了内蒙古留日学生的“蒙古留日学生会”机关杂志《祖国》的发行、内容和思想倾向。[⑥] 这些成果虽以某地域或伪政权留日学生为题，但研究内容相当细致，反映了宏观选题微观化研究的特征，这也体现在留日女生群体研究之中。

留日女生作为近代中国留日学生的一个特殊群体，人数不多，

---

① 浜口裕子：《満洲国留日学生の日中関係史——満洲事変・日中戦争から戦後民間外交へ》，東京，勁草書房2015年版。

② 参见趙洪鳳：《昭和初期“満洲国文教部派遣留学生”に関する考察——外務省外交史料館所蔵“満洲国文教部派遣留学生関係雑件”をもとに》，《九州教育学会研究紀要》第33卷，2006年；趙洪鳳：《“満洲国”派遣留日学生の派遣地と学習学科に関する考察——1938年—1942年を中心として》，《教育基礎学研究》2008年第4号。

③ 参见周一川：《“満洲国”における女性の日本留学——概況分析》，《中国研究月報》第751号，2010年9月；周一川：《奈良女子高等師範学校における“満州国”留学生》，《人文学研究所報》第45号，2011年3月，等。

④ 周一川、賈曦：《“満洲国”留学生予備校第3期卒業生をめぐって》，《人文学研究所報》第50号，2013年8月。

⑤ 参见田中剛：《“蒙疆政権”の留学生事業とモンゴル人留学生》，《歴史研究》第38号，2000年3月；劉国彬：《日本統治下における内蒙古留学生の日本への派遣政策の展開》，《福山大学人間文化学部紀要》2004年第4巻。

⑥ 参见横田素子：《1906年におけるモンゴル人学生の日本留学》，《東西南北—和光大学総合文化研究所年報》2009年巻；横田素子：《蒙古留日学生会機関誌〈祖国〉の刊行について》，《蒙古史研究》第10辑，内蒙古大学出版社2010年版。

但影响不小，是近代中国女性走出国门和思想解放的一个象征，且为推动近代中国女性教育发展和女性解放运动做出了积极贡献，因而受到重视。具体而言，日本的中国留日女生研究主要分为四个方面。一是留日女生史料的整理，较有代表性的成果是石井洋子、三崎裕子等人对中国留日女生名簿的整理与考订。[①] 二是留日女生的综合性研究，包括从中日文化教育交流史的视角和近代中国留日运动、辛亥革命、日本侵华与中日关系的时代背景出发，考察留日女生在留学救国、思想解放、爱国革命洪流中的知识取向、思想变化、政治动向及其研究状况。[②] 三是分析留日女生对近代中国女子教育的发展、女性思想解放及解放运动的积极作用与重要影响。[③] 四考察留日女生就读的日本学校，如实践女校“中国留学生部”、

① 参见石井洋子：《中国女子留学生名簿（1901—1919）》，《辛亥革命研究》1982 年第 2 号；三崎裕子：《東京女医校・東京女子医学専門学校中国人留学生名簿》，《辛亥革命研究》1988 年第 8 号，等。

② 参见石井洋子：《辛亥革命期の留日女子学生》，《史論》第 36 号，1983 年 3 月；加藤直子：《戦前における中国人留日女子学生について——女子学生の事例を中心として》，《史論》第 40 号，1987 年 3 月；江藤恭二、肖朗、王鳴：《日本における清国女子留学生に関する一考察——近代の日中文化・教育交流史研究》，《名古屋大学教育学部紀要・教育学科》第 38 巻，1992 年 3 月；周一川：《近代中国人女性日本留学史研究の概況》，《中国研究月報》第 617 号，1999 年 7 月；周一川：《中国人女性の日本留学史研究》，東京，国書刊行会 2000 年版；馬小力：《奉天省による日本に派遣された女子留学生について——清末日本留学の背景を中心に》，《日本言語文化研究城西国際大学大学院紀要》2012 年第 1 号，等。

③ 参见岩澤正子：《清国女子留学生と女性解放——秋瑾と下田歌子》，《Polyglossia》1999 年第 2 期；孫峰茗：《清末日本留学女子学生から見る明治良妻賢母主義教育の影——〈中国新女界雑誌〉を通して》，《言葉と文化》2007 年第 8 号；周萍萍：《日本における清国女子留学生と中国の近代女子教育》，《国学院大学大学院紀要——文学研究科》第 39 輯，2007 年；朴雪梅：《〈江蘇〉の“女学論文（文業）”から見る清末における日本留学女子学生の女子解放思想》，《言葉と文化》2013 年第 14 号；朴雪梅：《在日中国人女子留学生の理想的女性像——〈中国新女界雑誌〉の翻訳記事を中心に》，《日本研究》第 56 号，2017 年，等。

东京女子高等师范学校、帝国女子专门学校、东京女子医学专门学校等，以及著名的留日女生教育者下田歌子、坂寄美都子等①，还有留日女生代表秋瑾、崔可言等，但这些已非宏观选题的微观化研究，而属于微观选题的个案研究。②

三、微观选题的精细化

史学研究提倡从大处着眼、从小处着手，而从小处着手的微观研究，确实有助于人们从历史深处了解和把握时代发展的脉搏。日本学界关于近代中国留日学生的微观选题，往往致力于留日学生的某项活动、某个事件、某位人物，或者还原他们留日生活的某个细节、某个场景，或者考察他们的留日专业、就读学校、日本老师等，以见微知著，甚至就事论事。这种精细化研究，不仅为我们提供了丰硕的近代中国留日学生研究成果，而且提示了不少深化相关

---

① 参见上沼八郎：《下田歌子と中国女子留学生——実践女学校「中国留学生部」を中心として》，《実践女子大学文学部紀要》第 25 集，1983 年 3 月；周一川：《中国人女子留学生を受け入れた官立三校について》，《史学》1997 年第 1 号；周一川：《中国人女子留学生を受け入れた私立三校について——民国初期を中心に》，《史学》1999 年第 3、4 号合刊；岩澤正子：《清国女子留学生教育と実践女学校——留学生教育を担当した坂寄美都子の講演会記録を参考に》，《マテシス・ウニウェルサリス》2001 年第 1 号；福田須美子：《日本への留学——帝国女子専門学校に学んだ留学生》，《相模英米文学》第 26 号，2008 年 3 月，等。

② 参见樽本照雄：《秋瑾来日考》，《大阪経大論集》第 159—161 期合刊，1984 年 6 月；大里浩秋：《日本人の見た秋瑾秋瑾史実の若干の再検討》，《中国研究月報》第 453 号，1985 年 11 月；晨ダ：《花月の儒郷楽しみ知るべし秋瑾の出国留学と中日友好》，《中国研究月報》第 610 号，1998 年 12 月；馬小力：《もう一人の清末の女子日本留学生——崔可言の日本留学とその後の軌跡》，《日本言語文化研究城西国際大学大学院紀要》2015 年第 4 号，等。

研究的资料线索和努力方向。

日本学界虽也关注近代中国留日学生的反帝爱国革命活动，但主要是典型事件或重大活动。如前所述，永井算巳在20世纪50年代就研究拒俄义勇军、成城学校入学事件、反对“取缔规则”等留日学生的政治活动。20世纪80年代以来，日本学界从关注明治末期留日学生动向和他们参加辛亥革命①，扩大到留日学生参与五四运动、中国共产党的成立和反对日本侵华行动。② 吕顺长考察了近代中国留日学生“亲日”与“反日”意识的时代背景、思想根源③，对今天的中日文化教育交流具有一定启发意义。近代中国留日学生还在日本展演中国传统戏剧和西方话剧，并以此作为开展社会活动，甚至是反帝爱国活动的一种形式。张艺文介绍了留日学生组织

① 参见阿部賢一：《清末、中国人留日学生の動向と進化論（Ⅰ）》，《政治経済史学》第195号，1982年8月；上垣外憲一：《日本留学と革命运动》，東京，東京大学出版会1982年版；小島淑男：《辛亥革命と千葉医专——留日学生同盟中国红十字队を中心として》，《千葉史学》1985年第7号；小島淑男：《留日学生の辛亥革命》，東京，青木書店1989年版；土屋洋：《創設期の山西大学堂と山西留日学生——清末山西鉱山利権回収運動の前史として》，《名古屋大学東洋史研究報告》第25号，2001年；小島淑男：《明治末期、日本大学中国人留学生の動向》，《研究紀要 一般教育・外国語・保健体育》第44号，2004年10月；清水稔：《清末の湖南留日学生の動向について》，《文学部論集》第88号，2004年，等。

② 参见小野信爾：《五四運動在日本》，東京，汲古書院2003年版；菊池一隆：《日本国内における在日中国・“満洲国”留学生の対日抵抗について——戦時期、日本華僑史研究の一環として》，《人間文化》第23号，2008年9月；王新生：《留日学生と初期の中国共産党》，《駒沢史学》第85号，2016年；郭琤：《中国人日本留学生の政治運動1912 - 1937》，《早稲田大学大学院教育学研究科紀要》別冊第24号—2，2017年3月，等。

③ 呂順長：《近代中国人日本留学生の“反日”と“親日”について》，《四天王寺大学紀要》第51号，2011年。

的剧团春柳社及其演出活动[1]，饭塚容、小谷一郎考察了20世纪30年代中国留日学生的文艺活动、演出活动，以及以《剧场艺术》杂志为中心的中日艺术交流。[2] 从政治活动、反帝爱国斗争到文艺活动，日本学界关注中国留日学生活动的领域日益广泛。

留日学生的身份，决定了他们在日的主业是学习。中国学界虽广泛关注他们学习的各个专业，包括师范、政法、军事、医学、音乐、美术等，但总体而言，政法、军事、师范是较受留日学生欢迎的热门专业，而日本学界侧重于某个行业或某些学校的留日专业。近代中国留日学生直至中日战争期间的1939年，才实现文理科留学生人数的平衡，此前一直是文科生居多，但石田文彦专门研究学习理工科的留日学生[3]，徐苏斌主要考察战前中国留日技术类学生[4]，宗村高满相继研究20世纪二三十年代的中国留日铁道学生、1937年中日全面战争爆发后的留日警察学生[5]，分析这些特殊行业的留日学生的派遣背景、学习情况及其所发挥的作用。邵艳考察了清政府选派的留日师范生及其回国后的活动，肯定他们在中国教育

① 張芸文：《清末渡日学生による演劇活動——春柳社とその活動をめぐって》，《教育学・心理学論叢》2002年第2号。

② 参见飯塚容：《1930年代日本における中国人留学生の演劇活動》，《人文研紀要》第42号，2001年10月；小谷一郎：《一九三〇年代日本における中国人日本留学生の文学・芸術活動と日中の交流——雑誌〈劇場芸術〉を手掛かりに》，《季刊中国》第108号，2012年3月。

③ 石田文彦：《理学・工学を専攻した中国人の留日学生史》，《技術史教育学会誌》2005年第2号。

④ 徐蘇斌：《戦前期日本に留学した中国人技術者に関する研究》，井波律子、井上章一編：《表現における越境と混淆》，東京，国際日本文化研究センター2005年版。

⑤ 参见宗村高满：《一九二〇～三〇年代の中国人鉄道留学生》，《大正大学大学院研究論集》第31号，2007年3月；宗村高満：《一九三七年以降の中国人警察留学生》，《大正大学綜合佛教研究所年報》第30号，2008年3月。

现代化方面的重要作用。[1] 多仁安代提出要重新评估曾经“矮化”的清末留日学生的作用。[2]

留日学生所学专业不仅与中国现代化密切相关，而且是日本学校的专业设置和留学教育的体现。例如，东京高等师范学校、东京高等农林学校、神户高等商业学校等专业化属性明显的日本学校，一些中国学生确实“慕名而来”，分别学习师范各科、农林知识和商业之道等。河路由佳、渊野雄二郎、野本京子就以东京高等农林学校为中心，考察 1935—1944 年该校中国留学生的农林知识学习与实践，并通过访谈个别留日学生，阐述他们对日本教授传授农林知识的评价，以及回顾他们与日本老师、同学一起学习和交流的经历。[3] 见城悌治是研究千叶医学专门学校（1923 年升格为千叶医科大学）的中国留日学生史专家，他不仅介绍该校中国留学生的专业学习，而且考察他们在辛亥革命爆发后结合自身专业，成立“红十字”医疗队回国救助革命军的活动，以及他们在历次反帝爱国运动中的动向和推动中国医药事业及其他社会事业的发展与进步。2018 年 3 月，他出版新著《留学生在近代日本学到了什么》，重点分析

---

① 参见邵艶：《中国における教育制度の近代化と留日師範生の派遣》，《教育科学論集》2002 年第 6 号；邵艶：《中国の教育近代化と留日師範生——清末留日師範生の帰国後の活動を中心に》，《国際文化学》2003 年第 8 号。

② 多仁安代：《清国留学生の役割を再評価する》，《政治経済史学》第 448 号，2003 年。

③ 参见王嵐、船寄俊雄：《神戸高等商業学校の中国人留学生に関する研究》，《神戸大学発達科学部研究紀要》1999 年第 1 号；邵艶、船寄俊雄：《清朝末期における留日師範生の教育実態に関する研究——宏文学院と東京高等師範学校を中心に》，《神戸大学発達科学部研究紀要》2003 年第 2 号；河路由佳、淵野雄二郎、野本京子編：《戦時体制下の農業教育と中国人留学生：1935—1944 年の東京高等農林学校》，東京，農林統計協会 2003 年版；王嵐：《戦前日本の高等商業学校における中国人留学生に関する研究》，東京，学文社 2004 年版，等。

近代中国留学生在日学习的医药、园艺、设计、师范等专业，以及学习这些专业后回国发挥的积极作用。①

在接受中国学生的日本各校中，宏文学院以其成立早、接受留日学生多和主要对他们进行日语培训、基础教育而广受关注。荫山雅博根据嘉纳治五郎创设的讲道馆中所藏宏文学院相关资料，以及外务省外交史料馆、国立公文书馆和中日两国的新闻报纸、杂志等，不仅介绍宏文学院接受和培养中国留日学生的详细情况，而且考订该校中国留学生的姓名、籍贯、所属班级、毕业升学及去向，考察嘉纳治五郎为培养山西省选派学习农林知识的留日学生而在长野县师范学校内开设的信浓宏文学院，以及该学院学生毕业后升入日本高等教育机构和回国后在教育领域所发挥的积极作用。② 他也因此成为宏文学院研究的知名专家。坂根庆子重点介绍宏文学院对中国留学生的日语教育③；高桥强主要考察孙中山与宏文学院中国

① 参见見城悌治：《明治～昭和期の千葉医学専門学校・千葉医科大学における留学生の動向》，《国際教育》2009 年第 2 号；見城悌治：《戦前期留日医薬学生の帰国後の活動と現代中国における評価》，《国際教育》2010 年第 3 号；見城悌治：《近代の千葉と中国留学生たち》，千葉市，千葉日報社 2009 年版；見城悌治：《留学生は近代日本で何を学んでのカ——医薬・園芸・デザイン・師範》，東京，日本経済評論社 2018 年版，等。

② 参见蔭山雅博：《宏文学院における中国人留学生教育：清末期留日教育の一端》，《日本の教育史学》第 23 集，1980 年 10 月；蔭山雅博：《宏文学院における中国人留学生教育にっいて》，《呴沫集》1980 年第 2 号；荫山雅博：《宏文学院における中国人留学生教育にっいて（2）》，《呴沫集》1987 年第 5 号；荫山雅博：《宏文学院における中国人留学生教育の展開》，斎藤秋男編：《教育のなかの民族——日本と中国》，東京，明石書店 1988 年版；荫山雅博：《信濃宏文学院における中国人留学生教育にっいて》，《呴沫集》1992 年第 7 号；荫山雅博：《信濃宏文学院における中国人留学生教育にっいて（続）》，《呴沫集》2004 年第 11 号，等。

③ 坂根慶子：《宏文学院における日本語教育》，《東海大学紀要　留学生教育センター》1993 年第 13 号。

留学生的联系与交往，以及在他们中间发展革命力量的历史细节[①]；胡颖根据宏文学院的教学成绩，分析留日学生接受日本教育的实态与成效。[②]

接受和培养中国学生较多或较有特色的日本学校，受到学界的关注相应较多。一是久负盛名的早稻田大学，在 1905 年成立“清国留学生部”，积极接纳蜂拥而至的中国学生，既提供留日预科，也提供普通本科，成为近代日本接受中国学生的重要教育机构，甚至以该校留日学生的相互交流为中心，形成所谓“早稻田文化”。[③]二是作为留日学生学习军事知识“预备校”的成城学校、振武学校，以及著名的日本陆军士官学校[④]，既为近代中国培养了一批批军事人才，推动了中国军事现代化，也是个别军阀、亲日汉奸的

① 高橋強：《孫中山と中国留日学生——弘文学院を通して》，《創大中国論集》2001 年第 4 号。

② 胡穎：《明治末期における中国人留学生教育実態に関する考察——宏文学院の教育実績を踏まえながら》，《比較文化史研究》2007 年第 8 号。

③ 参见泉正人：《一九二〇—四〇年の留日学生受入れ——早稲田大学の場合》，《早稲田大学史記要》第 25 巻，1993 年 3 月；吉岡英幸：《早稲田大学清国留学生部——そのカリキュラムと日本語教師》，《講座日本語教育》第 29 分冊，1994 年；孫倩：《清末留日学生の教育機関——早稲田大学と法政大学を中心に》，《社学研論集》第 20 号，2012 年；安藤彦太郎：《未来にかける橋——早稲田大学と中国》，東京，成文堂 2002 年版；高木理久夫、森美由紀：《早稲田の清国留学生——〈早稲田大学中国留学生同窓録〉の記録から》，《早稲田大学図書館紀要》第 62 号，2015 年 3 月；李成市、劉傑編著：《留学生の早稲田——近代日本の知の接触領域》，東京，早稲田大学出版部 2015 年版。

④ 中村義：《成城学校と中国人留学生》、小林共明：《振武学校と留日清国陸軍学生》，辛亥革命研究会編《中国近現代史論集——菊池貴晴先生追悼論集》，東京，汲古書院 1985 年版；小林共明：《陸軍士官学校と中国人留学生——日露戦争期を中心として》，《ひとりから》1985 年第 6 集；李暁東：《陸軍士官学校と留日学生——1911 年までの中国人留学生を中心に》，《大学史研究》1993 年第 9 号；宮城由美子：《成城学校と中国人留学生についての一考察》，《佛教大学大学院紀要》第 35 号，2007 年 3 月。

“军事摇篮”。三是“五校特约”的5所学校，如山口高等商业学校因中国留日学生在1912年反对教学歧视而集体退学，经中日双方协调无效后，中国废止与该校的特约关系①。以及号称当时日本最优秀“高等学校”的第一高等学校。② 四是因留日学生或特殊事件而出名的日本学校，如地理位置偏僻的东北大学，因鲁迅留学而备受关注③；广岛高等师范学校、广岛文理大学等校的部分留日学生，因遭受1945年8月6日的广岛原子弹爆炸而引人注目。④ 此外，东京大学、法政大学、东京美术学校等校的留日学生接受与教育，以及这些学校留日学生的留学生活和社会活动，均受到日本学界的关

① 王嵐：《“五校特約”と山口高等商業学校》，《国際文化学》2001年第5号。

② 夏目賢一：《第一高等学校における留学生教育の再編と日中関係——特設予科および特設高等科の事例、一九〇八—一九三七年》，《東京大学史紀要》第25号，2007年。

③ 永田英明：《鲁迅と東北大学——歴史のなかの留学生》，《東北大学史料館紀要》2012年第7号。

④ 参见江上芳郎：《中国人留学生と原子爆弾被爆》，《（広島大学）学内通信》1983年第3号；経志江：《広島高師における中国人留学生の来日と帰国後の活動》，《広島大学教育学部紀要 第1部》第48号，2000年；小林文男：《ある中国人被爆者広島文理大卒業生初慶芝を訪ねて》，《広大フォーラム》第385号，2004年12月；楊小平：《中国人留学生の原爆被爆とヒロシマ——広島大学前身校の中国人留学生被爆者の人生を通して》，《アジア社会文化研究》第18号，2017年，等。

注和研究。[①]

日本学校和部分教师或主动或被动配合日本侵华扩张的殖民教育政策，但仍有部分教师未受此种政策和歧视中国的社会氛围影响，总体上恪守师者本分，对远道而来的中国学生“传道、授业、解惑”，成为他们的“良师益友”。众所周知，鲁迅留学仙台时期的藤野严九郎即是其中一位。松本亀次郎根据留日学生的日语程度和知识基础认真施教，不断改进日语教授方法，积极推动中日文化教

① 参见吉田千鶴子：《近代東アジア美術留学生の研究——東京美術学校留学生資料》，東京，ゆまに書房 2009 年版；所澤潤：《東京帝国大学における大東亜戦争後半期の外国人留学生受入れ状況——“外国学生指導委員会”の活動を中心に》，《東京大学史紀要》第 10 号，1992 年 3 月；厳平：《官立高等教育機関における留学生教育の成立と展開——第三高等学校を事例として》，《京都大学大学文書館研究紀要》2009 年第 7 号；加藤隆：《明治末期における清国留学生と明治大学》，《明治大学史紀要》1983 年第 3 号；許晨：《北海道帝国大学の中国人留学生》，《北海道大学大学文書館年報》2010 年第 5 号；許晨：《北海道帝国大学における中国人留学生の留学生活》，《北海道大学大学文書館年報》2011 年第 6 号；趙博：《日帝時代の基礎資料に見る在日留学生と関大留学生の動き》，《関西大学人権問題研究室紀要》第 13 号，1986 年；陳昊：《明治専門学校における中国人留学生受け入れの開始と創立者安川敬一郎》，《九州教育学会研究紀要》第 28 巻，2000 年；宗村高満：《大正大学の中国人留学生——旧制大学時代を中心に》，《大正大学綜合佛教研究所年報》第 34 号，2012 年；趙時英：《明治中期の渡日留学生——専修学校（専修大学）を中心として》，《専修大学史紀要》2015 年第 7 号；法政大学国際日本学研究所編：《百年後の検証・中国人の日本留学およびその日本観——法政大学清国留学生法政速成科などの事例を中心に》，東京，法政大学国際日本学研究所 2015 年版；高田幸男：《戦前期アジア留学生と明治大学》，東京，東方書店 2019 年版，等。

育交流，如创办东亚高等预备学校，被誉为“中国留学生教育之父”。[①] 有“留学生教育先驱者”之称的嘉纳治五郎，创办宏文学院，多次赴中国考察教育，且不论其政治立场，至少为推动近代中国留日运动发展和中国教育现代化发挥了一定作用。[②] 日本著名农学家、东京农业大学首任校长横井时敬，积极支持中国留日学生教育事业，希望通过对该校中国留日学生的农业教育，促进科学的农业方法的普及和中国农业现代化。[③] 参与创办东亚同文书院的柏原文太郎，主持北京东文学社的中岛裁之，日华学会主事高桥君平

---

① 参见二見剛史：《中国人日本留学教育の父：松本亀次郎》，《朝日新闻》1981 年 11 月 18 日；平野日出雄：《日中教育のかけ橋：松本亀次郎伝》，静岡市，静岡教育出版社 1982 年版；二見剛史：《日中文化交流に関する一考察——松本亀次郎を中心として》，《日本比較教育学会紀要》1985 年第 11 号；二見剛史：《東亜学校と松本亀次郎——戦時下の動向を中心として》，《国立教育研究所紀要》第 121 集，1992 年 3 月；二見剛史：《中国人留学生教育の父・松本亀次郎》，モラロジー研究所出版部編：《至誠に生きた日本人》，東京，廣池学園事業部 2007 年版；松本洋一郎：《周恩来、鲁迅の師、松本亀次郎》，《知識》第 40 号，1985 年；平野日出雄：《中国人日本留学生の日本語教育の歴史と松本亀次郎の功績》，《日本語教育》第 60 号，1986 年；張金塗：《松本亀次郎の中国人に対する日本語教授法の一考察——〈言文対照漢訳日本文典〉（明治 41 年）を中心に》，《広島大学教育学部紀要 第二部》第 42 号，1993 年；林敏潔：《鲁迅生誕 130 周年によせて松本亀次郎の日本語教育と鲁迅》，《世界文学》第 114 号，2011 年，等。

② 参见与那原恵：《柔道の父であり、留学生教育の先駆者・嘉納治五郎》，《東京人》2011 年第 11 号；荊建堂：《“弘文学院”における嘉納治五郎の留学生教育思想》，《神話と詩：日本聞一多学会報》2013 年第 11 号；荊建堂：《嘉納治五郎の留学生教育と中国近代教育——中国教育視察中の言動を中心に》，《KGU 比較文化論集》2013 年第 5 号；平田諭治：《嘉納治五郎の留学生教育を再考する——近代日中関係史のなかの教育・他者・逆説》，《教育学論集》2013 年第 9 集，等。

③ 蔭山雅博：《横井時敬と中国留学生》，東京農業大学出版会、榎本横井研究会編《東京農大二人の学祖》，東京，東京農業大学出版会 2008 年版。

等[①]，无论是否包藏政治目的，无论对留日学生是否真情实意，均在近代中国留日运动史上留下了他们的身影。

与日本社会接触较多，或在中日两国具有广泛影响力的中国留日学生，往往作为历史人物，成为日本学界的研究个案。如，著名文学家鲁迅在 1936 年 10 月 19 日逝世后，藤野严九郎即于 1937 年 3 月发表专文悼念。[②] 此后虽经日本侵华战争和战后初期的中日政治对立，但在 1972 年中日复交后，特别是 20 世纪 80 年代以来，日本学界关于鲁迅研究取得丰硕成果，包括鲁迅从入学宏文学院到从该校退学、在仙台时期的留学生活、鲁迅的文学创作和翻译、鲁迅与其兄弟周作人的关系等[③]，内容相当广泛。1992 年，山根幸夫等人编著《近代日中关系史研究入门》，不仅单列“鲁迅与日本、日本人”一节，概述日本学界关于鲁迅研究的成果，而且特设“近代日本文学与中国文学”一节，重点介绍日本学界关于郭沫若、郁达夫等人的研究成果。[④] 此后，日本学界对留日出身的中国文学家的研究继续发展[⑤]，愈加细化。例如，有学者探究郭沫若在第一高

---

① 参见小川博：《柏原文太郎と中島裁之——中国留日学生史の一齣》，《社会科学討究》1989 年第 1 号；劉建輝：《戦前期対中留学生支援事業の一考察——日華学会主事高橋君平の活動を中心に》，《東アジア比較文化研究》第 15 号，2016 年，等。

② 藤野厳九郎：《謹んで周樹人様を憶う》，《文学案内》1937 年第 3 号。

③ 参见阿部兼也：《鲁迅の仙台時代——鲁迅の日本留学の研究》，仙台市，東北大学出版会 1999 年版；北岡正子：《鲁迅：日本という異文化のなかで——弘文学院入学から“退学”事件まで》，吹田市，関西大学出版部 2001 年版，等。

④ 山根幸夫、藤井昇三、中村義、太田勝洪：《近代日中関係史研究入門》，東京，研文出版 1992 年版。

⑤ 林麗婷：《中日近代文学における留学生表象——二〇世紀前半期の中国人の日本留学を中心に》，大阪，日中言語文化出版社 2019 年版。

等学校、九州大学留学时期的学习、爱情与生活①，陶晶孙的留日生活与留学精神②，周作人的留日动机、日本文化认识和文学理论的材料来源③，萧红的文学作品与留学东京时代④，钟敬文的赴日留学与中日学术交流⑤，深入他们留日生活和文学创作的细节与情感。

除了留日文学家外，诸如李大钊、彭湃、周恩来、施存统、蒋介石、何应钦、张群、阎锡山、孙传芳等留日出身的历史人物，作为日本学界研究的重点，已超越个案研究范围，更多的属于人物研究或中日关系史、中国近现代史研究。日本学界关于此类中国留日学生的研究成果丰硕、内容细致，兹不赘述，仅举周恩来的日本留学一例。如，矢吹晋编辑、铃木博翻译了周恩来 19 岁时的日本留学日记⑥，王敏编著《百年后的考察——周恩来等人的日本留

---

① 参见武継平：《異文化の中の郭沫若——日本留学の時代》，福岡市，九州大学出版会 2002 年版；劉建雲：《第一高等学校特設予科時代の郭沫若——“五校特約”下の東京留学生活》，《人文学研究所報》第 52 号，2014 年，等。

② 参见厳安生：《“あわい”を生きる——陶晶孫と郭沫若の九大留学時代》，《特集 第 12 回日本研究国際セミナー——21 世紀の世界と日本の課題》第 38 号，2002 年；厳安生：《陶晶孫その数奇な生涯——もう一つの中国人留学精神史》，東京，岩波書店 2009 年版，等。

③ 柴紅海、劉偉：《周作人の特殊な留学動機と日本文化の認識》，《東アジア日本語教育・日本文化研究》2003 年第 6 輯；根岸宗一郎：《周作人留日期文学論の材源について》，《中国研究月報》第 583 号，1996 年 9 月，等。

④ 参见岡田英樹：《孤独の中の奮闘——蕭紅の東京時代》」，《立命館文学》第 451—453 期合刊，1983 年 3 月；平石淑子：《蕭紅の東京時代》，《アジア遊学》第 13 号，2000 年；平石淑子：《蕭紅研究——その生涯と作品世界》，東京，汲古書院 2008 年版，等。

⑤ 加藤千代：《鐘敬文の日本留学——日中交流の側面から》，《人文学報》1984 年第 3 号。

⑥ 矢吹晋編，鈴木博訳：《周恩来の〈十九歳の東京日記〉》，東京，小学館 1999 年版。

学》[1]，鹫山恭彦介绍了周恩来留学日本期间与松本亀次郎的交往等[2]，但这些成果只是周恩来留日相关研究的“冰山一角”。因为他的留日学习既反映当时中国留日学生史的某个侧面，也由于留日时期形成的日本认识，直接或间接影响中日关系的发展与走向[3]，所以周恩来留日时期相关的研究成果较为丰富自然是“情理之中”。在这些著名的留日学生外，还有不少既有一定社会影响但又相对普通的“中层”留日学生。例如，吕顺长考察了曾任龙海铁路局局长的浙江留日学生俞大纯的出身与经历[4]；佐藤由美以林渊霖为例，分析了从日据台湾赴日的工业类留学生。[5] 在愈来愈细致的留日学生个案研究中，这些“中层”留日学生或遗存留日资料的留日学生，或许会成为日本学界关注的一个重要方向。

四、小结

日本学界以中国留日学生接受国之便，近距离观察他们的留日学习与生活，或者利用日本政府、学校和相关机构、个人保存的近代中国留日学生资料开展研究，无论关注对象和研究内容，还是研究视角、学术观点等，均特色鲜明，与中国学界有所不同。

---

① 王敏編著：《百年後の考察——周恩来たちの日本留学》，尼崎市，三和書房 2015 年版。

② 鷲山恭彦：《周恩来の日本留学と東亜学校校長の松本亀次郎》，《アジア文化》第 32 号，2015 年 12 月。

③ 王敏編著：《日本留学と東アジア的“知”の大循環》，尼崎市、三和書房 2014 年版。

④ 吕順長：《清末中国人日本留学生俞大了純の出自とその生涯——“留日反日論”にも関連して》，《四天王寺大学紀要》第 46 号，2008 年。

⑤ 佐藤由美：《日本統治下台湾からの工業系留学生——林淵霖氏の場合》，《埼玉工業大学人間社会学部紀要》2010 年第 8 号。

首先，宏观选题的微观化和微观选题的精细化趋向，是日本的近代中国留日学生研究最大特点。中国学界既有近代中国留日学生的通史性、整体性研究成果，也有留日学生人物、事件、地域个案等微观研究成果，但即便微观研究成果，也往往努力揭示近代中国留日运动的一般性规律，或者探究其背后深层次的本质原因与时代背景，若隐若现其宏观格局或现实关怀。日本的近代中国留日学生研究虽不乏这种关照，但更强调以丰富的资料探究历史细节，且不厌其“繁”，精益求精。例如，朴雪梅的博士论文《清末在日中国女性留学生的出版活动》，主要选取《江苏》的女学论文或文丛、秋瑾的《白话》、留日女生创办的《中国新女界杂志》、何震的《天义报》和唐群英的《留日女学会杂志》进行细致研究，以管窥留日女生出版活动之“一斑”。[①] 日本学界较为关注《湖北学生界》《河南》《浙江潮》等留日学生报刊及其发行、流通[②]，甚至分析《浙江潮》刊载日本创价教育学代表人物牧口常三郎的《人口地理学》对留日学生的影响。[③] 这些精细化研究成果，有助于丰富近代中国留日学生的立体像，为深化相关领域的研究提供线索与借鉴。

其次，日本学界关注中国留日学生的领域广泛，内容丰富，但重点是他们的在日“留学史”。日本学界如同中国学界一样关心清

① 朴雪梅：《清末における在日中国人女子留学生の出版活動》，博士学位論文，名古屋大学大学院国際言語文化研究科，2017 年。

② 参见松本武彦：《清末留日学生刊行諸雑誌の流通ルートにみえる在日華僑について》，《研究紀要》第 25 巻，1987 年；孫倩：《清末留日学生の思想と行動——雑誌〈河南〉を例として》，《ソシオサイエンス》第 20 号，2014 年；王鼎：《雑誌〈湖北学生界（漢声）〉から見た清国日本留学生の諸活動》，《現代社会文化研究》第 64 号，2017 年，等。

③ 高橋強：《清末中国人留日学生と〈人生地理学〉——〈浙江潮〉を通して》，《東洋哲学研究所紀要》第 19 号，2003 年。

政府的留日政策，关注各地留日学生群体和留日学生个案，在研究中国留日学生的“出国史”方面同样成功。例如，吕顺长以近代中国招聘日本教习和向日本派遣考察者、留学生等为中心，阐述中国人“以日为师”和向日本学习的方式。[①] 小林共明则以戊戌政变时期为中心，考察清政府早期派遣留日学生的决策与实施。[②] 胡颖以清政府驻日留学生监督处发行的《官报》及其附录《经费报销册》等为依据，细致分析清政府留日学生派遣政策与留日经费的关系。[③] 这些成果毫不逊色于中国学界的“出国史”研究，反而有所推进和突破。更关键的是，日本学界注重日本政府和学校对中国留日学生的接受与教育，以及留日学生在日学习、生活的“留学史”。例如，1923 年 9 月 1 日的关东大地震对中国留日学生的影响[④]，战前中国留日学生在日本各地和工厂、学校的参观与实习[⑤]，战后中国留日学生在日生活“境遇”与是否归国的选择等。[⑥] 占据资料和地理之便的日本学界，探究这些留日生活的细节确实更有优势，相当程度上弥补了中国学界侧重留日学生“出国史”研究的缺憾。

最后，日本学界关于近代中国留日学生的研究方法与中国学界

---

① 吕順長：《近代中国はどう日本に学んだか——留学生と視察旅行者の派遣、日本人教習の招聘などを中心に》，《四天王寺国際仏教大学紀要》第 36 号，2003 年。

② 小林共明：《初期の中国対日留学生派遣について：戊戌政変期を中心として》，《辛亥革命研究》1984 年第 4 号。

③ 胡穎：《清末の中国人日本留学生に関する研究——主に留学経費の視点から》，《言語と文化論集》2017 年特別号。

④ 酒井順一郎：《関東大震災と中国人留学生——もう一つの日中関係》，《留学生教育》第 16 号，2011 年 12 月。

⑤ 孫安石：《戦前中国人留学生の“実習”と“見学”について》，《人文学研究所報》第 39 号，2006 年 3 月。

⑥ 田遠：《戦後直後における中国人留学生の境遇と選択：1945—1952——主に〈中国留日学生報〉をとおして》，《言語と文化論集》2015 年特別号。

日渐趋同，但研究视角有所区别。随着中日学术交流频繁，中国的近代留日学生研究有日、韩等国学者参加，日本的相关研究又有中、韩等国学者加入，且一些中韩学者原本就是留日学生，接受日本学者的教育和指导，发表诸如文中所列的日文研究成果，因而彼此在研究方法上日渐趋同，大多采用实证、比较和以史学为主的多学科综合研究的方法。就比较研究而言，中国学界主要是在中国留日学生与留欧美学生之间比较，且比较主体宽泛、相关成果丰硕；日本学界既比较近代日本留学生与中国留日学生的“贡献”，也在中国留日学生与留美学生之间比较，但比较研究的主体非常细致、具体。例如，以南开中学和周恩来为中心，比较 20 世纪 10 年代的中国赴日留学与赴美留学[①]；基于《日本留学中华民国人名调》和《清华同学录》，对比研究“五校特约”留日学生与“庚款”留美学生的群体特征。[②] 可见，中日学界虽然研究留日学生的方法趋同，但研究视角、关注对象不尽相同，结论自然也有所区别。

日本的近代中国留日学生研究，虽在切入视角、选择资料、研究内容等方面与中国学界互为补充、互相启发，但也存在一些需要注意的问题。一是宏观选题的微观化和微观选题的精细化，虽是深化、细化和还原近代中国留日学生在日学习、生活和社会活动概貌的基础和前提，但过度精细化研究，容易失去对事物本质的探讨，陷入“就事论事”或“碎片化”之中。二是日本学界虽尽可能运用

---

① 張志強：《中国十年代の日本留学とアメリカ留学——南開中学と周恩来を中心に》，《研究年報》1999 年第 2 号。

② 横井和彦、高明珠：《“五校特約留学”と“庚款留学”の比較研究——〈日本留学中華民国人名調〉と〈清華同学録〉にもとづく留学生群の特徴の比較》，《経済学論叢》2014 年第 2 号。

中日双语史料，但还是以日文资料为主，某种程度上限制了他们的关注对象、研究内容和学术视野。其实，除了中国留日学生“留学史”密切相关的日本学校、机构、团体、教师外，与留日学生交往的还有近卫笃麿、犬养毅、白岩龙平等政商界人士和普通民众需要关注。中国留日学生团体包括革命团体、立宪团体、学术团体、艺术团体、各地同乡会、各校同学会等，但日本学界主要关注中华留日基督教青年会、“中华民国留日学生会”等个别团体①，视野相对有限。三是日本学界缺乏近代中国留日学生研究的宏观、整体性成果。例如，近代日本对中国留日学生的政策，包括接受、教育、管理和毕业后联络几个方面，但日本学界往往关注接受和预备教育政策，且集中于明治末期、大正时期和日本投降前后三个时间段，既无连续性也无系统性，难以管窥日本对中国留日学生政策的变化、特征和规律。

鉴于此，日本的近代中国留日学生研究需要拓宽研究视野，深化研究内容，不断推进该领域研究的广度、深度。从广度而言，一是广泛利用既有史料，充分关注中日双方史料与文献，不断挖掘日本政府、学校、机构、团体和个人保存或留日学生遗存的相关新资料，毕竟史料是史学研究与创新的基础。二是延长研究时限，避免过度细化或局限于明治末期、大正时期、战时、日本战败之际等单个“短时段”的研究，而以“长时段”眼光，宏观研究近代日本对中国留日学生政策的演变史，考察日本政府面对几起几落的中国留

---

① 参见渡辺祐子：《もうひとつの中国人留学生史——中国人日本留学史における中華留日基督教青年会の位置》，《カルチュール》2011 年第 1 号；見城悌治：《1940 年における“中華民国留日学生会”の創設と日華学会》，《中国研究月報》第 800 号，2014 年 10 月，等。

日运动和国际国内形势、中日关系变化，为何又是如何调整其中国留日学生政策，以及这些政策变化怎样影响中国留日学生与中日关系？这些内容只有在相对长时段的历史中才能观察得更清楚。三是扩大研究空间，不仅在中国留日学生与留美学生、留欧学生之间比较，或者对比中国留日学生与日本留学生，而应转向中国与东南亚、欧美各国留日学生更加广泛的比较研究①，以他者的视角反观中国留日学生，或许会得出不同的认识。总之，从时空的历史经纬出发，更容易找到近代中国留日学生在中国留学史、世界留学史上的客观位置与准确坐标。

从深度而言，日本的近代中国留日学生研究还有不少值得努力的方向。首先，需要细化研究范围。客观地说，日本的近代中国留日学生研究非常细致，可谓细化“程度有余”而“范围不足”。如前所述，留日学生教育者的个案研究不少，甚至昭和天皇的老师、鼓吹国粹主义的教育者杉浦重刚都受到关注②，但曾游走于留日学生及其各个派系之间的犬养毅等各界人士③，以及近代中国留日学生在日本组建的各个团体，创办的百余种报刊，开展的各种活动，仍有细化的广阔空间。其次，深化研究内容。近代中国留日学生从群体到个案，从出国选拔到就读日本学校，从接触日本教师到了解日本社会等，只有深入分析他们所处的家庭环境、时代背景、国际关系等，才能探究他们赴日留学的不同目的和根本追求；只有既深入分析日本对中国留日学生接受、教育、管理和安置政策的变化，

① 徐志民：《“二战”时期日本在东南亚招募的“南方特别留学生”》，《世界历史》2017年第6期。

② 張芸文：《杉浦重剛と中国人留学生問題》，《関西教育学会研究紀要》2002年第2号。

③ 徐志民：《日本政府的清末留日学生政策》，《史林》2016年第5期。

又系统研究其连续性，才能揭示日本对中国留日学生政策的规律、特征、本质和目的。最后，引入新的研究方法。除中日学界日渐趋同的研究方法外，引入教育学、社会学、国际关系学，尤其是留日学生所学专业的相关研究方法，或可以深化该领域研究，毕竟新的研究方法往往带来新的突破。

总之，日本的近代中国留日学生研究，经过百余年发展不仅学术成果丰硕，而且以地理之便、资料优势，在近代中国留日学生的“出国史”“留学史”“回国史”方面成绩显著，与中国学界的研究互为印证、互为补充，既弥补中国学界在“留学史”研究方面的不足，又提供其他相关研究的资料线索和学术基础。但是，日本学界的宏观选题微观化和微观选题精细化的趋向，往往限制他们的研究视野和关注范围，容易忽略探讨事物的本质。因此，我们应引以为戒，选择近代中国留日学生研究中更具学术价值和现实意义的课题，如留日学生往往作为战前中日文化交流与合作的象征，而1931年“九一八”事变后中日关系的现实是日本侵华战争，那么，日本发动侵华战争后是如何对待中国留日学生的，反映了战争与留学之间怎样一种复杂的关系？值得我们思考与回味。

第五章　“九一八”事变与留日学生

在近代中国留日学生史研究中，从“九一八”事变至“七七”事变间的中国留日学生研究相对薄弱。即使为数不多的研究成果，也主要介绍“九一八”事变后中国留日学生罢课回国、创办报刊、组织中华留日学生会等应对事变的活动，以及中国留日学生内部的分歧、矛盾和冲突。[①] 虽有学者谈到日本政府在 1931 年 10 月 21 日

---

① 王奇生：《九一八事变后中国留日学生的抗日救亡活动》，《抗日战争研究》1996 年第 3 期；王奇生：《留学与救国——30 年代留学生的抗日救亡活动》，《民国档案》1989 年第 3 期；石田智美：《満州事変期における留日中国人学生の動静——中華留日学生会の史的役割》，東京大学，修士論文，2008 年。全国政协文史资料研究委员会《文史资料选辑》编辑部，在《文史资料选辑》第九辑（总第 109 辑，中国文史出版社 1987 年版）中，还选编了一些当时留日学生的回忆性文章。如，张持平的《东京文化救亡运动片断》，陈子谷的《中国左翼作家联盟在东京活动的一些情况》，黄乃的《记留日世界语者的活动》，王子光的《忆留日学生“社会科学研究会”简况》，古子坚的《东京“文化座谈会”的诞生及其活动》，王阑西、赵冬日、胡育德的《关于新兴自然科学者同盟的情况》，卢耀武的《我所知道的东京“世界编译社”的一些情况》，颜一烟的《忆中华留日戏剧协会》《珍贵的记忆——追悼高尔基公演纪实》《记“留东妇女会”的一次斗争》，毛掬的《“留东妇女会”简况》等文章，主要回忆了当时留日学生团体的社会活动，成为研究留日学生抗日救亡活动的重要史料。当时的留日学生刘坚，在《广东党史》1997 年第 2 期发表了《三十年代留日学生革命活动片断》，回忆了 20 世纪 30 年代中国留日学生在日本的一些革命活动。

召开的“取缔中国留日学生排日运动会议”①，但研究近代中国留日学生史或中日教育交流史的其他成果，对这一时期日本的中国留日学生政策往往一笔带过或避而不谈。从“九一八”事变到“七七”事变，一方面是日本发动侵华战争、强占中国东北、扶植傀儡政权“满洲国”、策动华北事变，准备全面侵华；另一方面中国人民奋勇抵抗，国民政府则采取“不抵抗”方针和“攘外必先安内”政策，国际上更是绥靖主义蔓延、德意法西斯活动猖獗。如此国际国内环境下反而出现了近代中国第三次留日高潮。这究竟是何原因，日本又是如何在事变频发和中日冲突中接受、教育、管理中国留日学生及伪满留日学生？这已不仅仅是日本的中国留日学生政策问题，而且关乎抗战时期的中日关系和国际格局，确实值得治留学生史者重视与思考。

一、“九一八”事变后的调查

鉴于中国留日学生在中日关系中的重要地位和潜在影响，日本政府自中国派遣留日学生之初就极为重视对中国留日学生的施策，且将之置于向中国大陆扩张势力的重要国策地位。因此，中国留日学生的一举一动，尤其在中日两国内部发生重大事件或中日关系紧张时期，更易引起日本政府的高度关注。如，中国的辛亥革命、五四运动和日本的关东大地震等重大事件，以及日本政府向袁世凯提出“二十一条”要求、制造“济南惨案”时，留日学生相对集中的

① 孫安石：《満州事件と日本在留中国留学生問題について》，浙江大学日本文化研究所、神奈川大学人文研究所编：《中日文化论丛——一九九九》，第53—65页。

东京、京都、北海道、大阪、千叶、爱知、福冈、神奈川、宫城、山口、长崎、广岛等都道府县和留日学生就读的学校及日方的留日学生相关民间团体等，特别注意调查中国留日学生的动静，并及时上报日本政府。外务省、内务省、警视厅、陆军省、海军省、文部省等留日学生相关机构，根据本机构或其他机构提供的中国留日学生调查情况，并综合各地的中国留日学生信息，制订相应的留日学生对策和对华政策。某种程度上说，在中日两国发生重大事件或中日关系危机时刻，开展中国留日学生调查，已成为日本政府应对中国留日学生的基本模式。震惊中外的“九一八”事变爆发后，日本政府及其各地方政府立即开始了中国留日学生调查，为日本政府全面掌握中国留日学生动向和制定相应的留日学生政策提供参考。

拥有专业调查力量的东京警视厅，在“九一八”事变后即刻调查并撰写中国留日学生动静的报告，通报内务省、外务省（主要是负责留日学生事务的文化事业部第一课）、各地方长官及朝鲜、关东各警务局局长，以互通中国留日学生信息。1931 年 9 月 21 日，日本警视总监高桥守雄致函外务省文化事业部第一课，通报了一般中国留日学生对“九一八”事变的震惊与悲愤，驻日留学生监督处各职员对中国留日学生的劝谕和安慰，以及奉系（即张学良派系）留日学生聚集在同泽俱乐部的不安与回国打算等。[①] 23 日，高桥守雄再次向前述各单位通报了中国留日学生和驻日留学生监督处的动向。其中，中国留日学生的主要动向有：吉林省出身的 100 多名留日学生向国民政府请求回国旅费；22 日，在仙台的中国留日学生

① 《留日学生ノ動静ニ対シ地方長官ヨリ報告　昭和六年九月中》，《満州事変ニヨル留日中華民国学生ノ動静関係雑件》第 1 巻，外務省外交史料館蔵，アジア歴史資料センター、レファレンスコード，B05016144300。

纷至东京，准备回国。因为在中国东北驻扎的日军第二师团官兵不少是仙台人，自“九一八”事变以来，频频传来战死、负伤的情报，当地居民对中国留日学生感情恶化，中国留日学生亦愈发恐惧。[①] 驻日留学生监督处及留日学生组织的主要动向有：9 月 19 日，驻日留学生监督处及同泽俱乐部对留日学生发出布告，称正等待教育部的指示，希望学生保持镇静；22 日，留学生监督处召开各省经理员会议，讨论各省政府汇送学费问题，无果而终。[②] 可见，东京警视厅自“九一八”事变伊始，就时刻注视着中国留日学生、驻日留学生监督处及留日学生组织的动静，且从其通报的相关单位，可知至少涵盖了留日学生所至的日本各地，以及日本权力所及的朝鲜及中国东北地区，共同结成关注和调查中国留日学生的严密网络。

日本各地方长官亦纷纷调查本辖区内中国留日学生在“九一八”事变后的思想状态和活动，及时上报内务省、外务省、陆军省以及相关地区外事课。9 月 23 日，北海道厅长官池田秀雄上报内务大臣安达谦藏、外务大臣币原喜重郎、陆军大臣南次郎，并通报相关地区外事课及爱知、福井、山口、福冈各厅府县长官《所属中国候补士官生退道之件》。该件指责中国留日候补士官生汤漳郎等 24 人中途退出从函馆出发的青函联络船，且记录了他们 9 条“反日”

---

① 《留日学生ノ動静ニ対シ地方長官ヨリ報告　昭和六年九月中》，《満州事変ニヨル留日中華民国学生ノ動静関係雑件》第 1 巻，外務省外交史料館藏，アジア歴史資料センター、レファレンスコード，B05016144300。

② 《留日学生ノ動静ニ対シ地方長官ヨリ報告　昭和六年九月中》，《満州事変ニヨル留日中華民国学生ノ動静関係雑件》第 1 巻，外務省外交史料館藏，アジア歴史資料センター、レファレンスコード，B05016144300。

言行。[1] 28 日，池田秀雄再向内务大臣安达谦藏、外务大臣币原喜重郎及各地区外事课、厅府县长官通报了《关于中华留学生通信之件》。该件内含驻日留学生监督处致北海道大学中国留学生的信件，并附有信件内容及其日语译文。[2] 即是说，日本各地长官不顾国际信义，竟私拆中国驻日留学生监督处公函和中国留日学生信件，以了解他们在“九一八”事变后的动静。

外务省自 9 月 19 日就通过各种方式，详细了解和记录中国留日学生每天的动静，包括他们召开大会、向公使馆请愿、组织中华留日学生会的经过及其章程内容、留日学生的回国运动等，全面掌握中国留日学生在“九一八”事变后的动向。如，外务省详细记述了 10 月 16 日中华留日学生会为“九一八”事变死难者召开追悼会的主要内容：1. 三鞠躬，2. 主席奉读总理遗训，3. 为死难同胞默哀祈祷五分钟，4. 开会致辞，5. 主席团及士官学生、同泽俱乐部、其他各团体代表致哀悼辞，6. 各团体代表演说，7. 自由演说，8. 提议，9. 高唱口号，10. 合影纪念（遭到日本政府的禁止），11. 散会时，气氛高涨到了极点，中国留日学生乃上街游行示威，但因戒严而被解散。[3] 由此例可见，外务省调查中国留日学生活动的详细程度非同一般。与警视厅和各地方政府主要依靠行政

---

① 《配属中国候补士官生退道之件》、《留日学生ノ動静ニ対シ地方長官ヨリ報告　昭和六年九月中》，《満州事変ニヨル留日中華民国学生ノ動静関係雑件》第 1 卷，外務省外交史料館蔵，アジア歴史資料センター、レファレンスコード，B05016144300。

② 《关于中华留学生通信之件》、《留日学生ノ動静ニ対シ地方長官ヨリ報告　昭和六年九月中》，《満州事変ニヨル留日中華民国学生ノ動静関係雑件》第 1 卷，外務省外交史料館蔵，アジア歴史資料センター、レファレンスコード，B05016144300。

③ 《留日学生ノ動静（外務省調査）　昭和六年九月》，《満州事変ニヨル留日中華民国学生ノ動静関係雑件》第 1 卷，外務省外交史料館蔵，アジア歴史資料センター、レファレンスコード，B05016144300。

力量调查中国留日学生不同，外务省主要采取向邮船会社、驻日留学生监督处、中国各省经理处、留日学生各寄宿舍、同泽俱乐部、留日学生各地同乡会、留日学生就读各学校等咨询的方式，了解中国留日学生的动向。1931 年 10 月 10 日后，外务省根据各地长官对中国留日学生动向的汇报，分别以 10 月 10 日以后、11 月、12 月、1932 年 1 月、2 月为序，按月汇总编订，共计五册。这五册汇报内容，相当典型地反映了日本政府调查中国留日学生的主要内容。具体说来，主要有以下几个方面。

第一，严厉查禁中国留日学生印制、散发反对日本侵华的宣传品。如，10 月 12 日，福冈县知事川渊洽马向内务大臣安达谦藏、外务大臣币原喜重郎及警视厅、神奈川、爱知、大阪、兵库、京都、宫城、广岛、山口、长崎等厅府县长官及关东厅警务局长，报送了《中华留日学生会日报》《广东同乡会秘密决议案》等留日学生印刷品的译文。26 日，川渊洽马又向前述各位报送了在九州帝国大学学生朱毅如信中发现的中华留日学生会的《为东北事件告全体留日同学书》。当日，长崎县知事也向内务大臣安达谦藏、外务大臣币原喜重郎，以及警视厅、北海道、神奈川、大阪、兵库、山口、福冈等厅县长官，报送了在留日学生信中查获的《中华留日学生会日报》。[①] 11 月 4 日，警视总监高桥守雄向相关单位通报了《关于在本邦民国人留学生等的排日运动状况件》，列举了警视厅查获的从 9 月 27 日至 10 月 23 日在东京的中国留学生的“反日”宣传品，共计 29 件。外务省以这些“反日”宣传品的发行日期为序、

① 《1. 留日学生ノ動静ニ対シ長官ヨリノ報告　昭和六年十月十日以降》，《滿州事変ニヨル留日中華民国学生ノ動静関係雑件》第 2 巻，外務省外交史料館蔵，アジア歴史資料センター、レファレンスコード，B05016145100。

按照题名、署名、内容大意列表，并在遭到日本政府“禁止”处分的日期栏中注明“禁”。其中，遭日本政府“禁止”处分的“反日”宣传品有 13 件[①]，占总数的 45.2%。因为日本政府严禁中国留日学生散播、发行反对日本侵华行动的宣传品，所以中华留日学生会迁至上海后，发行了专门揭露日本侵华政策和行动的《暴露》杂志，每周五出版，其中一部分秘密寄给在日本的中国留学生。

第二，重点调查具有“反日”倾向的留日学生及其言行。11 月 18 日，日本警视厅发现中华留日明大校友会寄给早稻田大学留学生陈碧生的信内有《暴露》杂志，警视总监高桥守雄遂敦促外事课注意此人，并向内务大臣安达谦藏、外务大臣币原喜重郎，北海道、宫城、千叶、神奈川、爱知、兵库、京都、大阪、广岛、山口、福冈、长崎各厅府县长官，通报陈碧生的基本情况，即陈碧生“原籍中华民国福建省闽侯县，新住所：府下户冢町下户冢五七一、改明馆内，现年 24 岁”。[②] 19 日，高桥守雄又将查获的《暴露》杂志的译文报送前述各位。如此，陈碧生就上了日本政府各级外事部门和各地政府重点监视的黑名单。12 月 10 日，高桥守雄再次通报前述各相关单位、人员，提醒注意中国四川邓都县人王大生，该人现年 20 岁，是工业大学留学生，他以“忘尘”署名，在《邓都》政务周刊第 62 期发表《望南京、广东政府速速实现合作》的社论，

---

① 《2. 留日学生ノ動静ニ対シ長官ヨリノ報告　昭和六年十一月》，《満州事変ニヨル留日中華民国学生ノ動静関係雑件》第 2 巻，外務省外交史料館藏，アジア歴史資料センター、レファレンスコード，B05016145200。

② 《2. 留日学生ノ動静ニ対シ長官ヨリノ報告　昭和六年十一月》，《満州事変ニヨル留日中華民国学生ノ動静関係雑件》第 2 巻，外務省外交史料館藏，アジア歴史資料センター、レファレンスコード，B05016145200。

要求两政府立即合作，然后对日宣战。[①] 其他具有类似“反日”倾向的留日学生，多被划为日本各级行政、外事、警察和学校重点调查对象。

第三，密切关注中国留日学生的回国和在学情况。“九一八”事变爆发后，日本政府有关部门和各地政府，就开始调查本辖区内中国留日学生的回国动向和学习情况。11 月 28 日，京都府知事黑崎真向内务大臣安达谦藏、外务大臣币原喜重郎及指定的各厅府县长官，通报了在京都的中国留日学生变动情况，计有两个表格。其一是“中华留学生变动表”，以京都帝国大学、京都帝国大学大学院、第三高等学校、高等蚕丝学校、私立同志社大学的中国留日学生变动及其理由列表；其二是“中华留学生在籍者表”，即从 10 月到列表之时中国留学生在学者表格，主要记录每位留日学生的姓名、入学年月、所属学部、出身省别、备注等基本情况。[②] 12 月 2 日，宫城县知事汤泽三千男向内务大臣安达谦藏、外务大臣币原喜重郎及各厅府县长官，第 4 次报告“九一八”事变后中国留日学生的动静，并将已经归国者列表，且记录归国者在归国前的日本住所、职业、姓名、年龄及备注。[③] 其他各地政府也不断上报中国留日学生的变化情况，与相关都道府县互通信息。

---

① 《3. 留日学生ノ動静ニ対シ長官ヨリノ報告　昭和六年十二月》，《満州事変ニヨル留日中華民国学生ノ動静関係雑件》第 2 巻，外務省外交史料館藏，アジア歴史資料センター、レファレンスコード，B05016145300。

② 《2. 留日学生ノ動静ニ対シ長官ヨリノ報告　昭和六年十一月》，《満州事変ニヨル留日中華民国学生ノ動静関係雑件》第 2 巻，外務省外交史料館藏，アジア歴史資料センター、レファレンスコード，B05016145200。

③ 《3. 留日学生ノ動静ニ対シ長官ヨリノ報告　昭和六年十二月》，《満州事変ニヨル留日中華民国学生ノ動静関係雑件》第 2 巻，外務省外交史料館藏，アジア歴史資料センター、レファレンスコード，B05016145300。

第四，时刻注意中国驻日公使馆、留学生监督处等留日学生监管机构的动静。中国驻日公使馆、留学生监督处及其他留日学生组织等，负有监管、组织和照顾留日学生的重要使命，因此，它们在“九一八”事变后的动向成为日本政府关注的重要内容。12月4日，山口县知事平井三男将留学生监督处致山口高等商业学校中国留日学生的信件及其译文报送内务大臣安达谦藏、外务大臣币原喜重郎，以及指定的厅府县长官。7日，长崎县知事铃木信太郎向内务大臣安达谦藏、外务大臣币原喜重郎及相关厅府县长官，报送了留学生监督处致长崎医科大学及高商中华留日学生同窗会的信件。12月15日，新任警视总监长延连向内务大臣中桥德五郎、内阁总理大臣兼外务大臣犬养毅及指定的厅府县长官，通报了中国留日陆军学生管理处对留学生的通告，以及浙江省留日学生经理处与该省教育厅发布的训令。[①] 日本政府有关部门，持续监视中国驻日公使馆、留学生监督处、留日陆军学生管理处及中国国内教育部门致留日学生的信件、指示或训令，其目的除了解中国留日学生的动静外，主要是为日本政府和军部进一步扩大侵华行动搜集情报。

果不其然，“九一八”事变的硝烟未尽，日军又在上海挑起了“一·二八”事变，将侵略中国的战火由东北燃到了上海，但日本政府对中国留日学生的调查模式、调查内容基本未变，只不过进一步强化了对中国留日学生基本情况的调查。1932年2月13日，外务省文化事业部部长坪上贞二致函东京帝国大学等79所高等院校的总长、校长，请他们调查“九一八”事变后中国留日学生的动

① 《3. 留日学生ノ動静ニ対シ長官ヨリノ報告　昭和六年十二月》，《满州事変ニヨル留日中華民国学生ノ動静関係雑件》第2巻，外務省外交史料館蔵，アジア歴史資料センター、レファレンスコード，B05016145300。

静，以及他们学校对打算回国的留日学生所采取的措施及其效果，并将目前仍在学的中国留日学生的姓名、出身省份、学科学年、学费所出、缺席情况、惩罚、回国、学习态度等列表上报。[①] 坪上贞二提醒前述各位总长、校长，在列表时应特别注意：1. 本表记录范围是“九一八”事变后的所有中国留日学生；2. “学习态度”栏，填写“优”“良”“可”“不可”等评语；3. 惩戒的种类为“退学”“休学”“谴责”等，如因中日问题受到惩戒的，应单独记录其受到惩戒前后的表现；4. “学费所出”栏，是文化事业部补给生的分为“一般”“选拔”“特选”三种[②]，官费生应记录“某省某月多少元”或“中央政府某月多少元”，私费生记录为“私”；5. “学科学年”栏应照下例填写，如“特设预科一年”或“法文科二年”等。[③] 可以说，这项调查相当全面、细致。根据这些调查，日本政府制定了“九一八”事变后接受、教育和管理中国留日学生的相应政策。

二、冲突中的挽留与接受

“九一八”事变爆发后，基于义愤的中国留日学生纷纷回国，准备参加抗日战争，给日本政府的中国留日学生接受政策造成了一

① 《分割 2》，《満州事変ニヨル留日中華民国学生ノ動静関係雑件》第 3 卷，外務省外交史料館藏，アジア歴史資料センター、レファレンスコード，B05016145800。

② 关于“一般”“选拔”“特选”留日补给生的内涵及区别，参见徐志民：《近代日本政府对中国留日学生政策述评（1896—1931）》，《中国社会科学院近代史研究所青年学术论坛 2007 年卷》，社会科学文献出版社 2009 年版，第 216—224 页。

③ 《分割 2》，《満州事変ニヨル留日中華民国学生ノ動静関係雑件》第 3 卷，外務省外交史料館藏，アジア歴史資料センター、レファレンスコード，B05016145800。

定的冲击。9月22日，日本陆军炮兵学校、户山学校、陆军经理学校的中国留日学生拒绝上课，东京工业大学留日学生同学会决议集体回国。当时，湖南省经理员蒋鼎勋说：“日中冲突事件传来，留学生深感恐怖，担心被袭击，纷纷访问各省经理员，强烈请求快速发给学费或归国旅费。”[①] 24日下午1时，其他大学的中国留日学生代表秘密决议回国。[②] 29日，120多名中国留日学生访问中国驻日公使馆，请求发给回国旅费。尽管中华基督教青年会总干事马伯援劝说留日学生安心学习，中国驻日陆军留学生监督章鸿春训令陆军留学生按时上学[③]，但中国留日学生人数仍从1931年5月的2972人到同年10月底猛降至600余人[④]，回国人数达当时留日学生总数的80%。日本政府最初认为中国留日学生的回国潮，将随着留日学生领导者的回国及“九一八”事变的平息而自然终结，且由于“不良分子”的全部回国而剩下认真学习的学生，将有助于其对中国留日学生的“培养”，反而是“好的结果”[⑤]，所以采取了静观

① 《因满洲事变在留民国人的动静》，《留日学生ノ動静ニ対シ地方長官ヨリ報告 昭和六年九月中》，《満州事変ニヨル留日中華民国学生ノ動静関係雑件》第1巻，外務省外交史料館蔵，アジア歴史資料センター、レファレンスコード，B05016144300。

② 《因满洲事变在留民国人的动静》，《留日学生ノ動静ニ対シ地方長官ヨリ報告 昭和六年九月中》，《満州事変ニヨル留日中華民国学生ノ動静関係雑件》第1巻，外務省外交史料館蔵，アジア歴史資料センター、レファレンスコード，B05016144300。

③ 《因满洲事变在留民国人留学生动静（五）》，《留日学生ノ動静ニ対シ地方長官ヨリ報告 昭和六年九月中》，《満州事変ニヨル留日中華民国学生ノ動静関係雑件》第1巻，外務省外交史料館蔵，アジア歴史資料センター、レファレンスコード，B05016144300。

④ 周一川：《近代中国留日学生人数考辨》，《文史哲》2008年第2期；《留日学生现状》，《申报》1931年11月27日。

⑤ 孫安石：《満州事件と日本在留中国留学生問題について》，浙江大学日本文化研究所、神奈川大学人文研究所编：《中日文化论丛——一九九九》，第61页。

其变的态度。

随着中国留日学生人数的急剧下降和国际社会对日本侵略中国东北的批评，日本政府为改善其国际形象，也在保护和挽留中国留日学生方面做了一些工作。首先，日本政府命警视厅、各地方长官及接受留日学生各校，适当保护中国留日学生免受日本人仇华情绪和侵华战争的影响。其次，日本政府继续推行独自掌控的庚款补给留学生制度，保证部分补给生的权利，在一般补给生人数日渐减少的情况下，逐渐增加选拔留学生的名额。[①] 最后，日本政府进一步简化入境、入学手续。当时，“日本当局为吸引外国留学生（主要是中国留学生），增加外汇收入，采取了简化入境手续等方法。中国学生去日本，非常方便。不需要护照，学校给轮船公司开一封介绍信，就可以买到去日本的船票，无须去日本领事馆办任何手续。船到日本后，可自行选择日语补习学校，先过语言关。经过一段时间的日语学习，由中国驻日本留学生监督处出具证明，即可报考自己理想的大学，选学理想的专业。”[②] 日本政府积极接受中国留日学生除了一以贯之地培养他们的“亲日”感情外，也像清末一样有赚取外汇的目的。那时日本需要外汇作为原始资本积累，加速其现代化，而此时的日本要为发动侵华战争积累战争经费，尤其是从“敌国”中华民国赚取的每一分钱就是削弱中国力量而增强日本军备实力的行动。

因此，日本政府一方面严厉取缔中国留日学生的“反日”活动，另一方面安抚在学的中国留日学生。中国留日学生的回国运

---

① 日華学会編：《中華民国・滿洲国留日学生名簿》第12版，第18页。

② 沈殿成主编：《中国人留学日本百年史（1896—1996）》（上册），第520—521页。

动，在“九一八”事变的中日剧烈军事冲突后也渐归于平息，即使在“一·二八”事变后中国留日学生再起回国潮，但回国者只占少数，大多数采取了暂不回国的观望态度，以免耽误学业。驻日留学生监督处从“一·二八”事变三天后的1932年2月1日开始调查现有留日学生人数，向留日各校同学会发出通知，说明发给回国旅费的手续和顺序。从2月4日上午11时到2月24日，驻日留学生监督处发给回国旅费的留日学生累计698名，其中退还回国旅费而暂不回国者从2月15日的33名到2月24日增至51名，且有扩大的趋势。① 特别是随着《淞沪停战协定》签字，本以为再也不会回到日本求学的留日学生又断断续续踏上返日之途，且在1934年至1936年出现了新一轮的留日高潮。据周一川统计，中华民国和伪满洲国的留日学生，在1932年6月有1400名，到1934年6月增至2168名，1935年6月又增至3517名，1936年6月猛增至5662名，1937年6月1日达5934名。② “一·二八”事变后，中国留日运动再次出现高潮。这不能不说与日本政府的安抚措施和挽留政策有关。

当然，此时中国学生的留日高潮也与国民政府的留学政策有关。1929年4月，南京国民政府颁布了《陆海空军留学条例》，希

① 《5. 留日学生ノ動静ニ対シ長官ヨリノ報告　昭和七年二月》，《満州事変ニヨル留日中華民国学生ノ動静関係雑件》第2巻，外務省外交史料館蔵，アジア歴史資料センター、レファレンスコード，B05016145500。

② 周一川：《近代中国留日学生人数考辨》，《文史哲》2008年第2期。实藤惠秀的《中国人日本留学史》（第544页），认为中国留日学生从1933年的1400多人，到1934年增至2400人，到1935年几近7000人，1936、1937年仍保持6000人左右。

望把派遣军事留学生的权力收归中央，但遭到日本陆军省的抵制。[①]1933年4月，国民政府为提高留学教育质量，颁布《国外留学规程》，规定即使自费留学也要专科以上学历或高中毕业后担任技术职务两年以上者才允许出国留学，提高了出国留学门槛。不过，日本政府仍沿用1901年的《文部省直辖学校外国人特别入学规程》，简化入学手续，致使《国外留学规程》仅对留学欧美有效而对日失效。周一川指出：中国人在20世纪30年代去日本留学，即使没有向教育部申请也能很方便地进入日本学校就读，导致这一时期中国留日运动陷入“无政府状态”。[②]因此，不少不够留学资格而欲出国留学者，大多利用日本政府对国民政府留学政策的抵制，纷纷弃欧美而转赴日本。

20世纪30年代中期，中国学生再现留日热潮，还与日趋紧张的中日关系密切相关。当时，中日必有一战的观点流行。“知彼知己，百战不殆”，不少人抱着这种了解强敌和以强敌为师的观点准备赴日求学，在中国国内出现了学习日语和研究日本的热潮。日本人米村耿二撰文称：“中国年轻人掀起学习日语的狂热，的确是叫人惊喜的事……学日语！去日本！去日本！学日语！这种呼声响遍全中国……然而，最能如实反映这新趋向的，是群集我国为学日语而来的留日学生。”[③]中国留日学生人数激增，引起日本政府的高度关注。1934年1月1日的《申报》发文称：日本人对中国人研究日

① 徐志民：《九一八事变前日本对中国留日军事学生政策述论》，《徐州师范大学学报》2010年第5期；徐志民：《九一八事变前夕中日交涉留日学生问题探析》，王建朗、栾景河主编：《近代中国：政治与外交》（下卷），第726—730页。

② 周一川：《南京国民政府時期の日本留学について——1928年～1937年》，大里浩秋、孫安石編：《中国人日本留学史研究の現段階》，第212－213页。

③ 米村耿二：《日本語万歳!》，《読売新聞》1934年12月28日。

本的热潮深感恐惧。[①] 9 月 3 日，日本驻上海总领事石射猪太郎特地向外务大臣广田弘毅报告中国留日学生逐渐增加的状况与趋势。[②]

此时中日货币汇兑于中方有利的形势，进一步加剧了中国留日学生人数激增。时人称：“中华民国负笈东渡留学之学生数目……至今春（1934 年春——笔者注）以来，其人数忽倍增……将来尚有激增之势。但究其东渡留学之理由……唯最大之理由，实为汇兑之关系。二三年前，日币 100 元须以中国国币 200－300 元方能兑换，最近则可以 70－80 元兑日币 100 元。其差甚远，故在上海攻读，反不如东渡留学为合算。”[③] 我们虽无法断定银元与日元的汇兑之利是否为本次留日热潮的最大成因，但从 1934 年中国留日官、自费生人数分别为 707、1115 名，到 1936 年官、自费生分别是 742、5059 名[④]，可知在此期间留日官费生人数增加有限，而自费生确实是留日学生人数增加的主力。因此，有利的汇兑形势，无疑促进了当时中国留日热潮的出现。

中国留日学生人数的剧增和日本政府接受中国留日学生的门槛过低，导致中国留日学生良莠不齐，甚至出现一些留日学生弄虚作假的行为。据统计，截至 1936 年 1 月，东京警视厅共查出 25 件中国留日学生采取不正当手段骗取入学的事件，其中专修大学、中央大学、法政大学各 5 件，日本大学 4 件，明治大学、东京铁道局教习所、早

---

① 《华人研究日本热，日本人认为可恐》，《申报》1934 年 1 月 1 日。

② 日本驻上海总领事石射猪太郎致函外务大臣广田弘毅《留日支那人学生渐增状况报告件》公信第 1000 号〔昭和 9 年（1934）9 月 3 日〕，《留日支那学生漸増状況上海ヨリ報告　昭和九年九月》，《在本邦留学生関係雑件》第 8 卷，外務省外交史料館藏，アジア歴史資料センター、レファレンスコード，B05015404400。

③ 《留日学生激增——汇兑低落最大原因》，《申报》1934 年 11 月 5 日。

④ 日華学会学報部編：《中華民国・満州国留日学生名簿》第 12 版，第21－22页。

稻田大学各2件[①]，直接影响中国留日学生的声誉。因此，日本政府担忧培养“亲日”留学生计划的失败，国民政府也希望趁机监督和控制因“文化围剿”而借留学避难日本的左翼作家和知识分子。

于是，国民政府向日本政府提出，将中国留日学生集中于指定的一些高等院校，以便监督、管理，提高留学质量。1935年12月27日，驻日留学生监督陈次溥致函外务省文化事业部部长冈田兼一，表示中国留日学生人数“按年递增情形极为复杂”，故“遵奉敝国教育部令，拟具指定留学生所入学校名单呈部请予指定，使学生集中于优良学校，以便管理而提高其程度”[②]，并附送一份《留学生入学学校之指定》。该“指定”主要内容包括：1. 指定之目的：减少校数，使学生集中于优良学校，以便管理而提高留学质量。2. 指定之标准：①办理认真者，②学术上有特长之研究者，③对留学生教育有相当之历史与经验者，④交通便利者。3. 指定之原则：①日本本部帝国大学全部及有名之官公立单科大学；②官立高等专门学校合于标准者斟酌列入；③私立专门以上学校或全部或一科一部择其特优者列入之，校数宜少，并注重于理工农医等实科；④办理职业教育尤其职业补习教育、师资训练，具有特别成绩之学校。[③]其重点是指定中国留日学生入学的各类学校。

---

① 《中国留学生使用教科書及教育ニ関シ外務、文部、内務三省協議ノ件》，《在本邦留学生関係雑件》第10卷，外務省外交史料館藏，アジア歴史資料センター、レファレンスコード，B05015408000。

② 《民国留学生ノ入学々校指定等ニ関スル件　昭和十一年一月》，《在本邦留学生関係雑件》第8卷，外務省外交史料館藏，アジア歴史資料センター、レファレンスコード，B05015404800。

③ 《民国留学生ノ入学々校指定等ニ関スル件　昭和十一年一月》，《在本邦留学生関係雑件》第8卷，外務省外交史料館藏，アジア歴史資料センター、レファレンスコード，B05015404800。

国民政府提出指定学校的主要目的，是希望与日本“援照过去特约学校之办法，准予酌定简约，以便管理”①，即按照清末“五校特约”的办法，由驻日留学生监督处与外务省文化事业部及文部省订立特约，故提出《拟与日本当局洽谈诸点》。其要点如下：1. 中国留日学生非经监督处介绍者不准入学；2. 非指定之学校，监督处不予介绍；3. 无论公私立学校，必须经过正式入学考试方准入学；4. 私立学校在规定的入学时期外，不准学生随时或越级入学；5. 学生投考学校依照各校报名手续，先在监督处报名，然后由监督处再行咨送各校；6. 学生入学考试合格者，由各校通知监督处转知录取各生；7. 新学期开始后，各校应将前学期在学学生人数及缺席状况等项通知监督处；8. 每年或每次毕业学生姓名，各校应随时通知监督处。② 这些拟与日本政府洽谈的要点，体现了国民政府试图监督和控制留日学生入学、学习及其他社会活动的目的。1936 年 2 月 14 日、4 月 1 日，陈次溥先后两次致函冈田兼一，就前述各项要点，希望外务省文化事业部能够参照前清学部与日本文部省订立“五校特约”的办法接受中国留日学生。③

日本政府接到陈次溥的多次交涉请求后，认为指定学校制度对留日学生的求学限制过多、过严，不利于更多的中国学生赴日留

① 《民国留学生ノ入学々校指定等ニ関スル件　昭和十一年一月》，《在本邦留学生関係雑件》第 8 巻，外務省外交史料館蔵，アジア歴史資料センター、レファレンスコード，B05015404800。

② 《民国留学生ノ入学々校指定等ニ関スル件　昭和十一年一月》，《在本邦留学生関係雑件》第 8 巻，外務省外交史料館蔵，アジア歴史資料センター、レファレンスコード，B05015404800。

③ 《民国留学生ノ入学々校指定等ニ関スル件　昭和十一年一月》，《在本邦留学生関係雑件》第 8 巻，外務省外交史料館蔵，アジア歴史資料センター、レファレンスコード，B05015404800。

学，且有驻日留学生监督处利用介绍和指定入学的权力控制留日学生的可能。同时，日本政府担心如此过严的指定学校制度将会再度引发留日学生的罢课回国运动，出现第二次反对“取缔规则”运动。[①] 故而，1936 年 1 月 23 日，重光葵外务次官致函三边长治文部次官《关于中华民国留学生入学学校指定等件》，共同研究“指定学校制”的对策，警惕其是否为另一种形式的“留日限制规程”，因而除对几项表示同意外，其余保留回答的权利，并进一步与文部省研究对策。[②] 就在外务省与文部省所谓共同研究中爆发了“七七”事变，指定学校制度的提法亦不了了之。

日本政府积极接受普通中国留日学生的同时，更为重视选拔少数优秀的中国学生赴日留学，以培养“日中亲善”的高级人才和“模范”留日学生。1936 年 9 月 8 日，有田外务大臣分别致电驻上海的川越茂大使、驻北平的武藤书记官、驻南京的须磨弥吉郎总领事《关于优秀的中国留学生招募办法件》，命他们联络上海自然科学研究所、东亚同文书院等科研院所和学校，选拔极少数的优秀学生作为东亚同文会给费生到日本留学。具体的做法是，他们与相关学校联系，在众多的中国学生中选定 5 名，详细调查其学习程度、经历、希望就读学校等，然后报告外务省。当日，有田外务大臣专门致电驻北平的花轮义敬书记官，命他通过北平的近代科学图书馆

---

① 关于中国留日学生反对“取缔规则”运动的情况，参见实藤惠秀：《中国人日本留学史》，第 461—494 页。

② 《8 号、留日卒業後の資格証明，29 号、軍事委員会留学生調査，30 号、留日の学校及び科目制度》，《日華学報》第 62 号，昭和 11 年 7 月；《中华民国留学生ノ入学々校指定等ニ関スル件》，《在本邦留学生関係雑件》第 8 巻，外務省外交史料館蔵，アジア歴史資料センター、レファレンスコードB05015404800。

选拔 5 名以内的优秀留学生。[①] 9 月 9 日，冈田文化事业部部长致函驻天津田尻爱义代理总领事，请其联络中日学院藤江真文总务长，从该校毕业生中选拔 3 名以内的优秀学生赴日留学。同一天，冈田部长还致电驻汉口三浦义秋总领事，请其联络江汉中学斋藤重保总务长，从该校毕业生中选拔 3 名以内的优秀中国学生赴日留学。[②] 可见，日本政府通过其驻华使领馆联络在中国的日方民间团体和各类学校的日方负责人，选拔少数优秀的中国学生赴日留学，作为其实施中国留日学生教育政策的重点培养对象。

三、局部抗战与教育戒备

日本政府自近代接受中国留日学生以来，往往采取积极接受而消极教育的留日学生政策。这种政策看似自相矛盾，其实恰恰反映了日本政府既企图实现培养留日学生"亲日"感情和"亲日"分子的目的，又担忧获得现代科学文化知识的留日学生成为其向东亚扩张的潜在障碍和对手的复杂心态。"九一八"事变爆发后，日本政府对中国留日学生的戒心日重。日本陆军士官学校为防止分散于日本各地联队实习的中国留日军事学生"滋事"，特命第 24 期中国陆军见习生提前返校入学。返校后的第 24 期陆军见习生与第 23 期留日陆军学生联合组织"退学救国团"，一致决议：日本政府如不撤

---

① 《優秀ナル支那留学生招致ニ関スル件　昭和十一年九月》，《在本邦留学生関係雑件》第 8 巻，外務省外交史料館蔵，アジア歴史資料センター、レファレンスコード，B05015405800。

② 《優秀ナル支那留学生招致ニ関スル件　昭和十一年九月》，《在本邦留学生関係雑件》第 8 巻，外務省外交史料館蔵，アジア歴史資料センター、レファレンスコード，B05015405800。

兵东北，就退还日本陆军士官学校的借出物品，集体退学，并向日本陆军省和留日陆军学生管理处请愿、游行示威。[①] 但是，他们的行动根本无法阻止日军挑起的侵华战争。最后，他们决定集体退学回国，并发表退学宣言，表达了留学敌国、学难有成的真实感受。

然而，曾设想回国后与日军拼杀于疆场的中国留日军事学生，在《淞沪停战协定》签字后，不少人又重返日本学习，日本政府对此决定进行选择性接受，并压缩中国留日军事学生的实习期限。1."九一八"事变后中国留日军事学生回国者虽遭到退学处分，但现在变更了派遣者（保证人）；2.他们必须通过陆军省的入学考试；3.此前中国留日军事学生均是从 4 月到 9 月在联队实习半年，因此次入学时间为 9 月 1 日，日本政府遂将中国留日军事学生在联队实习的时间压缩至从 9 月 1 日到 10 月 1 日间的 1 个月。[②] 这一时期，靳云鹏、许崇智、陈群、刘文辉、川岛浪速、孟宪治、谢彬等人，成了中国留日军事学生的主要派遣者。在第 25 期的首批 17 名日本陆军士官学校的中国留学生中，曾回国的第 24 期留学生占了 10 名，接近总数的 60%。1932 年 9 月 21 日，警视总监藤治庄平致函内务大臣山本达雄、外务大臣内田康哉，以及神奈川、静冈、爱知、京都、大阪、兵库、广岛、山口、福冈、长崎、熊本各府县长

① 《中华留日士官学生退学救国团对在东京的全体学生的告别辞》，《归国去》第 1 号，1931 年 10 月 7 日；《留日士官生退学救国团消息》，《申报》1931 年 10 月 22 日；《陸軍士官学校中華学生隊ノ動静》，《満州事変ニヨル留日中華民国学生ノ動静関係雜件》第 1 巻，外務省外交史料館藏，アジア歴史資料センター、レファレンスコード，B05016144300。

② 《陸軍士官学校ニ民国留学生入校　昭和七年九月》，《在本邦留学生関係雜件》第 8 巻，外務省外交史料館藏，アジア歴史資料センター、レファレンスコード，B05015403300。

官，通报本月15日又有5名因“九一八”事变回国而遭“修学取消”处分的中国留学生，经过这次再入学手续，没有发现任何可疑言行，准许其中3人入学。[①] 日本政府所谓的再入学考试，其实就是根据中国留日军事学生对日本的言行态度决定是否准许入学，依此胁迫他们顺从日本政府和军部的侵华行动，压制其反日爱国情感。

日本政府虽接受自认为“可靠”的留日学生，但日本陆军士官学校对中国留日军事学生的戒备和防范之心丝毫未减，反而日趋加强。日本陆军士官学校此时故意将中华民国留学生与日本学生分开，另组“中华学生队”，单独居住、授课和训练。中国留日军事学生根本见不到日本学生如何生活、授课和训练的，更不用说什么新式武器或真正的军事理论、知识和技术了。最明显的是，日本陆军士官学校规定日本学生学制五年，中国学生学制两年半。这并非说中国学生聪明，两年半就可修完日本学生五年的学业，恰恰反映了日本军事院校不肯真心实意教授给中国留学生现代军事科学技术的实情。在日本军部厉兵秣马、磨刀霍霍指向中国关内地区之时，几乎无法学到真正现代军事科技的中国留日军事学生，“均感觉异常沉闷”[②]，反映了日本发动全面侵华战争前夕中国留日学习军事者的尴尬处境和苦闷心情。

日本其他各校在留学教育中，除对中华民国留日学生保留先进

① 《陸軍士官学校ニ民国留学生入校 昭和七年九月》，《在本邦留学生関係雜件》第8卷，外務省外交史料館藏，アジア歴史資料センター、レファレンスコード，B05015403300。

② 益明：《留东通信——关于最近留东学生的实况》，《文化与教育》第47期，1935年3月。

科学文化知识外，还利用一切机会压制他们反对伪满洲国的言行，防止他们挑动中国东北留日学生的反满和抗日情绪。1932 年 3 月伪满洲国成立后，中国留日学生被人为地一分为二，即中华民国留日学生和“满洲国”留日学生，而很多东北出身的留日学生拒不加入“满洲国”国籍，且极力反对伪满政权。中华民国留日学生则暗中支持或组织东北留日学生反对伪满政权和进行反抗日本殖民统治的活动。为防止中华民国留日学生的“挑拨”和“煽动”，1936 年 2 月 27 日，重光葵外务次官在致三边长治文部次官《关于“满洲国”及中华民国留学生教育件》中，指出：“文部省和各学校的努力，在教育中华民国留学生中已取得一定成效；但自满洲国成立以来，民国留学生多有轻辱满洲建国的言辞，挑拨满洲国留学生的感情。因此，从事满中留学生的教育负责者，在教育留学生的过程中，极有必要注意防止留学生中再次出现此类问题。故此敦请文部省指示从事留学生教育的相关学校，在教育中华民国留学生时，应常讲留学生的根本宗旨是厉行学业，涵养道德，不要对满洲建国说三道四，搬弄是非。”① 3 月 30 日，三边长治复函重光葵，表示文部省已注意到该问题，今后将努力按照其要求改进。

日本政府还通过批拨教育经费、补助费等形式，影响和控制从事中国留日学生教育的教师和学校，使其按照政府的留学教育目的培养中国留日学生。1935 年 3 月 24 日，日华学会向外务省文化事业部，提出因为留日学生人数增多，教师、食堂、图书馆阅览室、运动场等留学生教育设施严重不足，拟购买上野塾的建筑设施及其

---

① 《満支留学生教育方針　昭和十一年三月》，《在本邦留学生関係雑件》第 8 卷，外務省外交史料館藏，アジア歴史資料センター、レファレンスコード，B05015405400。

场地作为东亚学校的分校区和留学生宿舍，所以申请10万元补助经费。鉴于日华学会在从事中国留日学生教育中的积极表现，外务大臣广田弘毅于3月30日对日华学会发出第38号《指令书》，其第一条即“从昭和九年度（预算费）中支付该会用于购置留学生宿舍及东亚学校分校用地的购入费”，但为保证专款专用，在“建筑物及土地买卖手续结束时，缓交的所有权转移证明的登记簿誊本、建筑物及土地的图形、购入费凭据及其誊本两则应呈交外务大臣”，且外务大臣可随时派员检查购买的建筑物、土地等一切物件，“一旦违反本指令或此后随时发出的指令时，就得交还补助金”。① 日本政府虽积极资助日华学会的中国留日学生教育活动，但也规定了相当严格的监督、检查制度，确保其中国留日学生教育补助费落到实处。

日本政府批拨各项留日学生教育经费的基本准则，就是各教育机构对留日学生教育的“实效”，即是否符合其培养留日学生“亲日”感情及“亲日”分子的目的。1935年10月16日，日华学会会长细川护立向外务省文化事业部部长冈田兼一，呈报设置东亚学校高级班所需经费补助的申请书，强调其“通过会话、讲读、演说、作文等方面的训练，（使中国留日学生——笔者注）完全掌握日语，以通晓日本事情，取得实用效果为目的”。② 细川护立在申请书中，列举了入学程度、修业年限、学期、入学方式、招生人数、学费、

① 《日華学会経営東亜学校分校舎及寄宿舎購入費助成ニ関スル件》，《日華学会関係雑件/補助関係》第2卷，外務省外交史料館蔵，アジア歴史資料センター、レファレンスコード，B05015271000。

② 《東亜学校ニ高級班設置ニ要スル経費補助申請　昭和十年十月》，《日華学会関係雑件/補助関係》第2卷，外務省外交史料館蔵，アジア歴史資料センター、レファレンスコード，B05015271100。

备注等项，以及《设置高级班的经费概算》和《东亚高等学校高等科（新设）规则概要》。冈田兼一对此表示："对于补助东亚学校昭和十一年度设置高级班所需经费年额金四千元的意见，要看其实绩，再行决定是否从十二年度以后开始补助。"① 即要看东亚学校设置高级班在教育中国留日学生中的表现，是否符合外务省的意图。即是说，东亚学校设置高级班对实现日本的留日学生教育目的究竟有多大益处，这也是日本政府补助留学教育经费的根本原则。

因此，日本多数从事中国留日学生教育的学校，不得不围绕日本政府培养留日学生的既定目的服务。如，东亚高等预备学校的校名、校规的各项规定，如需修改都要向外务大臣申请，获得批准后，还应在外务省文化事业部登记备案。1935 年 4 月 19 日，日华学会会长细川护立向外务大臣广田弘毅，呈报《东亚高等预备学校校名改称及学则改正申请》，提出修改该学校学则第一条、第八条的草案。他解释道：这是为适应伪满洲国成立后来自伪满政权留学生的接受和教育问题，把以前仅针对中华民国留日学生的规定修改为适用于整个东亚友邦的预备教育，并增加伪满洲国建国纪念日休假的规定。② 细川护立在东亚高等预备学校更名为东亚学校的提案中，指出"预备"已不符合实际，且该校有发展为东亚唯一最完备

① 《東亜学校ニ高級班設置ニ要スル経費補助申請　昭和十年十月》，《日華学会関係雑件/補助関係》第 2 卷，外務省外交史料館蔵，アジア歴史資料センター、レファレンスコード，B05015271100。

② 《東亜高等予備学校ヲ東亜学校ト改称　昭和十年四月》，《東亜学校関係雑件》第 1 卷，外務省外交史料館蔵，アジア歴史資料センター、レファレンスコード，B05015386600。

的日本语学校的抱负，故更改为东亚学校。[①] 4 月 26 日，广田弘毅复函细川护立表示同意其修改。5 月 27 日，细川护立以东亚高等预备学校校长的身份致函外务省文化事业部冈田兼一部长，通知其校名从 6 月 1 日正式更名为东亚学校。6 月 12 日，东亚学校以新校名正式上报文化事业部第一课林安课长关于校名变更之事。[②] 东亚高等预备学校校名变更竟要首先经过外务大臣的批准，更名后还要上报文化事业部及其第一课备案，足见日本政府对从事中国留日学生教育机构的重视程度。

日本政府鉴于部分私立学校出于营利目的，肆意招收素质低下，甚至采取伪造证书等不正当手段接受入学者，败坏了留日学生的声誉，干扰了其培养留日学生的计划和目的，故要求私立学校加强留日学生教育监督。1936 年 1 月 10 日，警视总监小栗一雄在致内务大臣后藤文夫、外务大臣广田弘毅、文部大臣松田源治《关于在京中华民国留学生激增但素质低下及私立大学的营利化给日中关系带来恶劣影响》的报告中，通报了两个问题：1. 中国留日学生人数增加固然可喜，但其大多素质低下，导致在东京的中国人士认为日本故意粗制滥造留日学生；2. 日本各大学发现了多起不当入学者和伪造证书的事件，其中虽有中国留日学生素质低下的一面，但更重要的是日本私立大学为营利而故意隐瞒。因此，小栗总监提请内务、外务及文部省采取相应的改革措施，尽快扫除这种留日学生教

---

① 《東亜高等予備学校ヲ東亜学校ト改称　昭和十年四月》，《東亜学校関係雑件》第 1 卷，外務省外交史料館藏，アジア歴史資料センター、レファレンスコード，B05015386600。

② 东亚学校致第一课长林安《校名变更通知之件》（昭和 10 年 6 月 12 日）、《東亜高等予備学校ヲ東亜学校ト改称　昭和十年四月》，《東亜学校関係雑件》第 1 卷，外務省外交史料館藏，アジア歴史資料センター、レファレンスコード，B05015386600。

育的腐败紊乱状况，以使中国留日学生理解日本的“真精神”，认识到日本真正的实力和知识，培养真正“亲日”的留学生，使其回国后发扬“帝国”的威信，强调这是实现“日中亲善”“建设东亚”的紧急要务。[①]

对此，1936年2月17日下午2点，日本政府在内务省警务官室召开了内务、文部、外务三省协议会，重点讨论中华民国留日学生人数激增但素质低下，以及日本私立大学营利化给日中关系带来恶劣影响的问题。最后，会议决定：由文部省召集各私立大学教务责任人向其彻底地讲述招收留日学生的根本意义，要求其自觉寻找有效监督今后留日学生的特殊方法。[②] 即日本政府希望私立学校能主动强化留日学生教育，以培养理解所谓“日中亲善”之“真谛”的中国留日学生。

日本政府因担忧中国留日学生学习先进科学文化知识而变成潜在竞争对手或侵华障碍，故往往采取消极教育政策，但为实现培养留日学生“亲日”感情和“亲日”分子的既定目的，又不得不改善留日学生教育的基础设施和进行一定程度的知识教育。因此，日本政府总是以自己的留日学生教育目的为中心，以从事留日学生教育的大部分学校进行一定限度的认真教育为准绳，以培养个别优秀的留日学生为“日中亲善”高级人才为代表，在严密监控中开展中国留日学生教育活动。

---

① 《中国留学生使用教科書及教育ニ関シ外務、文部、内務三省協議ノ件》，《在本邦留学生関係雑件》第10卷，外務省外交史料館蔵，アジア歴史資料センター、レファレンスコード，B05015408000。

② 《中国留学生使用教科書及教育ニ関シ外務、文部、内務三省協議ノ件》，《在本邦留学生関係雑件》第10卷，外務省外交史料館蔵，アジア歴史資料センター、レファレンスコード，B05015408000。

四、严格管理与常态监控

“九一八”事变爆发后，日本政府对中华民国留日学生的“管理”，与其说是“管理”，不如说是“监控”更恰当。当然，日本政府自明治末期就针对中国留日学生建立了相当完备的监控体系，如日本各级地方政府、警视厅、内务省、外务省、文部省、接受中国留学生的学校及民间或半官方的社会团体，随时随地监控着中国留日学生的动向。[①] 局部抗战开始后，日本政府的这种监控体制，出现了更加严密、更加暴力、更加常态的特点。特别是日本发动全面侵华战争前夕，不仅对中国留日学生继续保持高压态势，而且动辄逮捕和驱逐所谓“反日”的中国留日学生，颇有“山雨欲来风满楼”之势。

具体说来，这一时期日本政府的严密监控主要体现在以下几个方面：

第一，强化调查，定期汇报。“九一八”事变之初，日本政府有关部门对留日学生是逐日调查、记录；1931 年 10 月 10 日以后，外务省将汇总的各地中国留日学生调查按月汇集成册，但随着“九一八”事变、“一·二八”事变后中国留日学生回国运动的平息，日本政府有关部门某种程度上放松了紧张而频繁的中国留日学生调查活动。不过，1934 年开始出现的中国留日热潮和因华北事件而致中日关系紧张，又使日本政府决定强化中国留日学生调查和监

① 徐志民：《九一八事变后日本政府对中国留日学生监控政策述略》，《抗战史料研究》2012 年第 1 辑。

控。1935 年 7 月 18 日，外务次官重光葵致函文部次官三边长治，请文部省调查在日本高等学校、专门学校以上学习的伪满洲国、中华民国留学生的在学情况，并于 10 月 1 日前分别列表通报。[①]

9 月，文部省将调查结果转交外务省，其中包括《官公私立大学、高等学校、专门学校中华民国留学生在学者出身省调》《官公私立大学、高等学校、专门学校满洲国留学生在学者出身省别调》《官公私立大学、高等学校、专门学校中华民国及满洲国留学生在学者学科别调》《官公私立大学、高等学校、专门学校中华民国及满洲国留学生年龄别调》《昭和九年度官公私立大学、高等学校、专门学校卒业者调》《满洲国及中华民国留学生学校种别在学者数累年比较表》等[②]，涉及中华民国、伪满洲国留日学生的出身省份、学科、年龄、毕业学校、就读学校等各项内容。此后，外务省委托文部省的这项调查几成惯例，并由各校校长在 10 月 1 日前进行定期汇报。即是说，日本政府这一时期的中国留日学生调查和监控，初步具有机制化、定期化和程式化的特点。

第二，利用警察，严密监视。“九一八”事变前，日本政府主要通过学校管理中国留日学生，往往利用民间团体或半官方团体监控中国留日学生，即使在特殊时期，日本各级政府监控中国留日学生时也很少动用警察。“九一八”事变后，日本政府直接动用警察监视中国留日学生的活动，且似乎成了常态。这些日本警察“身穿普通

---

① 《満支留学生在学状况調查　昭和十年七月》，《在本邦留学生関係雑件》第 8 卷，外務省外交史料館藏，アジア歴史資料センター、レファレンスコード，B05015405100。

② 《満支留学生調查　昭和十年九月》，《在本邦留学生関係雑件》第 8 卷，外務省外交史料館藏，アジア歴史資料センター、レファレンスコード，B05015405200。

西装，出门时和一般人一样，手里多拿着一个蓝绸布小包袱，在中国留学生经常出入的地方游荡，动不动就闯入中国留学生寓所东张西望，很不客气地讯问中国留学生最近看了什么书，和哪些人有来往等。他们对留日学生之间的朋友互访、信件往来和团体活动，均进行了严密的监视，甚至不惜使用各种非法手段来达到他们的目的。私拆留日学生的信件，私入留日学生的住室，偷翻留日学生的文稿日记，几乎成了家常便饭”。[①] 如此常态而又严厉的监视，导致中国留日学生中的绝大多数左翼团体和进步人士，只能在秘密状态下活动。

1936 年 2 月 6 日，一位署名石吟的中国留日学生解释说：“在尖锐的监视与压迫下，留在东京的数千中国学生……是绝对没有忘记祖国的灾难的。我们是时刻都在为祖国努力，只以环境不同，努力的方式亦因以稍异。”[②] 其中一种方式，是创办报刊杂志，发表介绍日本情况的文章，以资中国借鉴。据统计，“九一八”事变至“七七”事变之间，中国留日学生创办了至少 35 种报刊杂志。这些刊物从“表面上看，似以学术为主……倘若我们仔细考察，就会发现这些刊物在学术面目的掩护下，都或多或少地带有抗日色彩，而其救国宗旨则贯穿始终。”[③] 因此，精明的东京警视厅在察觉出“异味”后，自 1937 年 2 月相继查封了《留东新闻》《东流》《质文》《新诗歌》等报刊。

第三，动辄驱逐，随意抓捕。1933 年初，日本警察当局以留日学生胡风、方天一、王承志、聂绀弩、周颖等人参加日本的反战同盟活动和参与日本共产党创办《赤旗》报的读书小组为由，将胡

---

① 王奇生：《留学与救国——抗战时期海外学人群像》，第 75 页。

② 石吟：《东京中国学生的文化活动》，《申报》1936 年 2 月 6 日。

③ 王奇生：《留学与救国——抗战时期海外学人群像》，第 66—67 页。

风、聂绀弩、周颖及其他留日学生共36名，集体押送至长崎，驱逐出境。[①] 1936年4月，正在日本留学的著名女作家谢冰莹，因拒绝参加欢迎伪满皇帝溥仪访日而惨遭日本警察逮捕，被非法囚禁三周。5月，日本警察又以广东留日学生元庆荣发表的《雪根问答》和《战歌》两部作品有“反日”嫌疑，而将之驱逐出国。[②] 创办《留东新闻》的留日学生张健冬、简泰梁和王瑞符，多次受到日本军部中侵华狂热分子的警告和威胁，于1936年12月被迫回国。1937年1月13日，张健冬、简泰梁和王瑞符重返东京，第二天就被日本警察拘捕。25日，三人被判以宣传抗日赤化的罪名，遭驱逐回国。[③] 5月下旬，留日左翼文艺工作者林焕平、林为梁、任白戈、魏猛克、张香山和林林等人，被日本当局以反日作家的罪名遣送回国。[④] 6月，王孔昭、扬式谷、卢耀武、杨宪吾、赵圭璧等留日学生被以抗日分子的罪名分4批遣送回国。[⑤] 同月，日本警方还逮捕了协助绿川英子秘密前往中国寻找丈夫刘仁和参加中国人民抗日活动的丁克等人。[⑥] 日本政府动辄逮捕、驱逐中国留日学生的行径，导致

---

① 马蹄疾：《胡风传》，四川人民出版社1989年版，第52－61页。

② 《留东学生元庆荣遣送回国》，《申报》1936年6月2日。

③ 《张健冬、简泰梁、王瑞符被逐回国昨抵沪》，《申报》1937年2月1日。

④ 林焕平：《从上海到东京》，中国社会科学院文学研究所《左联回忆录》编辑组编：《左联回忆录》（下），中国社会科学出版社1982年版，第693页；《中国留日左翼学生文化运动纪要（一九三四年——一九三七年）》，中国人民政治协商会议全国委员会文史资料研究委员会编：《文史资料选辑》第九辑（总第109辑），中国文史出版社1987年版，第164页。

⑤ 《中国留日左翼学生文化运动纪要（一九三四年——一九三七年）》，中国人民政治协商会议全国委员会文史资料研究委员会编：《文史资料选辑》第九辑（总第109辑），第164页。

⑥ 黄乃：《记留日世界语者的活动》，中国人民政治协商会议全国委员会文史资料研究委员会编：《文史资料选辑》第九辑（总第109辑），第113—117页。

中国留日学生人心惶惶，无心向学，引起中国驻日大使馆的不满。

最后，需要指出的是，日本政府内有关部门对采取如此严厉的中华民国留日学生监控政策也持有异议。“九一八”事变爆发不久，外务省、内务省、文部省、警视厅等中国留日学生相关省厅即于1931年10月21日召开了“取缔中国留日学生排日运动会议”。会上，文部省认为禁止中国留日学生的政治活动没有实效，提出无须取缔中国留日学生的政治活动，遭到其他省厅的“非难”，故文部省容许了外务省和警视厅的取缔中国留日学生“排日”运动的计划，答应提供相关情报。警视厅的中国留日学生对策，就是一句话——进行彻底取缔；而内务省指出根据《治安警察法》可以解散中国留日学生的集会，但解散留日学生的结社团体是困难的。[①] 另外，“九一八”事变后国际社会对日本的批评，以及内务省、警视厅认为中国国民党是留日学生“反日”运动的后台，强迫外务省要求中国撤退在日本的国民党员。这又增加了外务省应对国际社会和国民政府的外交困难。因此，日本政府内从取缔中国留日学生的“反日”运动和采取严厉的中国留日学生监控政策之初就有不同意见。

特别是随着警视厅肆意逮捕、驱逐中华民国留日学生的暴行日趋常态化，外务省也对警视厅的野蛮做法提出异议。1935年11月18日，外务省相关官员就警视厅严密监视中国留日学生和采取彻底取缔的方针提出质疑，表示很难苟同警视厅的做法。他们认为：1.中国留日学生中具有和宣传“危险”思想的只占少数，警视厅的做法却危及大多数留日学生，所以要慎重；2.中国留日学生在报纸

---

① 孫安石：《満州事件と日本在留中国留学生問題について》，浙江大学日本文化研究所、神奈川大学人文研究所编：《中日文化论丛——一九九九》，第62—63页。

上发表的记事，以及通信中不利于日本的内容，很多都在日本的报纸上公开发表过，不宜把中国留日学生的这些活动全部视为间谍活动和军事侦探。因此，外务省建议应“努力指导诱掖、启发善化，使中国留日学生成为新中国建设的柱石，与日本为善，这才是真正的正确使命……对留学生一味地疑惑、监视、干涉、压迫等，在取缔的名义下使大多数善良的学生甚感不快，反而使我国一如既往地成为培养反日者的摇篮”[①]，故希望警视厅“反省”。但是，警视厅对此反应冷淡，继续对中华民国留日学生采取高压态势。

当然，外务省不满警视厅对中华民国留日学生的野蛮行为，并不意味着它就忽视对留日学生的监控，而是强调重在监视他们日常言行和思想动态。1937 年 4 月，外务省文化事业部特别职员小林访问警视厅外事课的亚细亚系长光重，传达了外务省请警视厅协助调查文化事业部学费补给生的“思想”和“素行”的目的。光重系长回答：“文化事业部学费补给生的思想及素行的调查极为必要，此系国家的行为，虽多少有点麻烦，但应当调查汇报，警视厅也可借此机会与留学生就读的学校进行联络，对于尚在警视厅管辖以外的住居者可请各府县知事命当地警察进行调查。”[②] 随即，外务次官堀内谦介通知各地方知事，传达了外务省请他们协助监控文化事业部

---

① 《8. 在本邦満支留学生ノ調査　向後順一郎　昭和十年十一月》，《諸調査委嘱関係雑件》第 1 巻，外務省外交史料館蔵，アジア歴史資料センター、レファレンスコード，B05016064900。

② 《2. 支那留学生思想調査 昭和十二年四月》，《在本邦留学生調査関係雑件》第 11 巻，外務省外交史料館蔵，アジア歴史資料センター、レファレンスコード，B05016141600；孫安石：《“経費は遊学の母なり”——清末～一九三〇年代の中国留学生の留学経費と生活調査について》，大里浩秋、孫安石編：《中国人日本留学史研究の現段階》，第 202 页。

在各地的学费补给生的思想及言行。这反映了随着中日民族矛盾加剧和中日关系紧张，外务省和警视厅在调查中国留日学生的“素行”和“思想”方面达成了一致。由此，日本进入了由警视厅及各地警察直接监控中国留日学生的思想动向和日常行为的异常黑暗时期[①]，直至1937年7月7日“七七”事变的爆发。

“七七”事变爆发时，正值日本学校夏季放假，日本政府估计暑期回国的中国留日学生可能会逾期不归，以及在日本各地消暑或学习的中国留日学生将产生恐惧与不安情绪等，故在调查和监控中国留日学生的同时，也对他们进行了必要的“保护”。1937年8月3日，文部省通知各帝国大学、官公私立大学、高等学校、专门学校、高等师范学校校长及地方长官《关于对满中两国留学生采取措施件》，要求各校根据以下要点采取适当政策，对中华民国留日学生进行“保护”“监督”：1.各校教职员要有大国国民的“胸襟气度”，不要“刺激”中华民国留日学生，避免使其陷入不安动摇之中；2.进一步密切与留日学生的联系，充分注意其动向；3.尽管夏季放假，但要区别中华民国留日学生是否回国与在留，明确其在留的住所，做到细致入微的“辅导”。[②] 当然，这些“保护”和“监督”措施，在不少留日学生看来可能是另外一种形式的“监控”。因为日本警察这时的监控更加严厉，甚至百般刁难中国留日学生的回国行动。

1937年9月，国民政府教育部向留日学生发出“撤离敌国，回

---

① 孫安石：《“経費は遊学の母なり”——清末～一九三〇年代の中国留学生の留学経費と生活調査について》，大里浩秋、孫安石編：《中国人日本留学史研究の現段階》，第202页。

② 《満支両国人学生生徒ノ取扱ニ関スル件　十二年十月》，《在本邦選抜留学生補給実施関係雑件/方針関係》第2卷，外務省外交史料館蔵，アジア歴史資料センター、レファレンスコード，B05015475700。

国参战”的训令，绝大多数留日学生积极响应。“七七”事变前夕中华民国近4000名留日学生，到1937年11月1日仅剩403人。[①]中国留日学生之所以未全部回国，其原因可能有以下几点：1.极少数留日学生鉴于“九一八”事变、“一·二八”事变、华北事变等都是“就地”解决的实事，天真地认为“七七”事变也许很快就会“局部”解决，因而无需回国；2.个别留日学生毕业在即，不愿因为这次事变回国，以免耽误自己多年辛苦求学而即将获得的毕业证书；3.也有个别留日学生觉得与其回国后“失学”，不如在“虎穴”日本学习，还可以就近侦查敌情；4.还有个别留日学生因“七七”事变爆发，家中通信和汇款中断，无法筹到足够的回国旅费，只能暂时滞留日本；5.文部省、外务省的积极“保护”措施，使一些留日学生并未切身感受到“威胁”。如，1937年10月12日，文部次官伊东延吉致函外务次官堀内谦介，通报了其再次要求各相关学校充分“照顾”这些留在日本的中国学生，对于“七七”事变后逾期不归者给予“休学”的便利，即使在未缴纳学费的情况下也保留其学籍。[②]日本政府的这些“保护”措施，一定程度上稳定了部分暂时未回国者的情绪。

五、小结

总之，日本政府在“九一八”事变后对中国留日学生的调查、接受、教育和管理政策，相较以前更加严格、更加暴力，扭转了大

---

① 周一川：《近代中国留日学生人数考辨》，《文史哲》2008年第2期。

② 《満支両国人学生生徒ノ取扱ニ関スル件　十二年十月》，《在本邦選抜留学生補給実施関係雑件/方針関係》第二卷，外務省外交史料館藏，アジア歴史資料センター、レファレンスコード，B05015475700。

正时期日本对中国留日学生的改善政策。具体说来，日本对中国留日学生的调查越来越细致，越来越全面，越来越严密，更具程式化、定期化、机制化的特点。日本对中国留日学生的接受政策，经历了从“九一八”事变之初的静观其变，到事变之中的挽留与安抚，再到事变之后抵制南京国民政府提高留学门槛的转变过程，继续坚持 1901 年以来的既有接受体制和重点培养优秀留日学生的双轨政策。日本的各级教育机构培养中国留日学生时的“知识保留”和戒心日重的现实，集中体现了日本既欲培育留日学生“亲日”感情及“亲日”分子的既定目的，又唯恐中国留日学生获得现代科学文化知识后成为其侵华道路上的障碍和对手的矛盾心态，相当程度上反映了“九一八”事变后中日对抗与冲突的时代环境。因此，日本对中国留日学生的言行举动和思想动向非常敏感，对他们的日常监视、动辄驱逐和随意抓捕也就见怪不怪了。这也是局部抗战时期中国在日留学生人数虽多，但反对日本侵华的活动却相对沉寂的重要原因，而打破沉寂局面的是“七七”事变爆发后中国留日学生的愤而归国和积极投身全民族抗战。

第六章　日本人的“七七”事变认识

1937年7月7日晚10时40分，日军在北平西南郊外的卢沟桥夜间演习时，以所谓“不明枪声”和二等兵志村菊次郎“失踪”（但仅仅20分钟后便平安归队）为由，强行要求搜查中国军队驻守之宛平城，并在双方代表谈判之际发动攻击，挑起“七七”事变，拉开了日本全面侵华战争的序幕，激起中国军队和人民的奋勇抵抗，“成为中国全民族抗战的开端”。[①] 因此，中日学界极为关注“七七”事变，并取得丰硕研究成果，但彼此对“七七”事变的认识并不完全相同，在事变原因、“不明枪声”、事变的必然性与偶然性等方面存在分歧。[②] 中国学界在批驳日本右翼分子、保守学者歪曲史实的基础上，客观、理性地与日本进步学者就认识差异进行商榷和讨论[③]，并逐渐关注“七七”事变爆发后日本媒体的报道、民

---

① 习近平：《在纪念中国人民抗日战争暨世界反法西斯战争胜利69周年座谈会上的讲话》，《人民日报》2014年9月4日。

② 荣维木：《卢沟桥事变研究综述》，《抗日战争研究》1992年第3期。

③ 曲家源：《再论日本发动卢沟桥事变的计划性——兼答安井三吉教授》，《抗日战争研究》1999年第4期；徐勇：《评安井三吉新著〈从柳条湖事件到卢沟桥事件〉》，《抗日战争研究》2005年第1期。

众的反应。[①] 那么，战时日本人究竟如何看待“七七”事变，战后有无变化，以及日本人的“七七”事变认识对中日关系和“七七”事变研究产生了怎样的影响？

一、战时的“膺惩暴支”论

“七七”事变爆发翌日，即7月8日开始日本各大媒体连篇累牍地报道所谓事变情况，指责中国军队“非法射击”“挑衅”，强调日军是在“忍无可忍”的情况下“被迫应战”，完全不顾日军非法进驻丰台和频繁军事演习、挑衅中国军队的客观事实。如，号称秉承“不偏不党”立场的《朝日新闻》，于7月8日以“号外”报道：在北平卢沟桥外进行夜间演习之日军，遭到中国驻军数十发子弹的“非法射击”[②]，目前双方交涉破裂，陷入战斗状态。《东京日日新闻》更是一日数次报道“七七”事变，认为是中国第二十九军第三十七师第二一九团第三营对日军实施“非法射击”，而日军“隐忍自重，没有反击”，只是在要求中方道歉被拒后才“开始应战”。此后经中日交涉，决定各自后撤，但“中国军队毫无撤退诚意，并再三向我军攻击”[③]，将日军挑起事端的责任完全嫁祸给中国军队。

---

① 王晓岚、戴建兵：《〈盛京时报〉关于七七事变报道研究》，《抗日战争研究》2005年第3期；史桂芳：《从〈朝日新闻〉对卢沟桥事变的报道看媒体与战争的关系》，《北京党史》2015年第3期；史桂芳：《日本民众对卢沟桥事变的反应——对1937年7月〈朝日新闻〉报道的考察》，《东北亚学刊》2015年第2期；邹灿：《抗战初期日本媒体的战争宣传——以〈东京日日新闻〉为个案》，《民国档案》2016年第3期。

② 《日支両軍北平（郊外）で交戦、支那兵不法突如射擊》，《朝日新聞》1937年7月8日。

③ 《馮部隊盧溝橋でわが部隊に突如発砲》、《不遜行為を繰り返す、支那軍・撤退の模様なし》，《東京日日新聞》1937年7月9日；《盧溝橋事件交渉、我要求を容れ解決》，《東京日日新聞》1937年7月9日。

不仅如此，日本媒体呼吁政府派兵“膺惩”中国，煽动民众的侵华战争狂热，动员他们支持扩大对华战争。7月11日，冀察政务委员会与当地日军达成停战协议后，北平战事暂时有所“缓和”。然而，《东京日日新闻》连续发表文章，以所谓中国军队经常违反停战协议，国民政府对日态度“恶劣”、毫无“和平”诚意，蒋介石已经调派中央军北上等为由，鼓吹为保护日本在华北的居留民有必要出兵中国，以示“膺惩”。[①]《中央公论》《改造》等杂志更借口通州事件，连续刊文谴责中国军队，咒骂他们“如同魔鬼、畜生”，甚至“畜生不如”[②]，煽动日本民众对中国军队的仇恨情绪。《朝日新闻》设立专栏，报道社会各界的“国防献金”、后方支援等“赤诚报国”活动，超前性地动员民众捐款捐物、慰问“出征”官兵，在日本社会引起强烈反响，出现了“举国一致”的战争狂热。

近代以来长期受军国主义思想熏陶的日本民众，在媒体的宣传、鼓动下认为七七事变是中国军队“挑衅”日本军威，“不守信用”地破坏日本在华“合法利益”，故积极捐款捐物，甚至请缨参军，支持政府出兵中国，“膺惩暴支”。如，日本纸业大王、“大川财阀”的创始人大川平三郎虽于1936年去世，但其遗属获悉“七七”事变爆发后，仍以大川名义捐款100万日元，支持日本政府扩大对华战争。[③] 政府官员、公司职员、普通工人、各地农民等纷纷

① 《駐屯軍の要求を承認、嘘つき支那、厳重監視》，《東京日日新聞》1937年7月12日；《我平和の誠意を蹂躙、国民政府不遜なる回答》，《東京日日新聞》1937年7月20日；《わが隠忍自重今や限度を越ゆ、暴戻極まる廿九軍》，《東京日日新聞》1937年7月28日。

② 吉田絃二郎《時局に際して思ふこと》，《中央公論》1937年第9号；山川均：《支那軍の鬼畜性》，《改造》1937年第9号。

③ 《生きる故大川遺族の寄付》，《朝日新聞》1937年7月18日。

捐款，小学学生还捐出平日积攒的零花钱，甚至99岁的石塚老太太也捐款5元。[①]《朝日新闻》还发起“军机捐款运动”，鼓励国民“为国分忧”，在短短十天内便募捐290多万日元。日本各大城市的中小学学校，不仅组织学生开展街头募捐，而且统一安排学生为那些“出征”士兵写“慰问信”、制作“慰问袋”[②]，鼓励他们“为国奋战”。日本国防妇人会、日本爱国妇人会、全国小学女教员联合会等妇女团体纷纷出动，组织游行、参拜神社、开展募捐、慰问伤兵、安抚军属、缝制祈愿“出征”士兵平安的“千人针”[③]，发挥日本后方社会对侵华战争的“支援”作用。一些青年学生请缨入伍，预备役军人要求到前线参加战斗，山口县下关市甚至成立了“老年敢死队”[④]，支持侵华战争的呼声逐渐弥漫日本社会。

日本之中国驻屯军第一联队第三大队第八中队，即“七七”事变当晚夜间演习之日军，其中队长清水节郎在“笔记”中描述了事变爆发的情形。他在晚上10时半左右传令演习中止之后，突然听到从后方传来几发步枪实弹射击的声音，立即命令部队集合，发现一名“士兵失踪”，于是一面搜索，一面向第三大队大队长一木清直报告，但“失踪”的士兵很快就被发现。一木则以电话向在北平的牟田口廉也联队长报告“士兵失踪”和中国军队的“非法射击”情况，同时率领大队主力出动，并按照牟田口的命令“把卢沟桥的营长喊出来，进行谈判”，而清水中队长则按照一木的命令伺机占

① 《夢ぢやなかった三千元の赤面》，《朝日新聞》1937年7月20日。

② 《激励電報二千通》，《朝日新聞》1937年7月18日；《少年赤十字団献金》，《朝日新聞》1937年7月20日。

③ 《非常時の街頭風景・“千人針”の由来》，《読売新聞》1937年7月17日。

④ 《愛国ご隠居起つ》，《大阪毎日新聞》1937年7月14日。

领一文字山。[①] 这段描述疑点重重，既无确凿证据，更无中方之反馈信息，尤其是“失踪士兵”志村菊次郎仅20分钟后便平安归队，日军不再以“士兵失踪”为由，而是以调查“非法枪击”为由提出强硬的入城要求，且在与中方谈判中炮轰宛平城，攻击中国军队。

7月8日晨5时30分，中日军队开始战斗，5时54分中国驻屯军向陆军省报告昨晚卢沟桥的“射击事件”和交涉情况，10时20分呈报第一份中日战斗报告[②]，而陆军省内围绕如何处理“七七”事变产生了争论。陆军省军事课课长田中新一、参谋本部作战课课长武藤章等人，根据长期对华强硬施压总能得到所要结果的自负经验，认为“机会来了”，主张急调内地三个师团，对华“一击”，中国政府和军队就会屈服，乘机解决中日之间的一切问题，被称为对华强硬派或战争“扩大派”。[③] 参谋本部第一部部长石原莞尔、战争指导课课长河边虎四郎、军务课课长柴田兼四郎等人，从对苏备战和中国民族意识成长的角度，对发动侵华战争持慎重态度，被称为“不扩大派”。其实，“扩大派”与“不扩大派”的争论，并非争论要不要发动对华战争，而是何时，以及如何发动的问题，即仅仅是急进派与缓进派、好战派与策略派的区别而已。[④] 随着日本驻华武官不断夸大蒋介石调派中央军北上的情报，陆军大臣杉山元更是向昭和天皇进言，出兵中国可以一举消灭中国的抗日活

---

① 《清水节郎笔记》，复旦大学历史系日本史组编译：《日本帝国主义对外侵略史料选编1931—1945》，上海人民出版社1975年版，第234—236页。

② 伊香俊哉：《戦争の日本史22　満州事変から日中全面戦争へ》，東京，吉川弘文館2007年版，第84页。

③ 《河辺虎四郎少将回想応答録》，小林龍夫、島田俊彦、稲葉正夫編：《現代史資料12　日中戦争4》，東京，みすず書房1964年版，第414—415、418页。

④ 徐勇：《卢沟桥事变与不扩大派》，《日本研究》1990年第3期。

动，声称“事变大约在一个月内便可结束”。[1] 于是，“扩大派”的主张逐渐占据上风。

7月11日，中方为力避冲突而屈辱地接受向日方道歉、处分事件相关官员，不在宛平城、龙王庙驻军，取缔抗日团体等过分要求，但日本政府却于当天发表了《派兵华北的声明》。该“声明”指出：“中国方面的侮日行为接踵发生，中国驻屯军对此正在隐忍静观之中。一向与我合作、负责华北治安的第二十九军，于7月7日半夜在卢沟桥附近进行非法射击。由此发端，不得已而与该军发生冲突。为此，平津方面形势紧迫，我国侨民濒于危殆，而我方未放弃和平解决的希望，根据事件不扩大的方针，努力作局部地区的解决。第二十九军虽曾答应和平解决，但于7月10日夜，突然再次向我非法攻击，造成我军相当伤亡，而且不断增加第一线的兵力，更使西苑部队南进，同时命令中央军出动等，进行战争准备，对和平谈判并无诚意，终于全面地拒绝在北平进行谈判。从以上事实说明，这次事件完全是中国方面有计划的武装抗日，已无怀疑的余地。”[2] 真是贼喊捉贼、倒打一耙，反诬“七七”事变是中方有计划的“武装抗日”，其实是日本政府以此为借口决定增兵华北，扩大侵华战争。

日本政府关于“七七”事变的这一说法，是中日战争时期日本社会相对普遍、固定的看法，并经媒体反复宣传，似乎日军真是“被迫应战”“师出有名”，其实事变的日方亲历者也不认同。“七七”事变一周年之际，《朝日新闻》组织事变相关者以书面形式参

---

① 近衛文麿：《失われし政治——近衛文麿の手記》，東京，朝日新聞社1946年版，第121页。

② 外務省編：《日本外交年表並主要文書》下，東京，原書房1966年版，第366页。

加“卢沟桥事件一周年回顾座谈会”，从6月28日至7月8日连续发表参加者的回忆性文章，“佐证”、重复日本政府的观点。1938年7月，牟田口廉也在《大陆》杂志发表《谈卢沟桥事件的真相》；1941年4月10日，已升任陆军中将、第十八师团长的他，又在日军内部资料《关于卢沟桥事件开端的真相》中，发表《中国事变爆发时之真相及其前后情况》，坦率地承认根据他对事变之前北平军政要员的“监视”和“调查”，当事变爆发之时中国军政要员既未惊慌失措，也未有任何全面行动，不认为“七七”事变是中方“有计划”的行为。1941年7月，一木清直在偕行社编纂部组织的“卢沟桥事件回顾——中国事变四周年纪念座谈会”上，指出他是根据牟田口联队长的命令，在找到“失踪”士兵志村菊次郎后坚持强硬交涉，以免降低“皇军”威信[①]，其实就是“挑衅”，制造扩大侵华战争的“事端”。1944年日本败局已显，此时懊悔不已的牟田口廉也，常常对人说：“大东亚战争，要说起来的话，是我的责任，因为在卢沟桥射击第一颗子弹引起战争的就是我，所以我认为我对此必须承担责任。”[②] 坦承了“七七”事变的真相和自己的战争责任。

然而，战时日本政府颠倒是非、漏洞百出的“七七”事变观，在媒体包装下大行其道，对日本各界的“七七”事变认识产生了广泛影响，甚至可以说延续至今。日本战败投降之际，外务省率先焚烧“极秘记录”。[③] 陆军省从8月14日至16日连续焚烧“机密”文件，同时要求其他政府机关和民间机构焚毁重大军政决策文件，以

① 安井三吉：《卢沟桥事变与牟田口廉也》，《抗日战争研究》1999年第2期。

② 児島襄：《太平洋戦争》下，東京，中央公論社1975年版，第119页。

③ 外務省百年史編纂委員会編：《外務省の百年》下，東京，原書房1969年版，第1295—1297页。

消灭证据。[①] 因此，“七七”事变相关的重要决策资料并不多见，目前主要是第三大队、第一联队的“战斗详报”，以及《中国驻屯军步兵第一联队史》《战史丛书中国事变陆军作战》等图书著作和个别亲历者的口述与回忆。这种核心资料的有限性，既给战后日本学界研究“七七”事变带来不便，也给保守学者、右翼分子歪曲“七七”事变留下了“无限发挥”的空间，从而使原本事实清楚的“七七”事变，在战后日本媒体的宣传下如同谜一样，众说纷纭。

二、战后的认识多元化

战后东京审判判定日本陆军“计划、煽动、实行”了“七七”事变，对日本人重新认识和反思这一事变产生了一定影响，不少人不再认为这是中国方面“有计划”的行为，但仍有人故意歪曲事实，将“七七”事变归咎于中国驻军的“非法射击”。随着朝鲜战争爆发和日本经济的恢复，日本右翼势力“死灰复燃”，一些原日军参谋或士兵在20世纪五六十年代出版了一批“战记读物”、战史著作和回忆录，虽碍于东京审判的结论和历史事实不再宣称中方“有计划”地挑起“七七”事变，但强调中国军队的“非法射击”引起了这一“突然事件”。1953年至1956年，战时陆军参谋服部卓四郎，利用战败时掩埋的资料，出版了《大东亚战争全史》（鳟书房），不仅为战后被盟军总司令部禁用的“大东亚战争”这一带有日本军国主义色彩的战争称谓“正名”，而且声称中国军队对正在卢沟桥演习之日军的“非法射击”导致后者“被迫应战”，因而

① 吉田裕：《現代歴史学と戦争責任》，東京，青木書店1997年版，第129—134页。

“七七”事变对日本而言“是一次突然发生的事件”，否认日本陆军的“计划”与“煽动”。

父亲作为陆军司政官战死菲律宾的秦郁彦，曾在东京大学跟随丸山真男学习战争史，后因确诊肺结核而休学一年，但就在休学期间，他到巢鸭监狱直接与被收监的包括甲级战犯在内的原陆、海军人进行交谈，获得一些资料，在1961年出版《日中战争史》。他在书中引用《清水节郎笔记》，认为中国军队数度向演习之日军“非法射击”，一再“挑衅”日军，导致“七七”事变爆发[①]，该书已经河出书房新社发行3版、原书房发行1版，在日本社会具有一定影响力。1987年，即“七七”事变50周年之际，他又片面摘取原驻守宛平城之第二十九军第三十七师第二一九团第三营营长金振中回忆的士兵动员讲话，推定“枪击”第八中队、打响“卢沟桥第一枪”的，是第三营“第十一中队中队长耿锡训大尉”，且认为其“准确度当在95%以上”。随后，秦郁彦轻率地分析说：看着日军演习就在眼前，堤防阵地上的中国下级官兵对敌意和恐怖的兴奋，加之夜间测定距离的误差、接受命令的条件反射等，“开枪并非不可能”，后又肯定地说中国军队“受集合号声的刺激产生了条件反射开了枪，但发现日军没有进攻，便停止了射击”，且武断地认为金振中虽得知部下开枪，但为逃避违反命令的责任，只能坚持“没有开枪”说。他宣称第二十九军士兵偶然开枪说，已是日本学界的“定论”。[②]

① 秦郁彦：《日中戦争史》，東京，河出書房新社1961年版，第164—167页。

② 秦郁彦：《盧溝橋事件の研究》，東京，東京大学出版会1996年版；秦郁彦：《中国に“盧溝橋事件は日本軍の謀略で戦争が始まった”と言われたら》，中嶋嶺雄編：《歴史の嘘を見破る日中近現代史の争点》，東京，文春新書2006年版，第99—106页。

“七七”事变时任日本驻华大使馆武官辅佐官、后曾任参谋本部中国课课长、中国派遣军副总参谋长的今井武夫，在1964年出版《中国事变的回想》，虽也认为中国军队的“非法射击”挑起事变，但又隐隐约约透露是日本军国主义的长期策划和阴谋使然。他从1937年6月近卫文麿组阁和日中关系的“险恶”处境出发，特别是陆军省军事课的冈本清福，受石原莞尔等人的秘密委托，视察中国驻屯军青年军官的动态，防止在华北重演“柳条沟事件”等异常行为中，有所察觉华北局势的危险。因为“那时候，东京政界的消息灵通人士中，流传着这样的谣言：七日深夜会在华北重演柳条沟事件”，所以无论日本政府还是军部的“一部分消息灵通人士，似乎就不约而同地秘密派人去考察了一番”。1937年7月6日晚，今井武夫受邀到原国务总理靳云鹏的秘书长陈子庚家赴宴，“巧遇”冀北保安总司令石友三，而石友三突然表示若中日冲突，希望日军不要进攻他的部队。今井武夫事后感慨，若将石友三的话与东京的消息灵通人士中流传的谣言，“只是看成单纯的不谋而合”，那么未免太巧合了[①]，暗指东京方面的策划与准备。

战后日本右翼分子不仅否认日军的“计划”和“煽动”，而且胡说“七七”事变是中国共产党的“阴谋”。原中国驻屯军第二联队陆军中尉桂镇雄，在东京审判期间为混淆视听，曾向记者表示“七七事变的当事者是中国共产党”，他们派人在7月7日夜潜入对峙的中日两军之间同时向中日双方开枪[②]，挑起事变。自称被中国人民解放军第四野战军收留的葛西纯一，在返回日本后声称中国人

---

① 今井武夫：《支那事変の回想》，東京，みすず書房1964年版，第8—12页。

② 桂鎮雄：《盧溝橋事件　真犯人は中共だ》，《文藝春秋》1988年第7号，第132—133页。

民解放军总政治部发行的《战士政治读本》中，记述了刘少奇遵照中共中央指令指挥一部分坚持抗日救国的学生制造了“七七”事变。[①] 冈野笃夫指出“七七”事变是7月7日晚至8日晨之间的事情，而当时在延安的中共中央却于8日向全国发出了《中国共产党为日军进攻卢沟桥通电》，如此迅速显系“事先准备”，认为这就是中国共产党“阴谋”制造“七七”事变的证据。[②] 坂本夏男根据平尾治自费出版的回忆录——《某特种情报机关长：我的短暂青春》，“绘声绘色”地描述了中国驻屯军的特种情报班，在7月7日深夜截获一份从北京大学院内发往延安的紧急无线电报，且连续三次以明码发报，内容是“成功了”，虽然发报者、情报源和情报路径不详，但“成功”地挑起了中日两军的冲突[③]，以此“旁证”中国共产党“阴谋”制造了“七七”事变。

这些毫无根据的“推测”，纯属胡乱编造，自然错误百出，不用说日本进步学者，就是保守学者也不以为然，公开批驳其荒谬与错乱。秦郁彦指出中共中央北方局书记刘少奇、组织部部长彭真等人，在1937年4月返回延安，出席5月的全国代表会议和白区工作会议，而“七七”事变时他们仍在延安，不可能现场“指挥”和“阴谋”制造事变；至于中国共产党签署日期为7月8日的全国通电，实际上真正发出时间为7月12日或13日，批评以所谓迅速发表通电作为中国共产党打响“七七事变第一枪”的论据是没有道理

① 葛西純一：《新資料　盧溝橋事件》，東京，成祥出版社1975年版，第6—7页。

② 岡野篤夫：《盧溝橋事件——日中開戦の実相》，東京，旺史社1988年版，第282、283页。

③ 坂本夏男：《盧溝橋事件勃発についての一検証》，東京，国民会館1993年版，第17—18页。

的。[1] 于是，一些右翼分子又根据“七七”事变时任北平特务机关辅佐官寺平忠辅的回忆，诬蔑中国共产党指挥以清华大学为主的抗日救国学生，潜入中日两军交战地带，燃放爆竹以刺激中日军队，企图扩大事态[2]，将中日战争扩大化的责任栽赃给中国共产党。山内一正更是荒唐地说：周恩来总理在中华人民共和国成立的 1949 年 10 月 1 日，宣称是中国共产党人在日军与国民党军之间开枪，导致他们互不信任，阻止他们签订停战协定，所以才有今日之胜利。[3] 当有人要求他出示这一“论点”的证据时[4]，至今也未见他提供任何证据。

还有些右翼分子“独辟蹊径”，胡乱联系，将扩大中日战争的责任归咎于共产国际和张克侠的“对日作战计划”。波多野乾一在《中国共产党史　资料集成》中，记述了“七七”事变爆发后共产国际发给中国共产党的所谓“指令”，即“力避局部解决，引向日中全面战争”；“使用一切手段，暗杀对日妥协、背叛中国解放运动的要人”；“将反日运动扩大到全国”；“红军协助国民政府开展游击战”等[5]，但保守学者绞尽脑汁、使出浑身解数至今也未发现这份“指令”原件，以致秦郁彦不得不承认该“情报出处不明”，“难辨真伪”[6]，难以证明中日全面战争是共产国际的“阴谋”所为。更为

---

① 秦郁彦：《昭和史の謎を追う》上，東京，文藝春秋社 1993 年版，第 167—170 页。

② 寺平忠輔：《盧溝橋事件——日本の悲劇》，東京，読売新聞社 1970 年版，第 286—287 页。

③ 山内一正：《“唐決”を嗤って過ごせるか》，《動向》第 1539 号，1994 年 5 月。

④ 安井三吉：《盧溝橋事件研究の現状と課題》，《歴史科学》第 195 号，2008 年 12 月。

⑤ 波多野乾一編：《中国共産党史　資料集成》第七卷，東京，時事通信社 1970 年版，第 334 页。

⑥ 秦郁彦：《盧溝橋事件の研究》，第 280 页。

荒谬和大胆的右翼学者中村粲，认为身为中共秘密党员的第二十九军副参谋长张克侠，制定了“以攻为守”的积极“对日作战计划”，即将第二十九军的10万兵力编为几个集团军，分为北京、天津、察哈尔三个战区，然后歼灭分散配置于各个地区的日军，趁机出兵山海关，收复关外失地，而这一作战计划获得了中共中央的“同意”和“支持”，张克侠便积极推动宋哲元和第二十九军官兵的抗日行动。中村据此“推论”：“七七”事变偶然的“非法射击”，源于中共中央“同意”张克侠的这一“对日作战计划”。[①]

神户大学教授、知名进步学者安井三吉，曾长期研究“七七”事变，尖锐地批判日本右翼分子所谓“七七”事变是中国共产党的“阴谋”说。他指出若以张克侠的“对日作战计划”作为中国军队“阴谋”挑起“七七”事变的证据，那么中国驻屯军司令部在1936年制定的《昭和11年度华北占领统治计划》作为日军“阴谋”说不是更有说服力吗？同理，以国民政府参谋部制定的《民国廿六年度国防作战计划》作为国民政府“阴谋”说不是完全可以吗？认为以张克侠的“对日作战计划”作为中国共产党“阴谋”说[②]，完全不符合历史事实。针对所谓“旁证”中国共产党“阴谋”说的“成功了”三字明码电报，安井三吉指出这封电报并非平尾治亲自“旁听”，而是多年之后从其上司秋富繁次郎处听说的，且中国驻屯军相关人员的回忆录、文件中，均未发现这份电报的任何线索；日军演习之“空弹射击”与所谓“实弹射击”之间仅仅几秒钟，最多也不过几分钟，而此后至8日晨3时25分之间中日两军并未发生

① 中村粲：《大東亜戦争への道》，東京，展転社1990年版，第394—396页。

② 安井三吉：《盧溝橋事件に関するいわゆる“中国共産党計画”説》，《季刊中国》第32号，1994年6月。

“冲突”，“7月7日深夜”怎么就能发报说“成功了”？对于如此重要的联络，中国共产党人怎么可能用“明码”且反复发报？[①] 更关键的是，直到1941年2月，日军才能破解中共一部分密码。[②] 因此，以虚构的“成功了”三字电报，作为中国共产党“阴谋”说的论据显系“脱离历史实际的臆想”。[③]

安井三吉考察了“七七”事变的发端与经过，分析了《中国共产党为日军进攻卢沟桥通电》的来龙去脉及其传播路径，指出该通电实际发出时间是7月13日[④]，强调由于尚未判明究竟是谁开了“七七”事变“第一枪”，认为中国共产党“阴谋”说与日军“阴谋”说“都是错误的”，推断这一事变对于中日双方而言都是“偶然发生的事件”。不过，他的“七七”事变“偶发”论与保守学者截然不同。首先，安井三吉的“偶发”论以承认侵华战争性质为前提；其次，确认日本在“七七”事变之前已经制定武力侵占华北计划，而“七七”事变是在此背景下“偶然发生的”；再次，日本应对“七七”事变扩大为中日全面战争负责；最后，强调“七七”事变“第一枪”的存在及其导致事变的作用，但对日本学界的第二十九军士兵开了“第一枪”的主流观点，因疑点较多“持保留态度”[⑤]，反映了其严谨治学的态度。他还提出了“七七”事变中迄今

---

① 安井三吉：《柳条湖事件から盧溝橋事件へ——一九三〇年代華北をめぐる日中の対抗》，東京，研文出版2003年版，第233—234页。

② 日本防衛庁防衛研修所戦史室編：《北支の治安戦》，東京，朝雲新聞社1968年版，第383页。

③ 安井三吉著，郎维成译：《卢沟桥事件的“发端”和所谓“中国共产党计划”说——与坂本夏男商榷》，《抗日战争研究》1997年第3期。

④ 安井三吉：《盧溝橋事件》，東京，研文出版1993年版，第286—287页。

⑤ 安井三吉：《柳条湖事件から盧溝橋事件へ——一九三〇年代華北をめぐる日中の対抗》，第181、198—199、204页。

为止难以解释的系列问题，如志村菊次郎“失踪”的真正理由是什么，牟田口廉也、一木清直命令部队出动是因为“第一枪”还是“一名士兵失踪”，这个“第一枪”是7月7日夜的“枪声”还是8日晨5时30分的“开战”等[①]，因而希望中日学者共同努力研究“七七”事变相关问题。

井上清、藤原彰、江口圭一等人的“七七”事变认识，与安井三吉相似。井上清根据清水节郎听到从中国军队方向传来“枪声”的回忆，指出实际上没有发现弹壳这样的客观证据，强调若真是中国军队开枪，为什么不趁机进攻日军？反倒是日军以中国军队“非法射击”为由立即进入战斗状态，并于翌日拂晓进攻中国军队。[②]藤原彰认为7月7日夜10时40分的“枪声”，是志村菊次郎因迷路走近中国军队阵地而引起的。[③]浅井纯指出7月8日晨3时25分的“枪声”，是因为向丰台传令的第八中队的两名士兵返回卢沟桥时因联系不上中队，误入中国军队驻守的龙王庙附近，遭到中国军队射击。[④]江口圭一也认可“枪声”的存在，承认“七七”事变后日本政府决定向华北派兵，以扩大侵华战争，但认为“七七”事变与“九一八”事变不同，并非日军计划或预谋挑起的，而是“偶发的事件”。[⑤]伊香俊哉指出日军以“士兵失踪”为由要求进入宛平城搜查，但在“失踪”之志村菊次郎平安归队后，仍强硬要求入城搜查，突出强调“中国军队射击”问题，目的是借机“对当地中国军

---

① 安井三吉：《盧溝橋事件再考：中国における“日本軍計畫”説をめぐって》，《東洋史研究》第55卷第4号，1997年3月。

② 井上清：《天皇の戦争責任》，東京，岩波書店1991年版，第106页。

③ 藤原彰：《昭和の歴史（5）日中全面戦争》，東京，小学館1988年版，第73页。

④ 浅井純：《新証言・盧溝橋事件“運命の銃声”》，《文藝春秋》1985年第8号。

⑤ 江口圭一：《盧溝橋事件》，東京，岩波書店1988年版，第37页。

队予以军事打击”[①]，这也被日本政府和军方“扩大派”视之为扩大侵华战争的“良机”。

战后日本右翼分子、保守学者、进步学者对“七七”事变的认识，既有相近之处，又有截然差别，甚至同一派属内部也不尽相同，非常复杂。如，他们大多否认“七七”事变的历史“必然性”，认为其对中日而言都是“偶然发生的事件”，但右翼分子胡编乱造，栽赃中国共产党“阴谋”制造“七七”事变。再如，日本各界大多认为存在“七七”事变“第一枪”问题，但主流观点是第二十九军士兵开了“第一枪”，个别右翼分子则诬蔑中国共产党派人潜入中日两军之间打响了“第一枪”，进步学者对究竟是谁开了“第一枪”持慎重态度。另如，即使保守学者也不认同右翼分子的“七七”事变是中国共产党的“阴谋”说，反而与进步学者一样反对和批驳这一完全脱离史实的奇谈怪论。当然，右翼分子、保守学者的“七七”事变认识，是建立在否认日本侵华战争责任的立场上，而进步学者则以承认侵华战争性质、确认日本侵华计划和承担侵华战争责任为前提，这是两者之间的根本区别。日本国内围绕“七七”事变的认识尚有如此差距和争论，中日学者共同研究“七七”事变的难度可想而知。

三、中日论争与共同研究

中日学者关于“七七”事变的学术对话，最初主要集中在“七七”事变爆发的必然性与偶然性方面。日本右翼分子肆意歪曲历史

① 伊香俊哉：《戦争の日本史22　満州事変から日中全面戦争へ》，第80—84页。

事实的荒谬言行自不必论，保守学者甚至进步学者的“七七”事变“偶发”论，都否认“七七”事变是日本的阴谋策动，这在中国学者看来就是割裂近代日本既定之“大陆政策”和发动侵华战争的历史连续性，就是否认“七七”事变和日本侵华战争的历史必然性，就是推卸日本侵华战争责任，因而不仅批判右翼分子和保守学者，而且对井上清、藤原彰等进步学者的“偶发”论也持批评式的“商榷”态度。中国学者指出“七七”事变发生在中国，纠缠谁开了“第一枪”没有意义，即使有人放了“第一枪”也并非中国人，而是日本人；强调“七七”事变是日军蓄谋已久的行动，是实施其既定侵华计划的重要一环，目的就是要挑起全面侵华战争。[1] 1987年7月，刘大年等中国学者赴日参加“七七”事变50周年中日学术讨论会，而整个讨论会前提就是：“七七事变开端的中日战争，是日本全面侵略中国和中国抗日民族自卫战争。”[2] 在确定日本侵略战争性质的基础上展开热烈讨论，广受关注。

然而，随着日本历史教科书事件、首相参拜靖国神社等历史认识问题，逐渐成为影响中日关系的制约因素，中日学者围绕“七七”事变的一些具体问题展开了更加广泛的讨论。曹振威针对日本保守学者的片面观点或不实之处，指出究竟是谁在“七七”事变中首先开枪的问题“可以继续研究”，但在没有任何可信资料证明的情况下，污蔑“中国军队非法射击”，这是毫无根据的推测，“十分荒唐”；鉴于牟田口廉也、一木清直辩解“失踪”士兵志村菊次郎平安归队后，日军之所以继续强硬要求入城搜查和发动对中国军队

---

① 荣维木：《卢沟桥事变研究综述》，《抗日战争研究》1992年第3期。

② 刘大年：《从京都到东京——记卢沟桥事变50周年中日学术讨论会》，《中共党史研究》1988年第1期。

的攻击，是为了维护日军“军威”，甚至日本学者将之美化为维护日军的“面子”，他批评这是“毫不讲理的强盗逻辑”，以所谓“面子”“军威”为日军侵华行动辩解是“别有用心”，强调“七七”事变是“华北日军”捏造事实、隐瞒真相，“制造中国军队向其挑衅的假象，把事态一步步引向恶化”[①]，最终导致中日全面战争。孙立祥指出日本右翼分子为推卸“七七”事变责任，荒谬地提出“七七”事变“中共责任说”“国民党责任说”“共产国际和苏联责任说”，实际上“七七”事变是日本“大陆政策”的既定步骤[②]，是日本全面侵华战争的开端。

长期从事“七七”事变研究的曲家源，曾就日军“士兵失踪”、“七七”事变的计划性等问题与日本学者江口圭一、安井三吉进行“商榷”。他认可江口圭一、安井三吉对 7 月 7 日夜至 8 日晨日军寻衅生变过程的描述，但指出这只是停留在问题的表面，需要弄清楚日军“士兵失踪”问题，究竟在日本发动“七七”事变中发挥了怎样的作用？于是，他通过梳理“七七”事变的史实，得出结论：“士兵失踪”是日军侵华行动计划中的重要一环，而作为“失踪”士兵的志村菊次郎自动停止“失踪”计划，短短 20 分钟后便平安归队，结果使日军失去了进入宛平城搜查的理由，此后日军就撕下这块“遮羞布”，炮轰宛平城，发动了“七七”事变。[③] 1999 年，曲家源针对安井三吉的《卢沟桥事件再考：围绕中国的“日军计

---

① 曹振威：《卢沟桥事变爆发真相辨析》，《军事历史研究》1996 年第 4 期。
② 孙立祥：《日本右翼势力的“自卫战争史观”辨正》，《东北师大学报》2004 年第 6 期。
③ 曲家源：《对“一士兵失踪”的考证——卢沟桥事变起因研究之一》，《近代史研究》1991 年第 3 期。

划”说》一文[①]，指出该文资料更加细密、立论态度更加明朗，但与中国学者争论的焦点问题也更加明确，即坚持“七七”事变“偶发”论，否认“日军计划”说。他在系统论证“七七”事变相关史实的基础上，认为“七七”事变“是以当年日本华北驻屯军参谋班为主的阴谋分子精心策划的产物”[②]，表示不能接受安井三吉的“偶发”论。

2003年，安井三吉出版《从柳条湖事件到卢沟桥事件——1930年代华北的日中对抗》一书[③]，受到中国学者关注。北京大学历史学系教授徐勇，认为该书资料丰富，既注重梳理和吸收中日学界的既有成果，又针对中日学界的不同意见呈现出独特的论辩视角，从分析日本政府和军部抹煞“七七”事变真相的政策与战略入手，深刻揭示了日本全面侵华战争的历史轨迹。同时，他指出安井三吉以承认日本侵华战争性质和战争责任为前提，判定“七七”事变为“偶然发生的事件”，既不容于顽固否认侵华战争性质和推卸战争责任的日本右翼分子、保守学者，也不被中国学者所接受，使其“一直处于两线‘作战’境地”，而这部著作就是“由论战催生的作品”。徐勇在不少问题上赞同安井三吉的观点，但认为该书忽略了中国学界强调的“七七”事变是日军的“挑衅（起)”说，陷入所谓“七七”事变“第一枪”的烦琐考据，导致其最后得出了

① 安井三吉：《盧溝橋事件再考：中国における“日本軍計畫”説をめぐって》，《東洋史研究》第55卷第4号，1997年3月。

② 曲家源：《再论日本发动卢沟桥事变的计划性——兼答安井三吉教授》，《抗日战争研究》1999年第4期。

③ 安井三吉：《柳条湖事件から盧溝橋事件へ——一九三〇年代華北をめぐる日中の対抗》。

“七七”事变“‘偶发’的不实结论”。[1]

在中日美等国学者组成的“中日战争国际共同研究”中，服部聪认为“七七”事变是在中日关系极其紧张状态下发生的，虽从战前日本开展的“华北分离工作”看似乎是日本挑起的，但实际上没有根据，且通过研究“七七”事变及日本之应对，发现不存在为发动中日战争由当地日军制造事变的事实，坚持“七七”事变“偶发”论，但承认日本对华武力威胁与没有和平解决事变的诚意是导致中日全面战争的最大原因。他指出战前日本将中国驻屯军增至5800人，并在北平部署一个联队，其中一个大队驻扎北平西南郊的丰台，而这个大队就是“七七”事变的当事者；更关键的是，中日两军之间时常冲突，且停战交涉不经外交部门而直接由当地日军与中国地方政权之间进行，往往是日军强硬而中国地方政权屈服，这已经成为“常态”，以致中国软弱成为不少日本人头脑中的固定形象。“七七”事变爆发后，“并非不可避免”的中日战争，却因日本政府没有强力推行和平解决事变的意愿和军部“扩大派”丝毫没有认识到中国民族意识的成长而走向了中日全面战争。[2]

随着中日学术交流发展和各国学者共同研究历史取得一些经验，中日两国决定从2006年12月开启政府间的“中日共同历史研究”工作，以缓和因历史认识问题而引起两国关系紧张和民众情绪对立，其中的一个难点便是对“七七”事变的认识。经由中日各10

---

① 徐勇：《评安井三吉新著〈从柳条湖事件到卢沟桥事件〉》，《抗日战争研究》2005年第1期。

② 服部聡：《盧溝橋事件から南京へ》，波多野澄雄、戸部良一編：《日中戦争の国際共同研究　2　日中戦争の軍事的展開》，東京，慶應義塾大学出版会株式会社2006年版，第74—78页。

名学者组成的中日共同历史研究委员会，以及该委员会聘请的多名“外部执笔者”的共同努力，至2010年1月完成“中日共同历史研究”第一阶段工作，就日本侵华战争性质和大部分史实达成共识，但在一些具体历史事件的认识上尚存分歧。如，日本学者在《中日共同历史研究报告》中，坚持“七七”事变的“枪击事件”是“偶然发生的”，而首次“枪击事件”之后“失踪”的志村菊次郎不久平安归队的消息迟迟未向大队报告，是导致此后事态严重的原因之一。他们认为中国驻屯军和关东军妄图以“七七”事变为“契机”推翻蒋介石政权和占领华北，“以占绝对优势的军事力量推动了此次事件的发展”，而日本陆军内部的“扩大派”主张对华“一击论”，并最终“超过‘不扩大派’”，占主导地位；原本“不希望事态扩大”的近卫首相，“相信如果表现出派兵的强硬姿态，按理说‘中国方面会屈服’”，于是无视当地中日两军的“停战交涉”，早早决定派兵华北，致使“其后的交涉工作变得困难”；日本媒体一边倒地鼓吹“膺惩暴支”，特别是借助通州事件宣传中国军队“残暴不法”，“在日本形成对中国采取强硬态度的舆论”，而“抗日气氛高涨也使得中国方面接受妥协的停战方式的可能性变小”①，结果是走向中日全面战争。

中国学者在《中日共同历史研究报告》中，认为“七七”事变是“由日军演习时的‘枪声’而引发的，至今为止并未发现有关‘枪声’来自何方的详实资料，因此，卢沟桥事变作为个案，它的发生可能具有偶然性”，但强调“七七”事变的发生“在很大程度

① 波多野澄雄、庄司润一郎：《日中戦争——日本軍の侵略と中国の抗戦》，步平、北冈伸一主编：《中日共同历史研究报告》（近代史卷），社会科学文献出版社2014年版，第268—271页。

上与日本的侵华政策相关”，“从历史的演变过程来看，卢沟桥事变的发生又带有必然性”，既一分为二又辩证统一地阐述了“七七”事变必然性与偶然性的关系。中国学者指出即使根据《辛丑条约》，丰台也非日军的“合法驻地”，何况“七七”事变之前日军在丰台频频军事演习，不断挑衅中国军队的忍受底线，强调不管如何辩解日本国内存在“扩大派”与“不扩大派”的争论，但事实是日本最终采取了扩大战争的方针[①]，这是日本侵华政策的必然结果。由此可见，中日学者都认为日本应对“七七”事变及其引起中日全面战争负责，但日本学者细分了中国驻屯军、关东军、日本政府和媒体的责任；在“七七”事变爆发的偶然性与必然性方面，中日学者的观点虽有所接近，但目前仍存有分歧。

为回应社会各界对“中日共同历史研究”的关心和疑惑，中日共同历史研究委员会首席委员步平、委员荣维木，邀请中日两国委员、“外部执笔者”和相关领域的知名学者，就中日历史上一些尚存分歧的重大问题继续“共同研究”[②]，其中就包括“七七”事变。对此，南开大学日本研究院教授宋志勇，指出“七七”事变具有“必然性与偶然性并存的特征”，即使日本学者在《中日共同历史研究报告》中认为引发事变的“枪击事件”具有“偶然性”，但也揭示了日本一步步走向扩大侵华战争的决策过程，“实际上也承认了事变扩大具有的必然性因素”。[③] 安井三吉根据中国学者在《中日共

① 荣维木：《日本的全面侵华战争与中国的全面抗日战争》，步平、北冈伸一主编：《中日共同历史研究报告》(近代史卷)，第110—111页。

② 刘晓欣：《中日历史认识的学术对话——基于中日历史共同研究对谈文章的理解》，《抗战史料研究》2013年第1辑。

③ 宋志勇：《中日共同历史研究与九一八事变后日本对华政策的几个问题》，《抗日战争研究》2011年第2期。

同历史研究报告》中对“七七”事变的描述，认为虽然附有条件，但毕竟承认了七七事变“第一声枪响”的“偶然性”的“可能性”，与他的观点又近了一步，肯定通过中日共同历史研究工作，“关于日中战争的问题，在一些重要且未达成一致的问题点中，有些分歧是在向着缩小的方向迈出了一步”。[①]

中日学界虽长期关注被称为中日局部战争转向全面战争“契机事件”的“七七”事变[②]，但直到20世纪七八十年代才就此开始中日学术对话、交流和共同研究。暂且抛开日本右翼分子、保守学者关于“七七”事变的无端猜测、瞎编乱造和胡乱联系，中日学界围绕“七七”事变爆发的偶然性与必然性、“七七”事变走向中日全面战争的原因，以及“七七”事变中的“第一枪”“士兵失踪”等具体问题，展开了学术讨论，加深了中日双方对“七七”事变的认识和理解，尤其是中日共同历史研究工作，更将这些问题的研究向前推进了一步，成为此后“七七”事变研究的学术基础，具有积极的社会意义。然而，安井三吉就“七七”事变列出9个迄今为止尚未得到合理解释的问题[③]，曲家源则从中国学者的角度提出8个问题[④]，这些问题既需要深入研究，更需要中日学界的广泛交流与探讨，才能不断缩小彼此关于“七七”事变认识的差距，扩大共识。

---

① 安井三吉：《稳定日中关系的可能性——从塘沽停战协定到卢沟桥事件》，《抗日战争研究》2011年第2期。

② 安井三吉：《盧溝橋事件研究の現状と課題》，《歴史科学》第195号，2008年12月。

③ 安井三吉：《盧溝橋事件再考：中国における“日本軍計畫”説をめぐって》，《東洋史研究》第55巻第4号，1997年3月。

④ 曲家源：《再论日本发动卢沟桥事变的计划性——兼答安井三吉教授》，《抗日战争研究》1999年第4期。

四、小结

“七七”事变爆发后，日本国内近乎一边倒地叫嚣“膺惩暴支”，将之视为出兵中国和扩大侵华战争的“良机”，并掀起捐款捐物、慰问“出征”士兵、请缨参军等“举国一致”的战争狂热。日本政府宣称“七七”事变是中方有计划的“武装抗日”，日本媒体更是散播中国军队的“残暴不法”和“不守信用”，鼓噪扩大对华战争。然而，战后东京审判判定“七七”事变是日本陆军计划、煽动和阴谋制造的产物，还原了“七七”事变的真相，对日本人的“七七”事变认识产生了一定影响。日本右翼分子诡称“七七”事变的“真凶”，是中国共产党，是国民党，是共产国际和苏联等，总之，不管是谁，反正不是日本。如此荒诞不经的说法，即使保守学者也不能接受，反而与进步学者一样批驳其错误言论。进步学者虽在“七七”事变的偶然性与必然性、事变中的“枪声”与“士兵失踪”等问题上，与中国学者的观点也不一致，但其与保守学者、右翼分子否认侵略战争性质、推卸侵华战争责任则截然不同，这也是中日学者开展学术交流和共同研究的基础与前提。

中日学者关于“七七”事变的学术对话和共同研究，目前具有以下几个特征。一是主要依据本国资料，各说各话。中日学者虽已认识到对方资料的重要性，但往往由于对方资料的开放程度、语言问题等客观困难，仍倾向于使用本国战时遗留的“七七”事变相关资料、本国亲历者的回忆录、口述资料等，自然容易得出本国既定的学术观点，这样的学术对话犹如两条平行线，总是难以靠近。二是在“七七”事变基本史实已明的情况下，中国学者倾向于定性研究，而日本学者更注重“第一枪”等具体问题的烦琐考证，导致双方关注点的错位与失衡。三是中日学者共同研究“七七”事变的成果较少，联合开展深入研究的难度较大，一个重要原因是“七七”事变核心资料的缺乏。因此，这需要中日学者从缩小彼此历史认识差距和维护中日和平友好关系的大局出发，一方面拓宽研究视野，广泛挖掘“七七”事变相关资料；另一方面努力克服学界既有观点的影响和本国史观的束缚，通过国际学术交流和共同研究，深入探索“七七”事变研究的未知领域，不断扩大学界共识，进而影响本国民众对“七七”事变、南京大屠杀等中日战争中的重要事件、重要人物、重要党派和日军暴行的认识。

第七章　日本人眼中的南京大屠杀

南京大屠杀，这一战时日军制造的人间惨剧已深深烙在中国人的历史记忆之中，但作为加害方的日本不仅没有形成反思战争责任的历史“共识”，反而出现右翼分子的“南京大屠杀”是“无稽之谈”“虚构”“幻影”等奇谈怪论，受到进步人士的谴责与批驳，形成了日本社会围绕南京大屠杀的“争论史”。[①] 日本民众由于政治立场、知识结构、生活阅历、战争体验等方面的不同，对于南京大屠杀或表示反省，或拒不悔改，或态度暧昧，在两者之间徘徊。[②] 原日军官兵的战场日记、原日本外交官和随军记者的回忆，战后日本的新闻媒体、图书论著、历史教育、司法诉讼等关于南京大屠杀的不同描述，体现了日本人不同的南京大屠杀认识。有学者梳理了战后日本人的南京大屠杀认识的变化轨迹，以凸显其背后日本“社会思潮与国民心态的走势”。[③] 但是，中国人如何看待日本人眼中的南京大屠

---

① 笠原十九司著，罗萃萃、陈庆发、张连红译：《南京事件争论史——日本人是怎样认知史实的》，社会科学文献出版社 2011 年版。

② 参见步平：《跨越战争——日本的战争责任认识》，社会科学文献出版社 2011 年版；徐志民：《战后日本人的战争责任认识研究》，社会科学文献出版社 2012 年版。

③ 刘柠：《日本人怎么看待南京大屠杀》，《炎黄春秋》2013 年第 6 期。

杀？这不仅反映了中国学界对日本人的南京大屠杀认识的关注与研究，而且体现了这一历史认识问题在中日关系中的特殊位置与影响。

一、从隐约知晓到公开报道

1960 年，南京大学历史系日本史小组开始调查研究南京大屠杀，并于 1962 年完成《日本帝国主义在南京的大屠杀》书稿，但直到 1979 年才出版，而此前“国内还没有一本记载这一事件真相的专门著作，有的仅仅是一些零星的报导、回忆，散见在各地报刊上”。[①] 这部新中国最早的南京大屠杀专著，特别提到洞富雄所编《中日战争史资料》第八卷《南京事件 I》和第九卷《南京事件 II》，肯定其站在正义立场谴责日本军国主义的暴行。此后，随着日本右翼不断掀起翻案逆流，日本教科书事件、首相参拜靖国神社等历史认识问题，逐渐成为影响中日关系的重要因素，中国学界开启南京大屠杀“研究热”，取得丰硕成果。[②] 其中涉及日本人的南京大屠杀认识的成果，主要集中于以下三个方面：1. 翻译日本学者甚至包括右翼分子的相关著作，2. 批驳日本右翼否认南京大屠杀的言行，3. 介绍日本社会围绕南京大屠杀的争论，但大多忽略了战时与战后初期日本人的南京大屠杀认识，甚至认为战时日本国民完全不知道南京大屠杀。

---

① 南京大学历史系：《日本帝国主义在南京的大屠杀》，南京大学出版社 1979 年版，第 2 页。

② 南京大屠杀研究成果丰硕，中国学界已发表 10 余篇学术综述，因后者往往涵盖前者，故仅举新近发表的两篇以证，余不赘述。如，陈红民、傅敏：《南京大屠杀研究的回顾与前瞻》，《抗日战争研究》2008 年第 4 期；朱成山、袁志秀：《南京大屠杀史研究三十年：1982—2012》，《南京大屠杀研究》2013 年第 2 卷。

诚然，由于战时日本严厉的新闻封锁、归国日军官兵的“禁口令”，以及一些日本作家和战地记者等“在国家认同路径下的虚假信息建构”[①]，导致日本国民当时确实不太了解南京大屠杀，但并非毫不知情。一是日本政府和军队上层早已获悉南京大屠杀的情况[②]，尤其是随着日军返回南京的日本外交官，将日军暴行和南京安全区国际委员会对暴行的“抗议”呈报于外务省。[③] 1938 年 1 月 17 日，外务大臣广田弘毅致电日本驻美使馆，其中提到南京大屠杀“死亡人数逾 30 万”。[④] 笠原十九司指出南京大屠杀期间，“日本政府、军方的领导人都在第一时间拥有了南京大屠杀的记忆”。[⑤] 二是日本《东京日日新闻》《鹿儿岛每日新闻》《大阪每日新闻》《鹿儿岛朝日新闻》等对向井敏明、野田毅进行“百人斩竞赛”的持续报道[⑥]，日本人对此不可能毫无所知。三是日本作家石川达三通过从上海到南京的调查采访，以参与实施南京大屠杀的日军官兵为原型创作了《活着的士兵》，发表在《中央公论》1938 年 3 月号上，虽于发售次日被禁，且石川本人也被判拘役 4 个月，缓刑 3 年。[⑦] 但是，有些人还是从各种渠道获知日军在南京暴行的一些消息[⑧]，以致“当时的多数

---

① 曾婷婷、周异夫：《国家认同路径下的虚假信息建构——林芙美子的南京大屠杀叙事》，《日本侵华南京大屠杀研究》2019 年第 3 期。

② 笠原十九司：《南京事件争论史——日本人是怎样认知史实的》，第 1—11 页。

③ 王卫星：《日本外交官对日军南京暴行的反应与应对》，《南京社会科学》2015 年第 9 期。

④ 黄舍骄：《日本前外相佐证南京大屠杀》，《世界知识》2000 年第 5 期。

⑤ 笠原十九司著，芦鹏译：《南京大屠杀的记忆与历史学——败战之后日本国民对历史的“遗忘”》，《南京大屠杀研究》2012 年第 2 卷。

⑥ 本多勝一、星徹、渡辺春己：《南京大虐殺と“百人斬り競争”の全貌》，東京，金曜日 2009 年版。

⑦ 经盛鸿：《日本一部反映南京大屠杀的纪实小说及其遭遇》，《钟山风雨》2009 年第 3 期。

⑧ 笠原十九司：《日中戦争時における日本人の南京虐殺の記憶と“忘却”（上、下）》，《季刊中国》第 84、85 号，2006 年 3 月、6 月。

国民，朦胧感觉发生过南京事件，但只是模棱两可的认识”。①

战后日本历史教科书和大部分著作，往往称战时日本国民完全不知道南京大屠杀，似乎平添了不少日本国民的无辜感，甚至暗含倘若日本国民知道南京大屠杀，便会站出来反对的凛然大义感。遗憾的是，事实并非如此。近代日本侵华史上制造了多次大屠杀事件，如甲午战争期间的旅顺大屠杀、1928 年 5 月出兵山东的济南惨案、“九一八”事变后的平顶山惨案等。当年日本人或多或少知道这些暴行，但从未见他们反对和谴责，反而欣然接受日本侵华战果，形成了蔑视中国、“膺惩暴支”的侵华战争狂热，而南京大屠杀不过是近代日本制造的历次大屠杀事件的延续和扩大。② 日本进步学者津田道夫在《南京大屠杀和日本人的精神构造》中，指出：“滥杀无辜，掠夺，以及令人酸楚的对女性的暴力——强奸、轮奸、杀戮，这一切都无疑暴露了日军官兵的人格崩溃。而且，后方日本大众的道德同样败坏，这可以说是前方败坏的基础。”因此，即使战时日本国民知道南京大屠杀的全貌与真相，也不可能站出来批判。③

日本国民在东京审判期间对南京大屠杀的报道与介绍，反应比较平静，既没有“晴天霹雳”般的震惊，也没有公开反对和拒绝，冷漠地接受南京大屠杀的事实，也佐证了津田的观点。战后初期日本经济衰败、物资匮乏、生活困苦，日本民众中普遍弥漫着一种战争受害意识，未能主动思考日本侵略战争带给受害国民众更大的灾难。石川达三的《活着的士兵》，于 1945 年 12 月由河出书房出版

① 笠原十九司：《南京事件争论史——日本人是怎样认知史实的》，第 51 页。

② 傅曾：《南京大屠杀与日本军国主义》，《近代史研究》1983 年第 2 期。

③ 津田道夫著，程兆奇、刘燕译：《南京大屠杀和日本人的精神构造》，香港，商务印书馆有限公司 2000 年版，“序言”iii、第 90 页。

单行本；堀田善卫从1953年开始，以《时间》为题，先后在《世界》《文学界》《改造》等三家知名杂志上发表主要描述南京大屠杀的长篇小说，且于1955年由新潮社出版单行本，但并未引起日本社会的强烈关注。[①] 东京审判前后，《朝日新闻》转载的战犯起诉书、发表的南京大屠杀相关文章、对中国南京审判的报道等，虽记述了战时日军的南京暴行，但如同三岛由纪夫在短篇小说《牡丹》中描述原日军官兵在南京的滥杀无辜一样[②]，只含有“呈现真实和历史反省的成分”[③]，却缺少对中国人加害责任的思考。

无论东京审判，还是新闻媒体对日军暴行的报道，都是美国开展“日本人再教育计划”的一部分，这是南京大屠杀进入战后日本人视野的重要原因之一。1945年12月8日，盟军总司令部命日本各大媒体连载，由美国战时情报局职员、盟军总司令部民间情报教育局企划课课长布拉特·史密斯执笔的《太平洋战争史——军国主义日本崩溃的真相》[④]，内含南京大屠杀一节。1946年2月17日，NHK开通广播栏目《真相盒》，其中也有南京大屠杀的内容。但是，这些内容毕竟有限，且“并不客观，充斥了虚假宣传的色彩”，关键是缺少中国受害者出面作证，受到不少日本人的质疑，“没有成为大多数国民的记忆”[⑤]，反而成为日后右翼分子否认南京大屠杀

---

① 徐静波：《〈时间〉：堀田善卫对南京大屠杀的解读及对中日关系的思考》，《日本问题研究》2013年第4期。

② 三島由紀夫：《牡丹》，《文藝》1955年第7号。

③ 李永东：《小说中的南京大屠杀与民族国家观念表达》，《中国社会科学》2015年第6期。

④ 吉田裕：《日本人の戦争観——戦後史のなかの変容》，東京，岩波書店1995年版，第31页。

⑤ 笠原十九司著，芦鹏译：《南京大屠杀的记忆与历史学——败战之后日本国民对历史的“遗忘”》，《南京大屠杀研究》2012年第2卷。

的所谓“证据”之一。美国的“日本人再教育计划”成效暂且不论，至少为战后日本出版关于南京大屠杀的小说、著作和自由报道创造了氛围与条件。于是，田中隆吉、石射猪太郎等出版了涉及南京大屠杀的回忆[①]，进步人士金子廉二呼吁日本民众认清自己在南京大屠杀中的责任[②]，1948 年石川欣一翻译美国驻日大使约翰·格鲁的《在日十年》中也有南京大屠杀的记述[③]，甚至南京大屠杀还进入了日本教科书。

二、教科书中的南京大屠杀

历史教科书既体现一个国家对待历史的态度，也反映其现实关怀和发展方向。美国主导下的日本民主化改革，大力铲除战前和战时日本的军国主义教育，避免日本再次成为美国的威胁，于 1947 年帮助日本制定了《教育基本法》，以培养建设和平国家和身心健康的日本国民为基本方针。因此，战后初期的日本历史教科书依据美国人的“太平洋战争史观”，在叙述日本侵略战争时，提到了南京大屠杀，但内容比较简单、笼统，往往是一句话，即“日军占领南京时实施了残杀行为”“日军在南京的残杀行为”“南京暴行等事件”。[④] 随着中国共产党在大陆的胜利和朝鲜战争爆发，美国为将日

---

① 田中隆吉：《裁かれる歴史敗戦秘話》，東京，新風社 1948 年版；石射猪太郎：《外交官の一生》，東京，読売新聞社 1950 年版。

② 金子廉二：《天皇の軍隊》，《人民評論》1946 年第 3 号。

③ Joseph Clark Grew 著，石川欣一訳：《滞日十年（上・下）》，東京，毎日新聞社 1948 年版。

④ 俵義文：《教科書攻撃の深層——“慰安婦”問題と“自由主義史観”の詐術》，東京，学習の友社 1997 年版，第 169 页。

本建成东亚防共的“防波堤”和反共的“桥头堡”，逐渐放松对日本右翼的压制，所谓“民主化改革”以虎头蛇尾收场。日本历史教科书从 20 世纪 50 年代开始出现以“进出”代替“侵略”的“改恶”趋势，家永三郎教科书诉讼案即是在此背景下发生的。

东京教育大学教授家永三郎编写的中学历史教科书《新日本史》，在 1963 年被文部省审定“不合格”，后经修改于翌年提交审查，结果仍有 293 处需要修改的地方，引起他的愤怒，遂以文部省的审查违背教育自由的原则，于 1965 年 6 月 12 日、1967 年 6 月 23 日、1984 年 1 月 9 日分别以日本政府、文部省、日本政府为对象提起三次诉讼。① 其中涉及南京大屠杀的主要争论点，是家永三郎在教科书的注释中指出日军占领南京后杀害了为数众多的中国军民，即“南京大屠杀”；文部省认为据此注释可以理解为日军实施了“有组织的屠杀”，要求“改正”，说明那是在“混乱”之中发生的事情。随着南京大屠杀研究的深入所提供的强大学术支持，1997 年 8 月日本最高法院作出终审判决，认定文部省关于“南京大屠杀”审定意见违法，责令政府赔偿家永三郎 40 万日元。家永三郎教科书诉讼活动，借助中日复交后“和平友好”的两国关系，促使 20 世纪 50 年代后日渐弱化或消失的南京大屠杀重回教科书，到 1984 年几乎所有的日本历史教科书都记载了这一历史事实。②

日本右翼攻击记述南京大屠杀的教科书是“自虐”，组织以原文部省教科书调查官村尾次郎为代表的“历史教科书编纂委员会”，在 1986 年由原书房出版高中历史教科书《新编日本史》，是为此后

---

① 步平：《家永三郎和日本教科书诉讼案》，《社会科学战线》1995 年第 5 期。

② 步平：《关于日本历史教科书问题》，《抗日战争研究》2000 年第 4 期。

扶桑社版、育鹏社版、自由社版、明成社版右翼历史教科书的原型，但受到多数高中历史教师的抵制。这种歪曲历史事实的教科书最高采用数是1989年的9357册。2016年降至4110册，占高中历史教科书采用率的0.08%。[①] 笠原十九司以扶桑社版的《新历史教科书》为例，分析其否认南京大屠杀的“招数”：一是以括号注解的形式说明日军占领南京后，普通百姓死伤较多，因为是括号中的内容，所以往往不太被重视，以此降低南京大屠杀的影响；二是通过“不过”这一转折词，强调关于南京大屠杀的真实性，因为资料上有疑点、众说纷纭，所以尚在争论之中，以此“虚化”南京大屠杀。但是，如此违背家永三郎教科书诉讼案判决的历史教科书，竟能通过文部科学省的审查，而那些越详细越正确记述南京大屠杀的教科书的采用率却有所下降。[②] 这个现象值得警惕。

1982年日本教科书事件以来，中国人对日本历史教科书记述包括南京大屠杀在内的侵华史实非常敏感，甚至不少民众误将日本历史教科书与否认南京大屠杀、歪曲历史事实划等号，而中国学界对这一问题的认识却越来越理性。孙智昌指出日本政府因教科书事件而公布“近邻诸国条款”后，日本历史教科书记载南京大屠杀的内容增多一些，但主要描述中国军民因此增强了抗战意识；在南京大屠杀的人数上以东京审判的20万人为上限，几乎没有一本承认30万人，甚至不少没有具体数字；与广岛、长崎原子弹爆炸的受害内容占据大量篇幅相比，南京大屠杀往往一两句，多则三四句，

① 俵義文：《日本会議の全貌》，東京，花伝社2016版，第25—26页。
② 笠原十九司：《南京大屠杀与教科书问题》，《江海学刊》2003年第1期。

如此容易混淆加害与受害、侵略与反侵略的战争性质。[①] 钟成发现绝大多数日本历史教科书虽涉及南京大屠杀，但往往一笔带过，甚至其注解长于正文，即使介绍中国的“30 万人”说，也会补充日本学者的不同观点。[②] 据报道，继现行教科书之后，日本各校 2017 年春季采用之新的世界史和日本史教科书都涉及南京大屠杀，但至于屠杀人数，文部科学省的审定意见仍是“存在多种说法”。[③] 其实，日本历史教科书对南京大屠杀大多采取“中性”立场，虽缺乏对侵略战争的深刻反省，但主流还是比较客观的[④]，这与日本社会的南京大屠杀肯定派、虚构派和中间派的争论有所区别。

三、三派“斗法”与二元“争论”

南京大屠杀虽作为历史记忆在日本传承，但并未成为日本国民的历史“共识”。如，战时随军记者铃木二郎、今井正刚、秦贤助等人，在战后初期就发表了一些关于南京大屠杀的回忆性文章[⑤]；平凡社于 1961 年出版的 10 卷本《亚洲历史事典》中，“南京事件”也占有 7 行的分量；1967 年日本进步人士新岛淳良访问南京后，连续发表几篇关于南京大屠杀的文章；洞富雄的《近代战史之谜》，

---

① 孙智昌：《“南京大屠杀”在中日历史教科书中的不同反映》，《学科教育》2000 年第 7 期。

② 钟成：《日本教科书中的“南京大屠杀”》，《高中生》2009 年第 23 期。

③ 宗和：《日本教科书写入慰安妇和南京大屠杀》，《共产党员》2016 年第 7 期。

④ 赵亚夫、张汉林：《日本历史教科书的几个重点问题——以中日战争的叙事为例》，《世界知识》2016 年第 2 期。

⑤ 谢雪桥：《对旅日爱国华侨杨启樵教授驳斥日本“南京大屠杀”案否定派的介绍与补充》，《抗日战争研究》1994 年第 4 期。

以大量篇幅介绍南京大屠杀[①]；《朝日新闻》记者本多胜一的《中国之旅》，也多次提到南京大屠杀。[②] 然而，那些原本就对战争责任没有什么反省的保守派和右翼分子，借助日本经济高速增长的实力和美国深陷美苏争霸、越南战争而无暇顾及的国际环境，掀起为侵略战争翻案的逆流。日本作家林房雄从1963年9月至1965年6月在《中央公论》连载《大东亚战争肯定论》；原日军第六师团随军记者五岛广作，在《熊本广播》1966年8、9、11月号上连载《六师团无事实》，否认南京大屠杀；铃木明从1972年在《诸君》上连载《"南京大屠杀"之虚构》，否认战时日军在南京的种种暴行。[③] 由此，南京大屠杀肯定派（亦称"屠杀派"）与虚构派开始延续至今的"争论"，进一步撕裂了日本国民的南京大屠杀认识。

肯定派与虚构派的"争论"中衍生了对南京大屠杀进行所谓"实证研究"的"过少评价派"，即"中间派"[④]，形成了三派"斗法"的局面，但主要仍是肯定派与虚构派之间的二元"争论"。笠原十九司指出到21世纪初日本社会关于南京大屠杀的"争论"，总体而言以虚构派的失败告终，但由于保守派政治家和右翼分子的反对，且试图从日本"国民的记忆"中抹除南京大屠杀，导致"争论"的双方至今各执一词、互不相让，"给人一种'半斤八两，都不咋样''泥潭中搏斗'的印象，使得大多数日本人逐渐退缩，最终成了旁观者。这也是南京事件的历史认识难以在日本社会形成固

---

① 经盛鸿：《历史的真实胜于诡辩和抵赖——与否定南京大屠杀的日本右翼人士斗争的历史回顾》，《南京社会科学》2012年第4期。

② 本多勝一：《中国の旅》，東京，朝日新聞社1972年版。

③ 徐志民：《战后日本人的战争责任认识研究》，第124、127页。

④ 秦郁彦：《昭和史の谜を追う》，東京，文芸春秋社1999年版。

定共识的巨大障碍。”[①] 高兴祖、王希亮、程兆奇、笠原十九司等，已详细介绍肯定派、虚构派、中间派关于南京大屠杀“争论”的来龙去脉和基本情况[②]，此处不再赘述。但是，一个值得注意的现象是虚构派将其否认南京大屠杀的“成果”译成英文，试图向英语世界扩大影响。[③] 不过，西方大部分历史学家以专业、客观的态度和严谨治学原则，抵制日本右翼对南京大屠杀的歪曲，逐渐主导了南京大屠杀研究在西方的发展方向。[④]

中国学界以史料为基础，坚持一切归真，批驳日本右翼否认南京大屠杀的错误言行。南京大屠杀罪魁祸首之一、甲级战犯松井石根的原秘书田中正明，在 1984 年出版《南京大屠杀之虚构》，1985 年出版《松井石根大将的阵中日记》，胡说南京大屠杀时南京人口仅有 20 万，进入南京的日本记者“从未”见到屠杀。高兴祖以当时南京的人口资料、国共两党报刊的报道和战后日本记者的回忆，指出南京大屠杀“不容抹杀”。[⑤] 李松林指出田中正明篡改松井石根的“阵中日记”900 多处，其中最严重的部分是占领南京前后的这

---

① 笠原十九司：《南京事件争论史——日本人是怎样认知史实的》，序言第 5 页。

② 高兴祖：《五十八年回顾：日本关于南京大屠杀事件的争论》，《南京大学学报》1995 年第 3 期；王希亮：《日本学术界“南京大屠杀事件”论争及各派论点评析》，《抗日战争研究》2006 年第 4 期；程兆奇：《南京大屠杀研究——日本虚构派批判》，上海辞书出版社 2002 年版。

③ 杨夏鸣、吴泽林：《日本屠杀虚构派“外宣”研究：现状与影响》，《南京大学学报》2013 年第 3 期。

④ 魏楚雄：《历史与历史学家：海外南京大屠杀研究的争议综述》，《历史研究》2009 年第 5 期。

⑤ 高兴祖：《“南京大屠杀”的史实不容抹杀——评田中正明的九点质疑》，《日本问题》1986 年第 4 期。

一章。[①] 章开沅以耶鲁大学所藏“南京安全区国际委员会”档案，指出当年日军控制下的新闻机构和今天的日本右翼是伪证制造者。[②] 张宪文以目前搜集的8国语言的4000多万字的南京大屠杀资料，揭批日本右翼的南京大屠杀“伪造论”。[③] 但是，日本右翼以伪证为“铁证”，以狡辩为学术，“检证”南京大屠杀的历史照片没有一张是“真实”的[④]，污蔑南京大屠杀是“20世纪最大谎言”。[⑤] 中国学界清楚他们抹杀南京大屠杀的伎俩和目的，但不可能将之彻底击碎，因为“你永远都无法叫醒一个装睡的人”。

中国学界联合清醒的日本进步人士，共同传承南京大屠杀历史记忆。一是向中国介绍日本进步学者的南京大屠杀研究成果。如，洞富雄的“定本”《南京大屠杀》《南京大屠杀之证明》等出版后，很快就被介绍到中国[⑥]；津田道夫的《南京大屠杀与日本人的精神构造》，被称作是“无惧地解剖日本人的精神世界”的著作。[⑦] 笠原

---

① 李松林：《日本学者田中正明篡改松井石根的〈战中日记〉——兼驳田中正明的“南京大屠杀之虚构”论》，《北京师范学院学报》1987年第3期。

② 章开沅：《到底是谁在制造伪证？——驳田中正明著〈南京大屠杀之虚构〉对贝德士的诋毁》，《历史研究》1999年第2期。

③ 张宪文：《驳日本右翼南京大屠杀“伪造论”》，《社会科学战线》2014年第8期。

④ 易青、曹必宏：《驳〈检证南京事件证据照片〉——南京大屠杀历史照片再检证》，《民国档案》2008年第1期。

⑤ 高洪：《欲盖弥彰的丑恶表演——日本右翼集会否定南京大屠杀事件评析》，《求是》2000年第5期；荣维木：《谁在制造谎言——评日本右翼的军国主义史观》，《求是》2000年第6期；经盛鸿：《镜头下的罪恶谎言——日本报刊对南京大屠杀的掩盖和粉饰》，《百年潮》2009年第5期，等。

⑥ 骆为龙：《揭露南京大屠杀“虚构论”的诡辩——评日本洞富雄教授的新著〈南京大屠杀之证明〉》，《日本问题》1986年第6期；高兴祖：《南京大屠杀是“无稽之谈”吗？——洞富雄著定本《南京大屠杀》是一本好书》，《中国民航学院学报》1987年第2期。

⑦ 程兆奇：《无惧地解剖日本人的精神世界——读〈南京大屠杀与日本人的精神构造〉》，《抗日战争研究》2000年第4期。

十九司的不少论著直接在中国发表。二是宣传日本进步人士、友好团体对南京大屠杀的调查采访、忏悔反省活动。1985年以来长期带领“铭心会”到南京忏悔和访问的松冈环，多次在中日两国举办南京大屠杀纪念活动，以促使“更多的日本人反省侵略历史”。[①] 三是支持日本老兵的南京大屠杀证言活动。一些日本老兵在战后出版或展示自己的战场日记，透露亲历或目睹之“南京大屠杀”。[②] 他们的证言活动遭到右翼分子的干扰和破坏，引发了一场著名官司——东史郎诉讼案。中国社会各界广泛关注和支持东史郎[③]，但东史郎最终败诉，反映了日本司法界对南京大屠杀认识的不足与局限。

日本进步人士与中国学界在南京大屠杀基本事实、日军残暴行为方面具有“共识”，但在屠杀人数、原因方面并非完全一致。如，日本进步人士根据现有研究成果和东京审判，一般认为南京大屠杀遇难人数是20万或10余万，但不排除今后根据新发掘资料增加遇难人数的可能性，而中国学界认为南京大屠杀遇难人数30万；在南京大屠杀的描述中，中国学界侧重介绍屠杀规模和残暴行为，强调日军官兵的战争罪行，而日本学界重在分析屠杀原因与人数争议。[④] 2010年初，《中日共同历史研究报告》公布前后，日本媒体

---

① 刘军国：《“让更多日本人反省侵略历史”——还原南京大屠杀真相的纪录片〈南京的松村伍长〉在日本三重县上映》，《人民日报》2014年7月14日。

② 吴绍沅、李一杰：《侵华日军山田支队士兵战场日记与日本国内关于南京大屠杀的论争》，《抗日战争研究》1998年第3期；李期耀：《〈南京大屠杀：日军士兵战地日记〉翻译出版》，《抗日战争研究》2019年第4期。

③ 汪平：《〈东史郎日记〉研究》，博士学位论文，华东师范大学，2003年；东史郎：《东史郎日记》，江苏教育出版社1999年版；孙宅巍：《日本“东史郎案件”——一场有关南京大屠杀的官司》，《民国春秋》1997年第4期。

④ 步平、北冈伸一主编：《中日共同历史研究报告》（近代史卷），第114—117、274—276页。

大肆宣扬中日双方在南京大屠杀遇难人数上的“鸿沟”，试图抹杀双方共同认定南京大屠杀作为历史事实这一重要成果。[①] 日本一些政治家常谓：“相信历史学家会对历史问题给予准确的叙述”，如今中日历史学家关于南京大屠杀研究得出了结论，而日本一些政治家、右翼分子却一仍其旧。如此，南京大屠杀研究之路任重道远。中日学者建议从多个视角出发，如实记述每位大屠杀受害者的悲伤与痛苦，建立南京大屠杀资料库，加强国际学术对话与交流，引导南京大屠杀记忆的传承与形成更加广泛的“共识”。[②] 这对于当前和今后的南京大屠杀研究颇有启发。

四、小结

南京大屠杀至今 80 余年，其间日本人关于南京大屠杀的认识发生了一些变化，具有鲜明的时代特点。一是深受东亚局势和中日关系影响。日本人战时隐约知晓南京大屠杀，在战后初期更加了解真相，但随着冷战开启和美国转变对日政策，对其关注度不断下降，直到中日复交前后一些日本人才再次关注南京大屠杀，而与之同时日本右翼否认南京大屠杀的言论也甚嚣尘上，终成影响中日关系和两国民众感情的障碍之一。二是日本社会围绕南京大屠杀，出现了肯定派、虚构派、中间派三派“斗法”与二元“争论”局面，

---

① 笠原十九司著，高莹莹译：《日中历史共同研究与南京大屠杀论争在日本的终结》，《抗日战争研究》2010 年第 4 期。

② 杨大庆：《国际历史对话与南京大屠杀研究》、笠原十九司：《日中历史共同研究与南京大屠杀论争在日本的终结》、张连红：《如何记忆南京大屠杀——中日共同历史研究中的学术对话》，《抗日战争研究》2010 年第 4 期。

虽延续至今，但南京大屠杀的事实越辩越明，被越来越多的日本民众所接受；无论日本政府的公开声明，还是绝大多数日本历史教科书，都承认南京大屠杀，这一结果是虚构派始料未及的。三是受到中国社会高度关注，刺激中国学界的南京大屠杀研究。

中国学界组建南京大屠杀研究机构和培养人才，出版南京大屠杀研究刊物和系列成果，基本形成以南京学者为主的中国南京大屠杀研究学派，而他们对日本人的南京大屠杀认识越来越理性的观察，既体现了中国学术的进步与发展，也为相关研究的深入和拓展提出了更高要求。一是从广度而言，我们既要将日本人的南京大屠杀认识置于长时段的历史中考察，思考他们对近代日本制造历次大屠杀的认识与反应，又要联系世界范围内的大屠杀事件，如亚美尼亚惨剧、奥斯维辛集中营屠杀等，对比加害方的战争责任认识与各国之间的历史“和解”。二是从深度而言，我们既要通过战场日记、文学作品、学术论著等，分析与解构日本人个体认识南京大屠杀的心灵世界，也要深挖战时日军集体残暴和战后日本社会三派“斗法”、二元“争论”的思想根源，以免其恶性基因重组。三是从面向未来而言，中日学术研究与对话似乎未能阻止日本政客、右翼分子在否认南京大屠杀的歧路上“狂奔”，日本人的南京大屠杀认识仍是影响中日关系和两国民众感情的一个重要因素。破解这一难题，非一朝一夕之功，非南京大屠杀研究一个领域可解，需要中日学界广泛合作，重点选择那些研究薄弱的领域，如日本海军在南京大屠杀中的所作所为、在侵华战争中的活动与作用，扎实研究、持续努力、相互交流、扩大共识、影响民众。

第八章　近代日本海军的侵华史

近代日本海军自明治初期创建以来，在不断发展、壮大的同时，成为日本对外侵略扩张的重要工具，特别是积极参与侵华战争，给中国人民带来巨大灾难。但是，战后日本学界关于近代日本海军侵华战争研究的不少成果，要么立场错误，为日本海军的侵略行径辩护①；要么“掩盖了一些重要史实，有些说法还有讹误”②，甚至出现日本“陆军坏”“海军好”的“海军史观”③，误导普通民众，企图抹杀近代日本海军的战争责任。中国学界虽不乏关于日本

---

① 参见外山三郎：《日本海軍史》，東京，吉川弘文館 2013 年版。

② 如，日本防衛庁防衛研修所戦史室編：《中国方面海軍作戦（1）》（東京，朝曇新聞社 1974 年版）即是如此，而樋口秀実的《日本海軍から見た日中関係史研究》（東京，芙蓉書房 2002 年版）等研究性著作，则对日本海军侵华史实叙述相对较少。参见李少军：《国民革命前日本海军在长江流域的扩张》，《历史研究》2014 年第 1 期；李少军：《论八一三事变前在长江流域的日本海军陆战队》，《近代史研究》2014 年第 5 期，此处不再赘述。

③ 吉田裕：《日本人の戦争観——戦後史のなかの変容》，第 145—148 页。

海军的研究成果[①]，但更侧重于研究日本陆军[②]，以至于对日本海军认识不清，乃至是“错误的”[③]，如在统计接收日本海军投降的单位与人数时，就遗漏了日本海军方面的高雄警备府。[④] 鉴于此，本章拟以近代日本海军从崛起到覆亡的发展历程为经，以其侵华准备、侵华活动和全面参与侵华战争为纬，重点厘清近代日本海军在侵华战争中所扮演的角色与作用，批驳关于日本海军战争责任的错误观点与认识，亦为中国探索建设世界一流军队提供历史借鉴与启示。

一、近代日本海军的侵华基因

随着新航路开辟和西力东渐，英、法、美、俄等国舰船从幕末

---

① 关于近代日本海军研究的代表性成果有，宋德玲：《日本海军的近代化》，《世界历史》1993 年第 2 期；吕晓勇：《日本近代海防思想与海军近代化》，《军事历史研究》2004 年第 1 期；黄力民：《二战时期日本海军的编制结构与指挥关系述略》，《军事历史研究》2011 年第 1 期；刘景瑜：《日本海军与国防方针的修订及外交政策选择(1922—1936)》，《北华大学学报》2011 年第 5 期；陈秀武：《文明视角下幕末维新期日本列岛的空间整合与海军建设》，《安徽史学》2016 年第 4 期；冯昭奎：《战前日本海军的“大舰巨炮主义”及其终结》，《日本研究》2016 年第 4 期；孙雪梅：《海军军歌与日本的海上帝国梦想》，《东北师大学报》2017 年第 5 期；黄虎清：《从明治维新到第二次世界大战日本海军与海洋扩张的研究》，硕士学位论文，江西师范大学，2007 年；范明辉：《日本海军近代化刍议——幕末至日俄战争时期日本海军近代化历程》，硕士学位论文，吉林大学，2007 年；裴鑫：《藩阀政治视角下的日本海军军令独立》，硕士学位论文，东北师范大学，2010 年。

② 陆伟：《卢沟桥事变前的日本海军与对华开战决策的形成》，《党史研究与教学》2002 年第 3 期。

③ 刘忠良：《南京攻略战中的日本海军》，硕士学位论文，南京师范大学，2011 年。

④ 黄力民：《中国战区接受投降的日本陆海军单位与人数考订》，《民国档案》2005 年第 3 期。

时期便经常游弋于日本列岛周围[①]，引起日本各界高度警惕，催生了近代日本的海防思想。如日本宽政时期著名政治学者林子平指出，日本是四面环海的“海国”，既有御敌于国门之外的优势，也有易遭外敌入侵的缺点，“为防御外敌入侵，就要靠水战，而水战的关键是大炮，抓好这两点，就抓住了日本国防的关键”。[②] 林子平的海防理论在当时并未被德川幕府接受，反而被狂热的侵略扩张分子佐藤信渊、佐久间象山、吉田松阴等所谓幕末“思想家”吸收。佐藤信渊狂妄地提出由日本天皇督率20万雄兵渡海亲征，先征服中国，而后再图东南亚、印度等地，目标是“全世界悉课为其郡县，万国之君皆可为其臣仆”[③]，即混同世界、统一万国。作为佐藤信渊得意门生的佐久间象山，认为国际关系没有公理，全凭实力，他信守丛林法则，强调日本只有成为世界一流强国，才能避免沦为西方的殖民地。[④] 佐久间象山的弟子吉田松阴承办私塾，招纳门徒，著书立说，疾呼：急修武备，购船造炮，“开垦虾夷”，“晓谕琉球”，使朝鲜“纳质奉贡”，“北割满洲之地，南收台湾、吕宋诸岛”[⑤]，宣扬侵略扩张思想，而维新名士高杉晋作、伊藤博文、山县有朋等皆出自其门下，这使得明治海军在建军之初就深受侵略扩张

---

① 参见《18世纪90年代—开国前夕西方列强船只来日活动简表》，邹小兴：《日本明治时代的海洋战略与海外扩张》，硕士学位论文，东北师范大学，2011年，第11页。

② 外山三郎：《日本海軍史》，第10页。

③ 佐藤信淵：《宇内混同秘策》，尾藤正英、島崎隆夫校注：《日本思想大系45　安藤昌益　佐藤信淵》，東京，岩波書店1977年版，第426—431页。

④ 佐久間象山：《省諐録》，家永三郎ほか：《日本思想大系55　渡辺崋山 高野長英 佐久間象山 横井小楠 橋本左内》，東京，岩波書店1982年版，第251、244页。

⑤ 吉田松陰ほか：《大日本思想全集》第17卷，東京，大日本思想全集刊行会1932年版，第219页。

思想的影响。

1868 年 3 月，明治政府公布《五条誓文》；4 月，明治天皇发表御笔信《宸翰》，宣称“开拓万里波涛，布国威于四方”[①]，强调建立和巩固以天皇为中心的中央集权制国体，表达了“雄飞海外”的强烈愿望。然而，此时的明治政府既未能建立起强大的海军舰队，也没有专门的海军管理机构。1868 年 1 月，明治维新政府由三职七科组成，其中七科之一的“海陆军务科”负责海军事宜。2 月，三职七科制改为三职八局制，海陆军务科改为军事防务局，原有职责不变。4 月，三职八局制改为太政官七官制，在七官中设有军务官，下辖海军局和陆军局，至此海、陆军分开管理。[②] 明治政府最初组建的海军，其军舰主要是从萨摩、佐贺、肥前、久留米、长门、筑前、安艺、土佐等藩分别征调而来，而在 4 月下旬“江户无血开城”[③] 后又没收了德川幕府的军舰。10 月，明治天皇谕令大力兴建海军。1869 年 5 月，明治政府招降盘踞五稜郭的原德川幕府海军副总裁榎本武扬，收编其残余海军舰队。此时，日本海军已有 16 艘军舰和 27 艘运输船。[④] 7 月，明治政府将太政官七官制改为二官六省制，军务官改为兵部省。1872 年 2 月 28 日，明治政府废除兵部省，分设陆军省、海军省，此后陆、海军各自独立发展。

---

① 明治文化研究会編：《明治文化全集》第 2 卷，東京，日本評論社 1928 年版，第 33—34 页。

② 外山三郎：《日本海軍史》，第 19 页。

③ 1868 年 1 月，伏见、鸟羽之战后，明治天皇发布东征讨伐德川幕府的诏书。德川幕府开明派幕臣、军事总裁胜海舟一边备战，一边与讨幕军代表西乡隆盛谈判，以保全德川幕府将军庆喜的性命和德川家名誉为条件，达成讨幕军和平占领江户城的协议。4 月，江户城未经战斗而开城投降，德川幕府统治结束，史称“江户无血开城”。此后，江户更名东京，明治天皇从京都迁往东京，使之真正成为日本首都。

④ 宋德玲：《日本海军的近代化》，《世界历史》1993 年第 2 期。

日本海军根据明治天皇大兴海军的指令，向外国订购军舰，同时自造舰船，建立海军征募制度，创办海军兵学校、水雷学校、海军财会学校、海军军医学校等系列院校，聘请外籍教官，派遣留学生，进行远洋训练，大力整顿海军部队[①]，为对外扩张准备条件。1874 年 4 月，羽翼尚未丰满的日本，悍然发动侵台战争。在清政府备战保台和当地居民的奋勇抵抗下，日本政府仍迫使清政府签订《台事专条》，勒索了 50 万两白银。[②] 尝到侵台战争“甜头”的日本海军，在对外侵略扩张的道路上越走越远。

1875 年 9 月，日本海军侵入朝鲜领海，挑起江华岛事件[③]，迫使朝鲜签订《日朝修好条规》，意在否定中朝藩属关系，但清政府通过出兵干预 1882 年 7 月的朝鲜壬午兵变，暂时挫败日本这一企图。明治政府大兴海军建设时的第一假想敌国，原本是不断东扩而威胁北海道和朝鲜安全的俄国，但随着中国阻止其侵略朝鲜半岛，将第一假想敌国调整为中国。[④] 1882 年 11 月，海军卿川村纯义为对抗中国海军，提出庞大的造舰计划，即从 1883 年开始的 8 年间，预计建造 5 艘大型舰船、15 艘中小型舰船、12 艘鱼雷炮艇。据此，日本海军从 1883 年至 1885 年自建和购买军舰合计 12 艘。1885 年 12 月，日本政府实行内阁制后，为缩小与中国海军的差距，又先

---

① 外山三郎：《日本海軍史》，第 20—33 页。

② 明治文化研究会編：《明治文化全集》第 11 卷，東京，日本評論社 1928 年版，第 146 页。

③ 1975 年 9 月，日本海军云扬舰、春日舰、第二丁卯舰驶入朝鲜江华岛海域调查、测量、挑衅和炮击朝鲜军民，并血洗永宗镇，迫使朝鲜签订不平等的《江华条约》，打开了朝鲜国门，史称“江华岛事件”或“云扬舰事件”。

④ 外山三郎：《日本海軍史》，第 36—37 页；许金生：《近代日本对华军事谍报体系研究 1868—1937》，复旦大学出版社 2015 年版，第 3 页。

后实施两期海军扩军计划：

一是海军大臣西乡从道于 1886 年发行 1700 万日元海军公债，督促政府批准关于建造 54 艘舰船的扩军计划，其中专门建造对付中国海军定远舰、镇远舰的松岛舰、严岛舰和桥立舰，分别于甲午战前的 1891 年、1892 年、1894 年建成服役。① 李鸿章鉴于日本侵略朝鲜、吞并琉球的咄咄逼人之势，试图通过北洋海军实施对日威慑，于 1886 年、1891 年两次派北洋舰队访问日本，结果非但没有慑服日本，反而刺激了日本大力发展海军的欲望和侵华野心。② 1887 年 2 月，日本参谋本部第一局局长小川又次大佐在其制定的《清国征讨方略》中，认为清朝海军虽“呈进步之势”，但以实力论之，则属“虚张声势”，提出日本陆海军协同发动全面侵华战争的方案，即以日本海军首先击败清朝海军，夺取制海权，然后运送日本陆军 6 个师团至华北，攻占北京及华北各地，同时海军配合陆军 2 个师团进犯长江流域，并强调为攻克长江沿岸需预先制造 30 多艘小汽轮，以便运送部队和装备，从而控制中南各省，扼住长江各口，实现分裂中国的罪恶目的。③

二是海军大臣西乡从道于 1888 年提出从 1889 年开始实施为期 5 年的造舰计划，预计建造大小舰船 46 艘。不过，这一计划最初未获批准，但被继任海军大臣桦山资纪继承，经内阁会议压缩造舰计划后，在明治天皇的大力支持下终获通过，最终决定从 1891 年起

---

① 外山三郎：《日本海軍史》，第 42—43 页。

② 参见苏小东：《李鸿章对日海军威慑战略与甲午海战》，《近代史研究》1994 年第 5 期；方堃：《北洋舰队 1891 年访日及其影响》，《安徽史学》1996 年第 3 期；韦玉娟：《北洋舰队与日本海军》，《军事历史研究》2002 年第 2 期。

③ 山本四郎：《1887 年日本小川又次〈清国征讨方略〉介绍》，《抗日战争研究》1995 年第 1 期。

的5年内建造5艘军舰，内含2艘巡洋舰，从而在甲午战前大大提升了日本海军实力。其实，1887年3月14日，明治天皇在给首相伊藤博文的谕令中，曾指出加强海防“一日也不可松懈”，并决定从皇室内库中拨付30万日元，资助海军建设。日本精英与民众也纷纷捐款，至同年9月已捐103.8万日元，这些捐款和天皇“赐金”全部被用于扩充海军军备。1891年北洋舰队的二次访日，给日本朝野特别是日本海军以“巨大的震动”。[①] 1893年2月10日，对此“深感忧虑”的明治天皇，决定在此后6年间每年从内库中为海军拨付30万日元，并要求各文武官员每人捐出薪俸的十分之一作为造舰经费。于是，日本海军掀起造舰高潮，到甲午战争前已拥有31艘军舰、24艘鱼雷艇，编成了联合舰队。[②]

日本海军在做好侵华军事准备的同时，还利用各种机会搜集中国情报。一是千方百计攫取日本海军舰船在华停泊地。如，1873年10月春日舰探航上海之际，井上良馨舰长与日本驻上海领事品川忠道联合寻求购地，后于翌年7月派遣海军军需官町田实一以日商名义，从英商手中非法购得上海浦东一块27亩多的沿江土地，“作为所谓‘海军省用地’”。[③] 二是借用护送、考察、研究或“警备”之名，派遣军舰侦察中国军情。1873年4月，明治政府派遣筑波舰、龙骧舰护送副岛种臣公使来华，先后停泊上海、天津港，沿途搜集各方面信息。11月，日本军舰至台湾近海测量，“考察”福州、厦门、香港、广州等地后，仍不时“回航”，且于1879年夏进

① 方望：《北洋舰队1891年访日及其影响》，《安徽史学》1996年第3期。

② 外山三郎：《日本海軍史》，第45—46、54页。

③ 李少军：《关于日本海军1874年在上海非法购地问题》，《晋阳学刊》2014年第2期。

入长江、汉江继续“研究”，并随时向海军省报告所获情报。中法战争爆发后，日本以保护“侨民”为名，于1884年首次派遣扶桑舰、天城舰来华“警备”，其实是为近距离观察中法战争，获取近代海战经验。此后，日本海军每年至少派遣一舰来华“警备”，遇有变故还会增派军舰，这些军舰成为一座座移动的谍报堡垒。[①] 三是以领事馆工作人员、留学生、船员、商人等各种名义，向中国沿海港口和江河湖道及腹深内地派遣专业谍报员，广泛搜集各类情报。

日本海军向中国派出的一批批谍报人员，在晚清中国人防谍意识淡薄的情况下大多“收获颇丰”，其中著名的海军谍报人员有曾根俊虎、今井兼昌、安源金次、松本有信等人。1874年9月，曾根俊虎奉命前往中国搜集情报以来，多次潜行中国各地，购买图书资料，广交各界名流，向海军省提交极具价值的《清国探视志略》《支那近世乱志》《诸炮台图》等，使甲午战前日本海军将佐对中国各海口炮台了如指掌。[②] 他侦察记录的一些路线，甚至在“七七”事变后仍被侵华日军所沿用。[③] 曾根俊虎因其对华谍报的“非凡成就”，不仅回国后受到天皇接见，而且被誉为日本海军的“中国通”和“中国问题先觉者”。1888年，海军大尉今井兼昌谎称自己是日本船员，潜入英国商船做水手，秘密测绘长江航道。同年底，海军大尉安源金次以留学生名义前往烟台芝罘侦察，结交当地文武官

---

① 许金生：《近代日本对华军事谍报体系研究1868—1937》，第263—264、266—267、270页。

② 林乐知著译，蔡尔康纂辑：《中东战纪本末》卷1，台北，文海出版社1980年版，第23页。

③ 颜剑明：《日本海军少尉笔下的清末浙江省石门、桐乡两县纪行》，《历史教学问题》2011年第2期。

员，公然“参观”中国军舰，暗中调查山东沿海军情，且获取中国海军“信号书”[①]，以至于海军省都“大为惊叹”。丁汝昌于1891年率领北洋舰队访日之际，海军大尉松本有信以日本驻芝罘领事馆书记生身份，谎称家人急病，请求搭船回国，竟获丁允许，松本利用住在舰上绘图室的机会窃取了大量机密情报。[②]

日本海军在完成对华开战的军事、情报准备后，只待日本政府的政治和外交安排，而1894年朝鲜东学党起义为日本出兵朝鲜和发动对华战争提供了机会。日本政府先是蛊惑清政府出兵朝鲜，继而按照1885年4月18日的中日《天津条约》也出兵朝鲜，但在东学党起义被平息后非但拒绝与清政府同时撤兵，反而增兵朝鲜，伺机挑起战争，并制定了海陆军统筹兼顾的对华作战方针，即日本海军首先寻机与清朝海军主力决战，夺取黄海制海权，继而视中日海战胜负情况拟定以下三种方案：一是日本海战获胜，陆军则越过山海关，长驱直入华北大平原与清朝陆军决战；二是海战胜负未决，日本陆军则占领、控制朝鲜，海军舰队重点控制朝鲜海峡制海权；三是日本海战失败，日本陆军全部撤离朝鲜，固守本土，海军舰队则专守日本近海防御。[③] 7月23日，日本海军联合舰队派出第一游击舰队，在丰岛附近海域袭击清政府运兵船，导致清军1200名官

---

① 海军“信号书”，主要指海军各舰船之间的联络信号，包括危急信号、辅助信号、地名信号、舰名信号、临时特约信号、通话信号等，每种信号又分为若干类，如通话信号分为保安、发现敌人、应急、敌情、临检缉拿、战斗、灯火、袭击、警戒、出入港、气象、演习等，是一套比较完整的信号体系。

② 東亜同文会編：《对支回顧録》下，第102、296、405页。

③ 藤村道生：《日清戦争——東アジア近代史の転換点》，東京，岩波書店1973年版，第78页。

兵和 14 门火炮葬身海底[①]，拉开了甲午战争序幕。随后，经过中日黄海海战、威海卫战斗，日本海军“成功”夺取制海权和配合陆军对华作战，而昔日曾让日本海军“担忧”的北洋舰队全军覆没，留给后人关于这一结果的无限遐想与反思。他们或研究甲午战争前中日海军力量对比，或比较甲午海战前中日海军的近代化，或探讨甲午战争期间中日海军战略问题，亦或考察近代以来中日海军军制[②]，都揭示了导致中日甲午海战结局的一些重要原因，甚至是根本性原因，但大多未明言或专门探讨日本海军对华蓄谋已久的战争准备及其侵华基因。

实际上，西力东渐背景下草创的明治海军，最初确实也有抵御西方侵略和维护民族独立的使命，但同时也继承了千百年来尤其是丰臣秀吉以来向中国大陆扩张的侵略野心。具体说来，一是近代日本海军深受各种侵略战争理论，如吉田松阴的“失之欧美，取之亚洲”的“取偿”论，大久保利通、木户孝允等明治维新初期实权派人物的“征韩”论，以及福泽谕吉的“脱亚入欧”论等的影响，从创建之初就具有强烈的对外扩张倾向，并付诸实践，相继发动侵台战争，挑起江华岛事件，吞并琉球，目标直指中国大陆。二是日本海军最初曾以危及自身安全的俄国为第一假想敌国，但从未放弃对中国的战争准备，且在壬午兵变后迅速将中国调整为第一假想敌

---

① 外山三郎：《日本海軍史》，第 64—65 页。

② 相关文章如关捷：《甲午战争前中日海军力量之对比》，《东北师大学报》1982 年第 1 期；高相国：《沉没的锚链——甲午海战前中日海军近代化之比较》，《军事历史》1999 年第 1 期；戚其章：《中日甲午战争中的海军战略问题》，《东岳论丛》1990 年第 5 期；张红军：《甲午战争中日双方海军战略比较考察》，《齐鲁学刊》1998 年第 5 期；姚锦祥：《十九世纪中晚期中日两国近代海军军制之比较》，《南京师大学报》1990 年第 1 期。

国，并为之悄悄做了10余年的军事准备。三是日本赢得甲午战争的胜利后，并未就此罢手，反而更加肆无忌惮地进行侵华活动，吞并中国、称霸世界的野心暴露无遗，这也是近代中国人坚持反抗日本侵略而日本海军不惜与世界为敌、发动太平洋战争的根本原因。可以说，近代日本海军是在侵略扩张思想影响下建立起来的，带有鲜明的侵华基因，并在侵华备战的实践中逐步发展壮大。

二、甲午战后的侵华活动

甲午战争不仅深刻改变了东亚延续千年之久的宗藩关系体制，而且引发新形势下东亚国际关系格局的连锁反应和剧烈变动，这是列强"新秀"日本所必须面对的局面。1895年4月23日，即《马关条约》签订后的第6天，在日本侵略者尚未来得及大肆庆祝之际，便发生了俄、德、法"三国干涉还辽"事件。日本以向清政府勒索3000万两白银"赎辽费"为条件，"归还"辽东半岛。不过，日本政府以中国在甲午战败后的赔款为原始资本金，一方面大力发展资本主义工业，另一方面再次以俄国为第一假想敌国而扩军备战，努力建造以6艘战舰和6艘巡洋舰为基础的"六六舰队"①，以图东洋制海权。经过10年"卧薪尝胆"，日本海军于1904年2月6日突袭仁川的俄国军舰和旅顺之俄国太平洋舰队，后经黄海海战和1905年的对马海战，击溃俄国海军。② 1905年6月7日，俄国沙皇尼古拉二世被迫接受美国斡旋日俄和谈事宜。③ 9月5日，日俄代

① 藤村道生：《日清戦争——東アジア近代史の転換点》，第209页。
② 外山三郎：《日本海軍史》，第79—95页。
③ 步平、北冈伸一主编：《中日共同历史研究报告》（近代史卷），第45页。

表签订《朴茨茅斯条约》，其中规定俄国将旅大租借地、长春至旅顺的铁路及其支线一切特权和财产转交日本，承认中国东北“机会均等”原则。[①] 可以说，在这场日俄争夺战中受伤最大的恰恰是“局外中立”的中国。

日本陆军在日俄战后初期仍将俄国视为头号假想敌国，但日本海军此后一直认为美国才是第一假想敌国。1907 年日本政府制定《帝国国防方针》，决定以日本陆军对俄军占据兵力优势的北进战略为主，以日本海军对美国海军在太平洋地区占有优势的南进战略为辅，实施全方位对外扩张[②]，这一方针其实就是发动世界性战争的指导方针。为此，日本海军提出了大规模扩军的“八八舰队”计划，即建造 8 艘战列舰、8 艘装甲巡洋舰作为海军舰队主力，同时辅之以若干巡洋舰和大小驱逐舰。但由于经费不足，先后经过“八四舰队”方案、“八六舰队”方案，直到 1920 年日本国会才通过完整的“八八舰队”预算案。[③] 随着日美在对华利益与太平洋地区霸权上的争夺日益激烈，1918 年日本政府修改《帝国国防方针》时，日本海军仍将美国视为最主要假想敌国。[④] 1922 年 2 月，华盛顿会议上签订的《限制海军军备条约》，规定美日海军主力舰总吨位比是 10∶6，打破了日本海军追求达到美国海军主力舰总吨位七成的愿望。1923 年日本政府再次修改《帝国国防方针》，海军自然认为第一假想敌国就是美国。但是，在这两次《帝国国防方针》修改

---

① 吴廷璆主编：《日本史》，南开大学出版社 1997 年版，第 523—524 页。

② 陈秀武：《战前日本的“海上帝国”建设与“文化共同体”构想》，《东北师大学报》2017 年第 5 期。

③ 外山三郎：《日本海軍史》，第 97—99 页。

④ 刘景瑜：《日本海军与国防方针的修订及外交政策选择（1922—1936）》，《北华大学学报》2011 年第 5 期。

中，中国却是仅次于美国的“第二假想敌国”。[①]

日本海军既不顾政府与英美在侵华问题上的“协调外交”，也未完全受《限制海军军备条约》《伦敦海军条约》和海军裁军会议的约束，积极发展没有条约限制的海军航空力量、辅助舰船、航空母舰，提升海军舰船的速度、装备与质量，推动政府在 1934 年 12 月 30 日宣布废弃华盛顿条约，且于 1936 年 1 月 15 日主动退出第二次伦敦海军会议。1936 年 12 月 31 日，《限制海军军备条约》和《伦敦海军条约》正式失效，宣告“海军假日”时代的结束[②]，标志着世界海军军备竞赛进入无条约时代。同年 5 月，日本政府第三次修改《帝国国防方针》，海军坚持认为日本的最大假想敌国就是美国，中国是“第二假想敌国”。8 月，日本“五相会议”确立“国策基准”：确保“帝国”在东亚大陆的地位，同时向南方海洋“发展”[③]，决定实施“南北并进”战略。此际，痴迷“大舰巨炮主义”的日本海军[④]，已编成拥有 10 艘航空母舰、12 艘战列舰、28 艘巡洋舰、6 个驱逐舰战队和 7 个潜艇战队的远洋作战部队，并继续建造巨型战列舰大和舰和武藏舰，实施海军补充造舰计划。[⑤] 如此强悍且以美国为最大假想敌国的日本海军，却从未忽视侵华战争准备和停止侵华活动。

---

① 许金生：《近代日本对华军事谍报体系研究 1868—1937》，第 15 页。

② 刘景瑜：《1935 年伦敦海军会议及对日本政局影响探析》，《历史教学问题》2016 年第 5 期。

③ 外務省編：《日本外交年表並主要文書》下，第 344 页。

④ 参见陈明：《“舰队决战思想”与日本海军装备建设》，《国防科技》2008 年第 2 期；冯昭奎：《战前日本海军的“大舰巨炮主义”及其终结》，《日本研究》2016 年第 4 期。

⑤ 外山三郎：《日本海軍史》，第 100、128 页。

日本海军自甲午战争后虽未将中国海军视为主要对手，但继续监视其动向、广泛搜集中国情报，图谋对中国海军的战争主导权，扩大日本海军在华势力，掠夺中国资源以支持其南进战略。为此，日本海军一是更加广泛地向中国各港口城市派遣谍报员，搜集中国海军和外国军舰在华的动向，以及当地政情、民情、外交、经济、交通等各种情报，以不同密级分别编号发往军令部。如，1896 年 2 月，海军大尉大立龟吉就奉命以日本驻上海领馆职员身份，秘密侦查中国海军建设情况和他国军舰在华动向。二是如同日本陆军一样向中国各地长期派遣“驻在武官”及其辅佐官，在当地开展情报收集活动。如，驻上海的加藤壮太郎武官积极收集辛亥革命爆发后的中国情报，从 1911 年 10 月 11 日至 26 日的短短 16 天，向国内发回 70 多份电报，报告革命军和清军动向、各地政局变化和要人言行。[①] 三是在华驻军的公开调查。如，1905 年日本海军占据旅顺以来，公开测量相关海域，绘制精确海图，组织“严寒航海”训练，监视东北海军行动，调查中外船舶出入东北各重要港口的动向。从 1927 年开始非法驻扎上海的海军特别陆战队[②]，成立利用无线电台截收中国各方通信的通信队和专门破译中国等国家密电的“X 机关”[③]，为日军获取了大量机密情报。

当然，日本海军挟东亚海军强国之威并利用《马关条约》《中日通商行船条约》等不平等条约，在中国海域和内河航道横冲直

① 许金生：《近代日本对华军事谍报体系研究 1868—1937》，第 105—127 页。

② 李少军：《论八一三事变前在长江流域的日本海军陆战队》，《近代史研究》2014 年第 5 期。

③ 许金生：《近代日本对华军事谍报体系研究 1868—1937》，第 243 页。

撞，其肆意调查和搜集情报的方式还有很多[①]，其中日本军舰的情报搜集与发送尤为特殊。日本海军在中国沿江沿海、内河分支和湖泊湾道，特别是长江流域实施常态化“巡航警备”，先后部署过“南清警备支队”“南清舰队”“第三舰队”“第一遣外舰队”。[②] 这些日本海军舰队根据所谓“警备”需要和海军大臣训令，发挥各类专业人才多、可以随时登陆“考察”、行动迅速、发报设备先进等特点，不仅能够随时调整情报搜集路线，而且可以将获取的重要情报立即发送回国，保证情报的时效性和价值。可以说，一艘日舰就是一个流动的谍报机关，而一个舰队就是一张立体谍报网。例如，1927 年 3 月 20 日，日本海军第一遣外舰队的军舰分布于上海、镇江、南京、青岛、芜湖、九江、汉口、长沙、宜昌、重庆、旅顺等地，但其旗舰利根舰从当天凌晨 4 时 30 分至下午 5 时 20 分就收到各舰发回情报 16 份。[③] 这些情报大多由军令部、海军省水路部，根据密级、类别等不同分类编辑，供日本海军使用和通报日本陆军省、外务省等相关部门，作为侵华行动的参考。

为维护在华日商“利益”和日本在华殖民权益，日本在华海军舰队或非法驻扎的特别陆战队，还直接干涉中国内政，插手中国革命，镇压中国民众的反日运动。如，日本海军利用中国辛亥革命内乱之机，派遣一支 47 人组成的海军“特别陆战队”占领汉冶萍公

---

① 许金生：《近代日本对长江航道军事谍报活动概述》，《民国档案》2013 年第 1 期。

② 参见李少军：《国民革命前日本海军在长江流域的扩张》，《历史研究》2014 年第 1 期；徐勇：《近代日本之扬子江扩张及其战争规划再研究》，《军事历史研究》2015 年第 1 期。

③ 根据《表 20　第一遣外舰队旗舰利根接受下属军舰电报情报（1927 年 3 月 21 日、23 日）》统计，参见许金生：《近代日本对华军事谍报体系研究 1868—1937》，第 276—285 页。

司重要铁矿区——大冶，同时既“收容”当时逃入日本驻南京领事馆的两江总督张人骏、江宁将军铁良等人，又“保护”那些具有潜在利用价值的革命党人。[①] 1916 年 5 月，日本海军一些退役军人参与中华革命党的行动，策划“策电舰事件”，企图夺取中国海军军舰，配合陆上革命军占领上海，结果以“不光彩的失败”告终。[②] 1923 年中国各界反对日本逾期拒不归还旅大租借地的运动风起云涌，日本海军向长江沿岸加派军舰，命令陆战队登岸“警备”，肆意驱离进行抗议活动的中国民众，甚至在长沙开枪打死两人，重伤 20 多人。[③] 1925 年五卅运动爆发后，日本海军立即增派军舰来华，命令海军陆战队登陆上海、汉口、九江、重庆等地，与欧美各国海军陆战队联合镇压该运动。为阻止国民革命和北伐，日本海军向上海紧急调派军舰和陆战队，使其上海驻军达到近 3000 人规模，成为仅次于英军的第二大外国军队。[④] 日本海军虽未能阻止北伐，但由此却在上海非法驻扎下来，不仅成为挑起 1932 年“一·二八”事变的主力，而且通过频繁的“军事演习”向国民政府施压，制造中日军事冲突的紧张气氛。

事实上，甲午战争以来，日本海军从未缺席过任何一次侵华行动。1900 年八国联军侵华之际，日本海军从谨慎出兵到积极行动，相继派遣爱宕舰、笠置舰、须磨舰、阳炎舰等出兵中国，并命常磐

① 李少军：《国民革命前日本海军在长江流域的扩张》，《历史研究》2014 年第 1 期。

② 小野信尔：《日本海军退役军人对第三次革命的参与——一场不了了之的起义》，中国史学会编：《辛亥革命与二十世纪的中国》，中央文献出版社 2002 年版，第 2145 页。

③ “中央研究院”近代史研究所编：《中日关系史料·军事外交交涉》，台北，“中央研究院”近代史研究所 1996 年版，第 335—336 页。

④ 《沪埠日军分队》，《申报》1927 年 4 月 10 日。

舰、吉野舰等5艘巡洋舰在中韩沿海警戒。[①] 第一次世界大战初期，中国政府宣布“中立”，但日本对此置之不理，出兵山东青岛，而日本海军更是派出12架飞机对青岛之德军实施侦查和轰炸，积极配合陆军作战。[②] 日本海军若宫舰在胶州湾争夺作战中先后出动舰载机49架次，投弹199枚，造成德军不小伤亡。[③] 骄横残暴的日本海军陆战队更是在中国领土上肆意进行军事行动，在1920年6月攻击湘军谭延闿部，在1923年10月袭击川军熊克武部，甚至在1930年至1932年间还与长江沿岸的中国工农红军多次交火。[④] 九一八事变期间，日本海军积极参战，于1931年12月27日派遣航空母舰“能登吕”前往青岛，出动舰载机侦查绥中、锦州一带，配合关东军作战。[⑤] 为转移国际视线，日本海军利用“上海日本僧人被袭事件”，在1932年1月28日晚挑起“一·二八”事变，向国民党第十九路军发起攻击，但受到顽强抵抗，后经四易主帅和日本陆军帮助，才迫使国民政府签订《上海停战协定》。[⑥] 不过，昭和天皇颁布了嘉奖日本上海派遣军的“敕语”[⑦]，进一步激励日本海军在

---

① 杨茜：《义和团时期日本海军初期行动解析》，《吉林广播电视大学学报》2015年第8期。

② 袁成毅：《日本陆海军对华航空初战及其影响（1931—1932）》，《历史研究》2014年第3期。

③ 高晓星：《侵华战争中的日本海军航空队》，《民国春秋》1996年第2期。

④ 参见李少军：《国民革命前日本海军在长江流域的扩张》，《历史研究》2014年第1期；李少军：《论八一三事变前在长江流域的日本海军陆战队》，《近代史研究》2014年第5期。

⑤ 日本防卫厅防卫研究所战史室编，天津市政协编译委员会译：《日本海军在中国作战》，中华书局1991年版，第84—94、112页。

⑥ 《上海停战协定》（1932年5月5日），复旦大学历史系日本史组编译：《日本帝国主义对外侵略史料选编　1931—1945》，第52页。

⑦ 参謀本部編：《滿州事変作戦経過ノ概要　滿州事変史（1）》，東京，厳南堂書店1972年版，第455页。

中国进行“冒险”行动。

坚持南进战略的日本海军，渴望获取中国战略资源，以支持其太平洋争霸战，故在侵华战略和行动上并不输于陆军，有时反而更加急切。日本政府在1918年、1923年两次修改《帝国国防方针》时，海军方面都坚持沿长江西进和攻占华中、华南地区的侵华战略方针[①]，并被此后的日军侵华年度作战计划所沿用。1933年9月25日，在日本陆军策动“华北工作”的同时[②]，海军省制定《对华时局处理方针》，强调努力引导华北“亲日自治”的形势向华中华南发展，一方面暗中支持中国西南地区的反蒋势力，另一方面阻止其他列强的华南军事“渗透”[③]，显示其独霸华中华南的强烈欲望。1935年度的日军侵华作战计划，强调日本陆海军协同作战，首先在长江下游地区登陆，占领上海及其附近地区，继而沿长江西向，实施汉口作战。[④] 1935年至1936年间，日本海军以中山事件、汕头事件、长沙事件、成都事件、北海事件中的日本人被害为由，提出国民政府难以接受的苛刻条件，调派军舰来华施压，动员陆军侵华重心南移，准备对华全面开战。[⑤] 日本军事史学者、原防卫大学教授影山好一郎评论说：“若日本海军动员陆军成功，那么日中战

① 日本防衛庁防衛研修所戦史室編：《中国方面海軍作戦（1）》，第223、260页。

② 武向平：《满铁与关东军的“华北自治”阴谋》，《东北师大学报》2017年第4期。

③ 島田俊彦、稲葉正夫編：《現代史資料 8 日中戦争 1》，東京，みすず書房1964年版，第9—10页。

④ 日本防衛庁防衛研修所戦史室編：《大本営陸軍部（1）》，東京，朝雲新聞社1974年版，第368—369页。

⑤ 陆伟：《卢沟桥事变前的日本海军与对华开战决策的形成》，《党史研究与教学》2002年第3期。

争就会比卢沟桥事变提前一年左右”[①]，就反映了日本海军急切发动全面侵华战争的狂躁。

1936 年 9 月，军令部提出《对华作战方针概要》，强调海陆军协同作战，首先占领河北、山东和确保控制上海，继而空袭中国军队及其主要军事设施，最后是封锁中国沿海[②]，迅速完成作战目的，这完全是一次进行全面侵华战争的精心布局。1936 年 12 月初，日本海军以“压制”发生于 11 月的青岛日本纱厂工潮为由，不仅派遣 10 余艘军舰到达青岛海面，而且命令近千名海军陆战队队员登陆上岸，武力搜查国民党青岛市党部、青岛图书馆等处，拘捕有关人员，甚至大有武力占据青岛之势。同时，海军省和军令部联合提出《对华时局处理方针备忘录》，要求日本陆海军趁机共同占领上海、青岛，封锁华中、华南沿海港口，顺势发动全面侵华战争。[③] 12 月 12 日，西安事变爆发，日本海军采取“冷静观望”态度，其海军陆战队迅速撤离青岛，以“了结青岛问题”。[④] 但是，日本海军省认为西安事变后中日关系“不容乐观”，一方面增加驻上海、汉口陆战队兵力，改组第三舰队，强化对华战力；另一方面监视中国海军动向和南、北海岸线，“警戒”长江流域各口岸要地，以攻占华中、华南地区为重点而做好全面侵华战争准备。[⑤]

---

① 影山好一郎：《昭和十一年前後の日本海軍の対中強硬姿勢——“中南支方面”の事件対応を中心として》，軍事史学会編：《日中戦争の諸相》，東京，錦正社 1997 年版，第 71 页。

② 島田俊彦、稲葉正夫編：《現代史資料 8 日中戦争 1》，第 218 页。

③ 秦郁彦：《日中戦争史》，第 98—99 页。

④ 史滇生、史习基：《西安事变前后中日海军的动向》，《军事历史研究》2001 年第 4 期。

⑤ 日本防衛庁防衛研修所戦史室編：《中国方面海軍作戦（1）》，第 213 页。

三、全面参与侵华战争

1937 年 7 月 7 日，日本之中国驻屯军挑起“七七”事变，拉开日本全面侵华战争序幕，而原本“磨刀霍霍”的日本海军随之响应。7 月 12 日，军令部从全面侵华战争的角度出发，决定增派海军军舰和陆战队，封锁中国沿海，发动航空“歼灭战”，准备向上海及华中方向开展行动。[①] 16 日，日本海军第三舰队司令官长谷川清中将，就“七七”事变明确表示反对以膺惩第二十九军为第一作战目的，指出对华作战的唯一目的是“膺惩中国”，这是解决当时中日关系的“不二法门”，只有日本海陆军协同作战，占领上海、南京等地，将中国彻底“置于死地”，才能真正迫使国民政府屈服[②]，实际上这是在兜售日本海军早已拟定的全面侵华战争方案。7 月 28 日，军令部总长伏见宫发出“大海令第一号”，命令日本联合舰队司令官永野修身大将着手实施“膺惩”中国的军事行动。[③] 8 月 9 日，驻上海日本海军阴谋策划了大山事件[④]，既“制造对华战争借口”，又“为海军争取更大规模的军备预算”[⑤]，成为侵略战争扩大

---

① 秦郁彦：《盧溝橋事件の研究》，第 164—167 页。

② 日本防衛庁防衛研修所戦史室編：《中国方面海軍作戦（1）》，第 252 页。

③ 日本防衛庁防衛研修所戦史室編：《中国方面海軍作戦（1）》，第 261—261 页。

④ 1937 年 8 月 9 日，日本驻上海海军陆战队中尉大山勇夫和一等水兵斋藤要藏，驾车闯入中国军队驻守之虹桥机场，且不顾中国守军警告而被击毙。据此，日方向国民政府提出撤退上海保安部队、拆毁上海所有防御工事等无理要求，意图趁机对华开战，史称“大山事件”。

⑤ 笠原十九司著，孟晓旭译：《大山事件的真相——日本海军“阴谋”的追究》，《抗日战争研究》2014 年第 4 期。

派将其“阴谋剧本”变为现实的绝好时机。[①] 随之，军令部关于大山事件向国民政府提出其无法接受的条件[②]，几乎等同于直接向其宣战。

1937 年 8 月 13 日，“八一三”事变爆发，日本海军立即投入对华作战。海军大臣米内光政催促日本政府发表《帝国政府声明》，宣称要严厉惩罚国民政府，同时命令早已做好战争准备的日本海军各航空队，实施远距离渡海作战，相继轰炸杭州、广德、上海、南京、南昌等地，并不断扩大无差别轰炸范围。随着中日战争范围扩大，米内光政兴奋地认为中日战争“不扩大方针”消亡，而中日战火必将燃向华中、华南，似乎实现海军南进战略的目标就在眼前，强调海军要“竭诚所需”[③]，全力参与对华战争。日本海军第三舰队一方面以海军陆战队、军舰火炮和海军航空队猛烈攻击上海的中国守军，配合日本陆军扫除海面障碍、抢滩登陆和攻击作战，另一方面根据日本大本营指令封锁中国海面，切断中国军队的海外补给线和交通线。8 月 24 日，第三舰队宣布封锁长江以南的沿海港湾。9 月 3 日，第三舰队宣布封锁海州湾以北的中国沿海。[④] 内有武装到牙齿的现代化日本海陆军的协同攻击，外无任何有效的军事支援，中国军队坚守 3 个月后于 11 月中旬弃守上海。日本海陆军乘胜追击，决计攻打国民政府首都南京。

其实，日本海军对南京的攻击远早于陆军，在“八一三”事变

① 笠原十九司：《日中全面戦争と海軍パナイ号事件の真相》，東京，青木書店 1997 年版，第 63、64 页。

② 日本防衛庁防衛研修所戦史室編：《中国方面海軍作戦（1）》，第 310 页。

③ 高田万亀子：《米内光政》上，東京，原書房 1990 年版，第 173 页。

④ 日本防衛庁防衛研修所戦史室編：《中国方面海軍作戦（1）》，第 482、483 页。

后第三天即 8 月 15 日，隶属于日本海军第一联合航空队的鹿屋航空队和木更津航空队，分别从台北基地和济州岛基地出发对南京和其他各主要城市、战略要地实施轰炸。此后至 9 月 19 日，仅木更津航空队就对南京空袭至少 9 次，击毁和炸毁不少中国战机与重要军事设施。[①] 8 月 19 日，鹿屋航空队空袭南京时，不仅导致南京的火药厂、兵工厂部分区域“中弹起火”，而且击落中国战机两架。10 月 19 日，鹿屋航空队轰炸了浦口火车站，摧毁 4 栋仓库，炸沉了 5 艘汽艇，破坏了部分铁路线和侦察了大校场机场情况。10 月 21 日，鹿屋航空队与木更津航空队再袭南京，基本摧毁南京火药厂，炸毁南京兵工厂 8 栋厂房，击中大校场机场南侧掩体，导致中国飞机起火。11 月 11 日，鹿屋航空队又派 9 架飞机，集中空袭大校场机场，引起多处大火。[②] 据统计，从 8 月 15 日至 12 月 13 日近 4 个月，“日本海军飞机仅对南京就空袭了 58 次，共出动了 1200 多架次，投弹 160 多吨，成为日本南京大屠杀的第一批空中杀手”。[③]

日本海军不仅出动鹿屋、木更津航空队空袭南京，而且派军舰溯江而上进攻南京，直接参与南京大屠杀。长谷川清在 11 月 20 日下令封锁中国全部海岸，25 日又命令日舰溯江扫雷作业，准备突破江阴防线，协同陆军共击南京。12 月 1 日，日本大本营发布要求海陆军协同攻略南京的大海令，实施“溯江作战”。[④] 随之，日本海

---

① 高晓星：《日本海军航空队空袭南京史料（1937 年 8 月 15 日—12 月 13 日）》，《民国档案》2004 年第 4 期。

② 参见王卫星编译：《日本鹿屋海军航空队对南京的空袭》，《民国档案》2010 年第 4 期；王卫星编译：《日本海军第一联合航空队对南京的空袭》，《民国档案》2010 年第 3 期。

③ 高晓星：《侵华战争中的日本海军航空队》，《民国春秋》1996 年第 2 期。

④ 日本防衛庁防衛研修所戦史室編：《中国方面海軍作戦（1）》，第 455 页。

军溯江作战部队一方面派遣扫雷队、汽艇、水上飞机等开展扫海，清除长江下游河道的障碍物和水雷，寻找可航水道；另一方面配合陆军进攻江阴要塞、镇江要塞。3日，日本陆海军基本攻陷江阴要塞各炮台，海军还派出陆战队占领长山。8日晚，日舰攻入镇江要塞范围，但遭遇中国军队顽强抵抗，后在日本陆军天谷支队的猛攻下，至10日才占领镇江。日本海军舰队一边配合陆军攻击长江下游两岸炮台，一边实施扫海作业，在12日中午抵近乌龙山闭塞线，但遭中国守军猛烈攻击，直到13日凌晨才打通可航水道。13日下午，日本海军舰队攻入南京，控制下关江面及码头[1]，对渡江逃离的中国军民疯狂扫射。不少史料记录了日本海军舰队在攻占南京时，炮击或扫射溃败的中国兵舰和舟船木筏，“扫荡残败兵”，肆意枪杀难民，“清除俘虏”等各种残暴行为，鉴于刘忠良对此已有细致研究[2]，此处不再赘述。

然而，沾满中国人民鲜血的日本海军并未就此收手，反而按照预定侵华计划，协同陆军溯江西向，一路攻占安庆、九江、武汉、岳州等长江沿岸重镇，同时又分兵北上配合青岛作战、徐州会战，以及南下参与厦门作战、广州会战、汕头作战和海南岛作战，为日本陆军迅速攻占前述各地发挥了重要作用。根据1938年2月的陆海军航空协议，华南的航空作战任务主要由海军负责，而华中的航空作战任务由陆海军航空兵共同承担，其中海军航空兵力约有36架舰载战斗机、12架舰载攻击机、24架中型攻击机。1938年5月，海军航空部队积极支援徐州会战，先后出动飞机1800架次，投弹

---

① 日本防衛庁防衛研修所戦史室編：《中国方面海軍作戦（1）》，第466—468页。

② 刘忠良：《日本海军舰队与南京大屠杀》，《军事历史研究》2015年第2期。

900 吨[①]，给中国军队造成极大伤亡。武汉会战期间，日本海军飞机出动 4000 架次，扫射子弹 23 万发，投弹 1350 吨，牢牢掌握武汉制空权，为日军夺取武汉提供了强有力的空中支援。1938 年 10 月，广州、武汉失陷后，中日战争进入战略相持阶段。从 1939 年至 1941 年间，日本海陆军协同发动诸如“100 号作战”“101 号作战”“102 号作战”等空袭行动，无差别轰炸后方的兰州、成都、昆明、重庆等重要城市[②]，制造了诸如重庆隧道大惨案等多起惨案。

日本海军在侵华战争中的暴行，非但未能吓阻中国人民坚强不屈的抗战斗志，反而更加激发了中国人民的无畏精神和必胜信心，使之消耗大增，不得不调整编制、修船造舰、补充兵力。1937 年 11 月，日本大本营将侵华日本海军整合为“中国方面舰队”，由长谷川清兼任司令长官。1939 年 11 月 15 日，中国方面舰队被整编为第一、二、三遣华舰队，其中第一遣华舰队配置于华中地区，第二遣华舰队负责华北地区，第三遣华舰队承担华南地区作战任务。[③]但是，随着中日战争持久化及其给日本海军带来巨大消耗，日本海军从 1939 年开始实施第四次补充造舰计划，在 1937 年开启的第三次补充造舰计划基础上，追加两艘“大和”级战列舰。1940 年下半年，日本海军又制订了使用临时军费造舰的“临计划”，计划建造 18 艘潜艇、27 艘驱逐舰、6 艘扫雷特殊艇及其他辅助船只。[④]其实，日本海军在已全面封锁中国沿海和击溃中国海军的背景下，还

---

① 外山三郎：《日本海軍史》，第 137—138 页。

② 高晓星：《侵华战争中的日本海军航空队》，《民国春秋》1996 年第 2 期。

③ 外山三郎：《日本海軍史》，第 136 页。

④ 孙守鹏编译：《联合舰队的最后妄想　旧日本海军第五次补充造舰计划》，《国际展望》2006 年第 8 期。

制订如此庞大的补充造舰计划，一是为彻底切断中国的海外补给线，二是为获得东南亚的战争资源而准备南进，三是为对抗第一假想敌国美国的两洋舰队，伺机发动对美战争。

为此，日本海军除在中国战场保留少部分舰船、飞机和技术力量外，开始将主要力量转移到太平洋地区[①]，并继续扩充海军力量。1941 年，日本海军提出第五次补充造舰计划，预计建造包括 1 艘“大和”级战列舰和 2 艘“大和”级改进型战列舰在内的各类军舰 159 艘，坚信通过“大舰巨炮”和在对马海战积累的“渐减邀击”战略，必能打破美国海军的相对优势。同年，日本海军又推出“1941 年战时造舰计划”，即战时紧急造舰计划，也称“急计划”，主要是建造 1 艘航空母舰、2 艘巡洋舰、6 艘乙型潜艇、6 艘丙型潜艇、12 艘中型潜艇、9 艘小型潜艇、30 艘海防舰、28 艘扫雷艇、20 艘猎潜艇及多艘小舰艇。[②] 随着日美谈判陷入僵局，迫不及待的日本海军于 1941 年 12 月 7 日偷袭珍珠港，挑起太平洋战争，并在短短半年内，攻占菲律宾、香港、马来亚、新加坡、新几内亚、缅甸、印度尼西亚等东南亚大部分地区，击败英国、荷兰在远东的海军力量。然而，“好景”不长。1942 年 6 月，中途岛海战中日本海军失利，成为太平洋战场的转折点。此后，经过瓜达尔卡纳尔岛战役、塞班岛争夺战、莱特湾大海战、硫磺岛战役和冲绳战役等，日本海军节节败退，即使出动自杀式的“神风”突击队，也无法挽救其必然失败的历史命运。

---

① 徐勇：《近代日本之扬子江扩张及其战争规划再研究》，《军事历史研究》2015 年第 1 期；高晓星：《侵华战争中的日本海军航空队》，《民国春秋》1996 年第 2 期。

② 孙守鹏编译：《联合舰队的最后妄想　旧日本海军第五次补充造舰计划》，《国际展望》2006 年第 8 期。

"多行不义必自毙"，不可一世的日本海军，在1945年8月15日日本宣布无条件投降后被盟国接收和解散。截至8月22日，日本海军各部基本停止战斗。10月10日，日本联合舰队正式解散。11月30日，日本海军省被废止，标志着近代日本海军彻底覆灭。其实，即使没有日本政府的无条件投降，日本海军也基本失去了战斗力。因为到战争末期，日本海军的航空母舰大多被击沉，剩余的天城舰和葛城舰丧失了战斗力，实际上仅余龙凤舰、隼鹰舰和小型航母凤翔舰；12艘大型战列舰中，8艘葬身海底，4艘失去战斗力；"18艘重巡洋舰中，14艘沉没；22艘轻巡洋舰，损失了14艘；174艘驱逐舰，被击沉133艘；169艘潜艇，损失138艘。"总数约3.2万架飞机，仅余5000架，且包括不少教练机。[①] 可以说，日本海军在疯狂的侵略战争中打垮了自己。

四、小结

纵观近代日本海军产生、发展、壮大和失败的历史，与侵华战争密切相关，甚至可以说就是一部近代日本海军侵华史。近代日本海军建立之初虽主要为应对西力东渐，但在各种侵略扩张思想影响下，其骨子里已生长了强大的侵华基因，从诞生之日起就开展对华谍报和侵略活动，尤其是将中国视为第一假想敌国后实施两期海军扩军计划，最终在甲午战争中击败北洋舰队，扭转延续千年之久的东亚国际格局。此后，日本海军虽相继以俄、美为第一假想敌国，但从未忽视或停止在中国的谍报行动和侵略活动，还动员日本陆军

---

① 外山三郎：《日本海軍史》，第224—225页。

将侵华重心南移，急切地策划全面侵华战争，妄图掠夺中国资源以保障其南进。因而，日本海军的“六六舰队”“八四舰队”“八六舰队”“八八舰队”、五次补充造舰计划和各种补充造舰的“临计划”“急计划”等，与其说是以对抗俄、美为主，不如说是为独占中国、称霸世界服务。那些持所谓日本“陆军坏”“海军好”的天真观点者，殊不知海军的全面侵华战争计划和世界争霸计划丝毫不逊于陆军，只是因北进战略、南进战略不同而形态各异。带着侵华基因的近代日本海军在侵略扩张中崛起，又在崛起后更加肆无忌惮地侵略扩张，可谓“贪心不足蛇吞象”，最终在侵略、壮大、再侵略的恶性循环中覆亡，令人深思。

第九章　中国学界的日本海军史研究

近代日本海军史是战后日本学界关注的一个焦点，相关论著纷呈，成果丰硕，但总体而言，自 20 世纪 60 年代出现“海军热”，到 70 年代形成所谓“陆军坏”“海军好”的“海军史观”，再到 80 年代以来的“海军优秀论”[①]，成为日本保守派和右翼分子否认近代日本海军战争责任的一个重要因素。出身日本陆军士官学校的佐藤晃，认为恰恰是日本海军的“误算”和“欺瞒”导致日本发动对美战争和最终失败[②]，从日本陆海军对立的立场批驳“海军优秀论”。由近代日本陆海军作战参谋级的原幕僚军官执笔，以陆海军未公开的重要史料为基础，历时十余年出版的《大东亚战争战史丛书》（全 102 卷），可谓近代日本军事史的权威著作[③]，但仍存在原陆军方面的人负责的卷中批判海军，而原海军方面的人负责的卷中批判陆军的偏颇，且均为各自军事侵略行动辩解，缺乏对侵略战争的根

---

① 吉田裕：《日本人の戦争観——戦後史のなかの変容》，第 145—148 页。

② 佐藤晃：《帝国海軍の誤算と欺瞞》，東京，星雲社 1996 年版，第 284 页。

③ 徐志民：《战后日本人的战争责任认识研究》，第 212—213 页。

本性反省。[①]

鉴于战后日本学界关于近代日本海军史研究的现状，中国学界从20世纪七八十年代逐渐关注近代日本海军研究，在日本海军的现代化、陆海军对立和政局变化、日本的海权理论和扩张战略、日本海军参与侵华战争及其覆灭等方面取得一系列研究成果。这些成果多为资料介绍、单篇论文或学位论文，虽在研究近代日本海军的某一方面取得重要进展或突破，但缺少近代日本海军史研究的综合性成果，以至于我们对其"只见树木，不见森林"，甚至"一叶障目，不见泰山"，出现认识不清与错漏。如前所述，中国学界在统计接收日本海军投降单位与人数时，曾遗漏了日本海军的高雄警备府。[②] 故而，本章拟通过梳理中国学界关于近代日本海军史研究的主要内容和关注焦点，总结其研究经验和特点，分析其问题与不足，探讨未来的研究思路与方向，为中国建设世界一流海军和走向海洋强国提供历史借鉴与启示。

一、日本海军的现代化

随着新航路开辟后的西力东渐，四面环海的日本列岛逐渐感到西方列强"船坚炮利"的军事威胁与巨大压力。奉行闭关锁国政策的德川幕府，仅仅保留长崎一隅与中国、荷兰通商贸易，并借此了解世界大势，故允许荷兰船商将西方图书、科学技术、设备仪器等

① 藤原彰：《書評　防衛庁防衛研修所戦史室〈戦史叢書〉》，《歴史学研究》第451号，1977年12月。

② 黄力民：《中国战区接受投降的日本陆海军单位与人数考订》，《民国档案》2005年第3期。

传入日本，形成所谓“兰学”，到幕末开国时期已有30余所“兰学塾”，累计培养学生9000余人[①]，不仅推动了日本人认识西洋技艺，而且为明治维新培养了人才。1853年6月3日，美国东印度舰队司令佩里率4艘涂着黑色、冒着黑烟的战舰驶抵江户湾，强硬要求幕府接受美国国书，否则剑指江户，兵戎相见。1854年1月，佩里舰队再次闯入江户湾，3月逼迫幕府签订《日美亲善条约》，答应开放下田、函馆两港，给予美国最惠国待遇[②]，打开了日本国门。德川幕府一方面允许各藩建造大型军舰；另一方面通过长崎奉行水野忠德向荷兰订购军舰，以发展海军自保。

荷兰因为克里米亚战争宣布局外中立而不宜出口军舰，故荷兰国王威廉三世致信水野忠德，劝告幕府兴建海军和创办海军教育机构，受到水野忠德和幕府欢迎，促成1855年12月长崎海军传习所的正式开办。杜小军介绍了长崎海军传习所的筹备经过和该所第一、二、三期学生的学制、人数、课程、训练等学习生活，指出德川幕府背着荷兰人尝试自主进行海军教育，在江户筑地南小田原町开办“军舰讲授所”，于1859年更名为御海军操练所，明治新政府成立后将之改为海军兵学寮，成为近代日本海军的重要教育机构。他还特别介绍了各藩派人赴长崎海军传习所学成后，返回各自藩内开办海军学校，广泛传授制造和驾驶军舰、炮舰射击等近代海军知识与技术，反映了日本人独立自主发展近代海军的强烈愿望。正因为如此，长崎海军传习所不仅培养了明治海军的首任海军卿胜海舟、第二和第四任海军卿川村纯义、第三任海军卿榎本武扬，以及

① 青木歳幸：《在村蘭学の研究》，東京，思文閣1998年版，第71页。
② 吴廷璆主编：《日本史》，第314—319页。

首任海军军令部部长中牟田仓之助、首任海军技术总监肥田滨五郎、首任海军军医总监松本良顺等海军高级将领与技术人才，而且奠定了近代日本海军发展的基础。[①]

1868 年明治维新开始后，日本海军也开启了真正意义上的现代化。宋德玲、李庆辉等学者对此做了有益探索。首先，她（他）们介绍了近代日本海军机构沿革，指出从 1868 年 1 月明治政府“三职七科制”下的海陆军务科统辖日本海陆军，经“二官六省制”的兵部省时期，到 1872 年 2 月废止兵部省，分设陆军省、海军省，实现海军的独立化发展，再到 1893 年 5 月海军军令部从海军省内独立出来，理顺了海军军政、军令既独立行事又密切联系的二元体制。其次，她（他）们叙述了自倒幕战争日本海军从各藩征调军舰，到甲午战前已拥有 31 艘军舰、24 艘鱼雷艇的海军装备；从明治海军草创期的小舰队到 1894 年 7 月编成联合舰队，反映了日本海军实力的不断发展。再次，她（他）们认为日本海军既以征兵制为基础，又辅之以志愿兵制，留用那些掌握海军技术的兵员，有利于增强海军战斗力。最后，她（他）们强调明治政府通过设立海军系列学校，派遣留学生，聘请外籍专家和教师，开展务实训练和远航实习等，甚至发动对外侵略战争，加快了日本海军现代化步伐。[②]孙涛、庞宝庆关于日本海军现代化的研究，也主要从这几个方面进

① 杜小军：《长崎传习与日本近代海军的初创》，《外国问题研究》2010 年第 3 期。

② 宋德玲：《日本海军的近代化》，《世界历史》1993 年第 2 期；李庆辉：《近代日本海军教育体系的构成与演变》，《军事史林》2019 年第 6 期；郑凯文：《论 19 世纪中后期的日本海军建设》，硕士学位论文，延边大学，2019 年，等。

行阐释[①]，而范明辉指出直到日俄战争结束日本海军才完成了现代化进程。[②]

然而，推动日本海军现代化进程的思想根源与内部动力究竟来自哪里？陈秀武从幕末维新时期的东西文明、新旧文明的冲突出发，分析了主要从日本本国利益思考问题的内部整合思想，如横井小楠的“开国攘夷论”、坂本龙马呼吁引入西方文明的“船中八策”；以及将日本置于东亚整体范围内思考的外部整合思想，如胜海舟的中日韩“三国同盟论”、小野梓的“三国连带”思想和福泽谕吉的“脱亚入欧论”等，指出这些思想和观点都高度重视海军建设。他甚至认为“近代日本海军缘起于文明冲突”，并将 1778 年俄国船只抵日要求通商，到 1867 年王政复古政变的日本海防建设，以 1840 年鸦片战争爆发和 1853 年佩里舰队来航为标志，分为三个阶段，即固守锁国海防阶段、文明冲突阶段、被迫开国及积极筹建海军阶段。他指出明治时期的海军建设以模仿英国海军为主，积极向荷兰、英、美等国购买军舰，一方面充实海军装备[③]，一方面在各种侵略思想影响下准备对外扩张，并“内化为日本人的日用伦理”，这种国民性在打造“海上帝国”的征途中，也将日本带入战争深渊和必然失败的结局。[④]

---

① 孙涛、庞宝庆：《试论明治早期日本海军的现代化建设》，《佳木斯职业学院学报》2016 年第 10 期；庞宝庆：《日本海军的军备扩张与军费筹措（1868—1921）》，《军事历史研究》2018 年第 1 期。

② 范明辉：《日本海军近代化刍议——幕末至日俄战争时期日本海军近代化历程》，硕士学位论文，吉林大学，2007 年。

③ 陈秀武：《文明视角下幕末维新期日本列岛的空间整合与海军建设》，《安徽史学》2016 年第 4 期。

④ 陈秀武：《日本国民性与“海上帝国”建设关系刍议》，《日本问题研究》2019 年第 4 期。

无论明治天皇宣布“开拓万里波涛，布国威于四方”的“海外雄飞论”[①]，还是日本海军的武士道精神、国家观念等军国主义教育和各类海军技能训练[②]，均具强烈的对外扩张倾向。日本海军省、海军教育本部及社会各界，还创作大量所谓“旋律动听”的海军军歌，创设“海军纪念日演讲”，成立“海军军事普及委员会”，加强宣传鼓动，为日本侵略战争歌功颂德、炫耀日本海军的“威武”和鼓舞侵略扩张的“士气”。[③]这也是近代日本海军草创以来频繁发动侵略战争的重要原因之一。如，日本海军于1874年发动侵台战争、1875年挑起“江华岛事件”、1879年参与吞并琉球、1880年代干涉朝鲜事务，并从1882年朝鲜壬午兵变后以清朝海军为主要作战目标，实施两期海军扩军计划[④]，不仅充实了日本海军装备，而且提升了日本海军军工技术，为日本海军获胜甲午海战奠定了基础。

甲午战争的结局不仅检验了中日两国海军的现代化成效，更给中国人留下苦苦思索甲午惨败的无限遐想与疑问，于是乎近代中日海军比较研究成了中国学界关注的焦点之一。首先，关捷比较了甲午战前中日海军力量，认为清政府号称拥有北洋、南洋、福建、广东四支舰队，而实际上参加甲午战争的只有北洋舰队，且从组织领导、思想动员、舰队力量、舰载武器装备等方面看，北洋舰队与日

---

① 明治文化研究会編：《明治文化全集》第2卷，第33—34页。

② 王逢春：《日本海军教育服务于对外侵略国策》，《中国社会科学报》2014年8月27日。

③ 孙雪梅：《海军军歌与日本的海上帝国梦想》，《东北师大学报》2017年第5期；杨旻威：《日本海军公共宣传的演变历程及特征研究（1906—1924）》，硕士学位论文，湖北大学，2018年，等。

④ 陈巍：《甲午战争前日本海军军备过程述论》，《南京政治学院学报》2014年第4期；李洋：《甲午战争前后日本海军侵华战略的演变》，《日本侵华南京大屠杀研究》2019年第1期。

本舰队并非旗鼓相当，而是“有很大差距”，“直接影响了甲午海战的胜负”。[①] 其次，戚其章、张红军对比了甲午战争期间的中日海军战略，指出日本海军在战前已制定以夺取制海权为目标和陆海军协同作战的大战略，而北洋舰队采取消极避战、避战保船、无视陆海合作和后方安保的被动防御方针，结果是北洋舰队全军覆没。[②] 再次，姚锦祥从中日海军的体制机构、武器装备、训练和军规、官制和兵制、征募制度等方面进行对比分析，认为中国海军除武器装备方面外，其他方面建设均不如日本，这是导致甲午战争中国失败的主要原因。[③] 最后，高相国综合比较中日海军的舰船建设、人才培养、军制设计和海军战略战术，指出中日社会制度差异、国民素质及性格差异，分别是导致中日海军现代化同途殊归的根本原因和重要原因。[④]

总体而言，中国学界探讨日本海军现代化时，往往自觉或不自觉地与晚清海军现代化进行比较，且以甲午战争结局作为评判中日海军现代化成败的标杆，结果自然是日本海军现代化的成功和晚清海军现代化的失败。前述关于中日海军现代化比较研究的成果，从一个侧面或多个侧面解释了这一结果。晚清海军现代化的失败毋庸讳言，但日本海军的现代化某种程度上说只是“战术”方面的成功，很难说是其“现代化”的成功。这是因为日本海军的现代化如

---

① 关捷：《甲午战争前中日海军力量之对比》，《东北师大学报》1982 年第 1 期。

② 戚其章：《中日甲午战争中的海军战略问题》，《东岳论丛》1990 年第 5 期；张红军：《甲午战争中日双方海军战略比较考察》，《齐鲁学刊》1998 年第 5 期。

③ 姚锦祥：《十九世纪中晚期中日两国近代海军军制之比较》，《南京师大学报》1990 年第 1 期。

④ 高相国：《沉没的锚链——甲午战前中日海军近代化之比较》，《军事历史》1999 年第 1 期。

同明治维新不够彻底一样，遗留了不少日本特有的封建性因素，如强烈的对外侵略扩张基因、基于藩阀政治的陆海军对立等，以至于这种陆海对立伴随近代日本海军始终，直接影响日本政局稳定。日本海军骨子里贪得无厌的对外侵略扩张基因，不仅导致日本在东亚屡屡发动侵略战争，而且不惜对美一战，挑起太平洋战争，给亚洲和世界各受害国人民带来巨大的战争灾难，最终日本海军被盟国打败、接收和解散。因而，从长时段来看，日本海军的“现代化”很难说是“成功”的。

二、陆海对立与日本政局

日本陆海对立的最直接表现，是海军统帅权独立。日本陆军先以法国陆军为榜样，后以学习德国陆军为主，早在1874年2月便于陆军省设立直属机构参谋局，后于1878年将参谋局改为直属天皇的参谋本部，实现陆军统帅权独立。效法英国海军建设的日本海军，最初只是在海军省军务局下设军事科负责军令事务，后于1884年2月在海军省设立军事部，以专掌军令。1886年3月，海军省军事部被并入参谋本部，并在参谋本部下设陆军部、海军部，陆海军军令机关统一。1888年5月，参谋本部部长改称“参军”，下设陆军参谋部、海军参谋部，但仅仅10个月后的1889年3月，陆海军军令机关分裂，重回参谋本部和海军省内海军参谋部的并列时代。[①]这其中的分分合合都反映了陆海军的冲突与对立。1892年11月，仁礼景范海相提出建立单独的“海军参谋部”，遭到陆军激烈反对，

① 宋德玲：《日本海军的近代化》，《世界历史》1993年第2期。

后经明治天皇下令陆海首脑合作提出妥协方案，才于翌年 5 月制定《海军军令部条例》，设立直属于天皇的海军军令部①，实现海军统帅权独立。

甲午战前日本陆海军虽实现各自统帅权独立，但同时制定的《战时大本营条例》规定平时参谋总长和海军军令部部长并列于天皇之下，战时参谋总长作为天皇的幕僚长，而参谋次长和军令部部长分别作为陆军上席参谋、海军上席参谋，反映了海军地位仍不如陆军。甲午战后，日本海军要求改变这种“陆主海从”的不合理现象，当时的海相山本权兵卫、陆相桂太郎从内阁会议上的争吵，闹到各自奏请天皇裁决，以致明治天皇也非常困惑。1903 年 12 月，为准备对俄开战，明治天皇决定修改《战时大本营条例》，使参谋总长和军令部部长分别为战时大本营的陆军部、海军部的幕僚长，目的是陆海对等，以协力作战，但实际上却埋下陆海长期对立、内耗的祸根，以至于太平洋战争期间陆海军似乎是联合作战，但实际上日本陆军主要在中国大陆和缅甸作战，而海军主要在太平洋战场，即使在东南亚的联合作战也多为零散的合作。王辉认为日本陆海对立的根本原因是各自现代化中基于不同文化基础的军事制度，即日本陆军虽学习法、德，但其将校士卒多为武士出身，深受武士道精神熏陶，而日本海军大多深受西方文化影响。②

其实，日本陆海对立既有彼此基于不同文化基础的军种对立，更是日本藩阀政治斗争的历史延续。裴鑫从藩阀政治的视角出发，分析了近代日本陆海军的创立经过和藩阀政治斗争，指出明治政府

① 松下芳男：《明治軍制史論》，東京，有斐閣 1956 年版，第 190 页。

② 王辉：《试论军事近代化进程中日本陆海军统帅权的对立》，《锦州师院学报》1990 年第 2 期。

面临西方列强纷沓至来的海防压力，故在维新之初从各藩征调军舰、没收德川幕府军舰和招降榎本武扬舰队，重视海军建设，且暂时形成“海主陆从”的局面。然而，出身萨摩藩的明治维新三杰之一的西乡隆盛在“征韩论”中失势，且作为西南战争叛军的首领战死后，长州藩阀及其主导的陆军兴起，逐渐压倒萨摩藩阀及其控制的海军，确立了“陆主海从”原则。此后，萨摩藩阀通过其文官集团和明治天皇的支持，不断发展海军势力，特别是山本权兵卫主导海军人事整理，向陆军发起挑战，并以 1893 年海军军令部设立和 1903 年修改《战时大本营条例》为标志，实现了海军统帅权独立和陆海对等地位。[①] 但是，日本海军内主导军令系统的“舰队派”和军政部门的“条约派”，围绕华盛顿会议中日本海军主力舰吨位对美六成还是七成的比例、1930 年签订伦敦海军条约是否侵犯统帅权问题等，又展开激烈争论。[②]

日本海军内部的对立，以及陆海对立，实际上已从制度上注定了日本对外侵略战争必然失败的结局。段佳欣主要研究 1936 年至 1945 年间日本陆海对立问题，但其首先追溯陆海对立的历史渊源，从明治初期藩阀冲突开始，叙述了明治中后期陆海军围绕统帅权的争执，特别是日俄战争后，日本陆军为防止俄国报复，主张以俄国为最大假想敌国，坚持“南守北进”战略，而日本海军强调以美国为第一假想敌国，提出“北守南进”战略，并为争夺军费互不相让，以致日本政府不得不确立“南北并进”战略，以平衡陆海军关系。其次，他认为日本陆海军对镇压“二二六兵变”的不同态度，

① 裴鑫：《藩阀政治视角下的日本海军军令独立》，硕士学位论文，东北师范大学，2010 年。

② 刘景瑜：《近代日本海军统帅权的独立及派系思想的形成》，《日本研究》2009 年第 2 期。

进一步激发了陆海对立情绪，从而彼此在侵华战争中激烈争夺对青岛、连云港等城市的管辖权，在太平洋战争爆发后争夺日益短缺的石油、钢铁等战略物资，甚至彼此瞒报信息、各自秘密研制原子弹和飞机等武器装备，以至于出现“陆军造潜艇，海军造坦克”的荒唐景象，如此内耗进一步加速了日本帝国的败亡。最后，他指出战后日本防卫体制汲取了陆海对立的教训，建立陆上、海上、航空自卫队，实施军种混合教育，由防卫省长官负责军政，各军幕僚长负责军令，但除各军幕僚长外，其余人员必须是文官，建立文官掌军制度，避免近代陆海军干预政治的危险。①

近代日本海军的骄横和日本不断发动侵略战争，为近代日本军人干政做了一个“充分”注解。刘景瑜以 1922 年至 1936 年间日本参与四次海军裁军会议为线索，分析了日本海军与政局之间关系，认为 1922 年华盛顿会议后日本海军“舰队派”与“条约派”虽已矛盾重重，但尚能在明治宪法范围内各得其所，但 1930 年伦敦海军会议后，“舰队派”借助“五一五事件”将“条约派”不少人士编入预备役，从而逐渐掌控海军实权，迫使政府于 1934 年 12 月 30 日宣布华盛顿条约届满失效，而日本政府无力控制军令部。1936 年“二二六兵变”后上台的广田弘毅内阁，迎合军令部意见，制定了确保日本在东亚大陆地位，同时向南方海洋发展的国策基准，沦为军部侵略政策的“执行者”。② 他还具体分析了日本海军以统帅权

① 段佳欣：《1936—1945 年日本陆海军对立问题研究》，硕士学位论文，吉林大学，2017 年。

② 刘景瑜：《日本海军与政局变动（1922—1936）》，博士学位论文，东北师范大学，2009 年。

独立和军部大臣武官制为条件，染指日本外交政策[①]，影响日本国策和政局走向，甚至要求日本政府于1936年1月15日宣布退出伦敦海军会议[②]，导致世界海军军备竞赛进入无条约时代。刘佳佳指出滨口幸雄内阁虽批准1930年伦敦海军条约，但其本人被激进分子暗杀，且军队不断干政[③]，最终导致政党政治的终结。

近代日本陆海对立既是藩阀政治斗争的结果，同时反过来影响日本政治和政局稳定，不仅导致战时日本陆海军合作有限，而且彼此为争夺战争资源和对占领地的控制权嫌隙不断、内斗不止，牵掣着日本无法全力实施其海权理论与海洋扩张战略。

三、海权理论与扩张战略

海权是个近代“概念”，自19世纪90年代美国海军上校马汉比较系统地提出和阐释海权理论以来，对世界各国产生了深刻影响。各国的政治家、军事家、学者等也不断地丰富和发展海权理论，提出各种不同的海洋战略。张瑜介绍了日本留美学生金子坚太郎、秋山真之对马汉“海权”理论的学习与传播，使之对日本人的海权认识、海战观念及日本海军的现代化产生了重要影响。如，留学美国海军军官学校的秋山真之，作为马汉的学生，深得海权理论精髓，在日俄战前由日本海军大学校教官转任联合舰队参谋，制定

① 刘景瑜：《日本海军与国防方针的修订及外交政策选择（1922—1936）》，《北华大学学报》2011年第5期。

② 刘景瑜：《1935年伦敦海军会议及对日本政局影响探析》，《历史教学问题》2016年第5期。

③ 刘佳佳：《1930年伦敦海军会议与日本内政的演变》，硕士学位论文，复旦大学，2012年。

了日本海军突袭旅顺和利用沉船封闭旅顺港的战略[①]，为日本获胜日俄战争和奠定日本海军强国地位发挥了重要作用。

其实，在近代海权理论产生之前，日本社会已孕育着变革幕府军事体制的“国民海防”思想，甚至出现了“农兵论”“国民皆兵论”，但遭到德川幕府的排斥和压制，直到明治维新以后才受到重视，并出现海军独立发展的军种意识。[②] 邹小兴指出幕末海防思想的发展与抵御西方列强的现实需求，在明治初期催生了海军振兴论和陆海独立发展思想，而在19世纪80年代以后，从“富国强兵”转向“强兵富国”，提出所谓“海上利益线”理论，即以库页岛、朝鲜半岛、台湾为要点，北至鄂霍茨克海，中经日本海、渤海、黄海、东海，南到南海和广大西太平洋海域，为保护沿线之日本海上利益攸关区，日本海军必须夺取相关海域的制海权。随之，日本海军在甲午战争、日俄战争中付诸实施，一跃而为“东洋霸主”。[③] 反观同时期中国人的海权意识，确实与日本人之间有“巨大差距”，也是造成中日两国“截然不同的发展结果”的原因之一，杜小军强调迄今为止中国国民海权意识薄弱，仍是一个不容忽视的问题。[④]

鉴于日本的海权思想和海洋战略，与中日关系、东亚国际格局密切相关，自然成为中国学界尤其是国际关系学界关注的焦点之一。梅秀庭以近代以来的日本海权思想为博士学位论文选题，将18世纪末以来的日本海权思想及其背后的海洋活动分为三个阶段，即

① 张瑜：《日本近代海军建设过程中对马汉“海权论”的吸收》，《才智》2015年第3期。

② 吕晓勇：《日本近代海防思想与海军近代化》，《军事历史研究》2004年第1期。

③ 邹小兴：《日本明治时代的海洋战略与海外扩张》，硕士学位论文，东北师范大学，2011年。

④ 杜小军：《近代日本的海权意识》，南开大学日本研究中心编：《日本研究论集》2002卷，天津人民出版社2002年版，第260—272页。

明治时代日本“海洋国家”的建构和海权思想的产生与发展，冷战时期日本海权思想的重构，冷战后日本海洋战略的变化与展现，指出近代以来日本海权思想指引下的侵略扩张行为对中日关系造成极为负面的影响，建议日本摒弃对抗型的传统地缘政治思维，化解中日在海权方面的结构性矛盾，培育良性互动与和平安全的双边关系。① 孙文竹以日本海军对华盛顿体系的态度、政策和战略目标为中心，阐述了日本海权崛起和国际体系之间的冲突，认为华盛顿体系虽限制了日本海军的军备扩张，但并未从根本上改变日本海军追求西太平洋区域海上优势的扩张政策，这也是导致华盛顿体系于1936年崩溃的主要原因。② 胡德坤、刘潇湘指出在第一次世界大战后，美日先以外交谈判的方式，争夺殖民地岛屿、限制对方海军军备，竞争太平洋制海权，但随着双方矛盾不可调和而最终走向太平洋战争。③

海权思想是海洋战略的指导思想与理论，而海洋战略是海权思想的具体体现和行动指南。陈秀武从战前日本“海上帝国”建设的文化策略出发，以所谓“亚洲门罗主义”“东亚协同体”以及“大东亚共荣圈”等口号，虚构东亚“文化共同体”，配合日本海军在东亚、东南亚疯狂地争夺制海权，抢占殖民地和实施军政统治的侵略扩张行动。④ 黄虎清介绍了从明治时期到太平洋战争爆发之际日

① 梅秀庭：《近代以来日本海权思想研究》，博士学位论文，外交学院，2015年。

② 孙文竹：《日本海权崛起与国际体系的冲突：历史与启示》，《亚太安全与海洋研究》2016年第1期。

③ 胡德坤、刘潇湘：《一战后的美日海权角逐与太平洋战争的爆发》，《武汉大学学报》2013年第2期。

④ 陈秀武：《战前日本的“海上帝国”建设与“文化共同体”构想》，《东北师大学报》2017年第5期。

本海军的“南进论”和海洋扩张思想，以及其实施的侵略扩张行动，认为日本海军以武力为后盾的盲目扩张，导致其“兴起得快灭亡也迅速”。① 刘景瑜以甲午战争、日俄战争为中心，叙述了日本海军两次发动冒险战争，并在获胜后成功跻身“海军强国”之列的过程，认为这是日本海军不断对外试探和确立大陆政策的重要一环。② 日俄战争特别是第一次世界大战后，日本海军将第一假想敌国由俄国调整为美国③，并针对占据优势的美国海军制定了“渐减迎击”战略。

这既是日本海军击败俄国太平洋舰队、渐次消耗俄国海军实力、夺取制海权和最终获胜对马海战的经验总结④，也是日本海军学习马汉的海权理论和企图在太平洋地区获得对美战略优势的发展结果。爱澜介绍了日俄战争后至第二次世界大战结束之间，日本海军与美国争霸的太平洋战略，其实就是“渐减迎击”战略自提出后不断细化、丰富的发展过程。具体而言，曾任日本海军大学校教官的佐藤铁太郎、秋山真之经过研究，认为日本海军军备只有对美国海军保持70%的军力，才可以实施“渐减迎击”战略，即通过后发制人、逐次消耗美国海军实力，最后通过主力舰队决战，掌握制海权，一举确定胜负。⑤ 1922年2月，美、英、日、法、意在华盛顿

① 黄虎清：《从明治维新到第二次世界大战日本海军与海洋扩张的研究》，硕士学位论文，江西师范大学，2007年。

② 刘景瑜：《近代日本“海军强国”的铸成过程分析——以甲午、日俄战争为中心》，《大连近代史研究》第11卷，辽宁人民出版社2014年版。

③ 刘洋：《一战后日本海军的对美战略及其漂移》，《历史教学》2018年第10期。

④ 翟云瑞、曲传林：《在日俄战争中，日本是怎样夺取制海权的?》，《辽宁师范大学学报》1985年第3期。

⑤ 爱澜：《与美国争霸　日本帝国海军的太平洋战争1905—1945》，《国际展望》2006年第22期。

签订《五国海军协定》，打破了日本海军追求对美国海军七成军力的梦想。[①] 但是，日本海军对此念念不忘，多次在伦敦海军会议上提出这一要求，且不断调整“渐减迎击”战略，将对美国海军消耗战和大决战分为九个阶段。这种日俄战争时期形成的战略思想，随着科技和战术发展已经落伍，且纸上谈兵与实际作战不尽相同，结局自然是“渐减迎击”战略的破产。[②]

不过，日本海军追求的对美七成军力论、舰队决战论等，对其建军思想、作战理论和作战方式产生了重大影响。邱建群指出日本海军长期奉行“大舰巨炮”主义，在挑起太平洋战争前“仍是战列舰第一”，即使偷袭珍珠港也仅仅将航空母舰视为“奇袭利器”，这种轻视新式武器变化的旧作战思想是日本海军失败的一个原因。[③] 王鹏飞认为太平洋战争爆发后，山本五十六的航母集中运用理论使日本海军从“渐减迎击作战”转向“连续作战”，虽因偷袭珍珠港占得先机，但由于日美工业潜力差距而终归失败。[④] 潘远强、李景泉介绍了日、美海军的建设历程，对比了太平洋战争爆发前日美海军建设思想的异同，指出两者虽同受“大舰巨炮”主义影响，但日本海军主要是根据作战计划确定建设重点，而美国海军更注重综合实力的长期积累；日本海军以提升舰队进攻能力为主，美国海军注重攻防兼备；日本海军不断强化作战力量，美国海军更加重视后勤

---

① 祝曙光：《日本的妥协与华盛顿五国海军协定》，《日本研究》1997 年第 4 期；刘景瑜：《近代日本海军对美 7 成比例问题探析》，《社会科学战线》2018 年第 7 期，等。

② 爱澜：《与美国争霸　日本帝国海军的太平洋战争 1905—1945》，《国际展望》2006 年第 22 期。

③ 邱建群：《论太平洋战争前期日本海军作战思想》，《辽宁大学学报》2002 年第 5 期。

④ 王鹏飞：《近代日本海军对美作战构想的演进与航空母舰建设》，《军事历史研究》2018 年第 1 期。

保障；日本海军重视现有装备升级，美国海军则不断研制新的装备，从而借助新技术和雄厚国力，为美军赢得对日作战胜利奠定了坚实基础。[①] 1941年12月7日，日本海军偷袭珍珠港，展现了航空母舰作为海军主战武器的重要作用，促使日美海军作战思想、作战方式发生转变。[②] 美国海军迅速发展空天力量，而日本海军直到1945年8月战败投降才终结其“大舰巨炮”主义。[③]

这种以“大舰巨炮”主义为代表的“舰队决战思想”，极大地影响着日本海军的武器装备建设。陈明分三个阶段详细介绍了日俄战后至第二次世界大战结束之间的日本海军装备建设，即1907年至1921年努力打造“八八舰队”；1922年至1936年在华盛顿体系束缚下以质换量，重点改装日本海军的战列舰和重型巡洋舰，提高主炮射程，积极发展不受条约限制的辅助舰船；1937年至1945年的日本海军装备建设，重在建造巨型战列舰，提高单舰战斗力，通过临时造舰计划、紧急造舰计划、追加造舰计划等，突击建造海军舰船，仅太平洋战争期间便突击造舰86万吨。[④]《国际展望》《海洋世界》《现代兵器》等杂志，曾组织一系列文章介绍近代日本海军装备建设，包括海军鱼雷艇、峰风级驱逐舰、航空母舰、“连山”

① 潘远强、李景泉：《太平洋战争爆发前美日海军建设思想之比较》，《军事历史》2013年第2期。

② 任文峰：《偷袭珍珠港与日美海军作战思想和方式的转变》，《军事历史研究》2009年第3期。

③ 冯昭奎：《战前日本海军的“大舰巨炮主义”及其终结》，《日本研究》2016年第4期。

④ 陈明：《“舰队决战思想”与日本海军装备建设》，《国防科技》2008年第2期。

式陆基攻击机、日本樱花自杀飞机等。[①] 不言而喻，基于近代海权思想和扩张战略的日本海军军备建设，首先将侵略矛头指向中国，即使在甲午战争、日俄战争后的南进战略中，也从未忽视对中国的侵略活动与战争准备。

四、日本海军与侵华战争

1840 年的鸦片战争和 1853 年美国佩里舰队来航，极大地刺激了日本的海权意识。明治政府通过学习西方，兴建近代海军，急于扩张海权，以求“雄飞海外”。汪曙申从近代日本海权扩张的角度，指出台湾处于控制西太平洋航路的关键位置，既是日本向中国东南沿海渗透的“切入点”，也是其实施南进战略的前沿基地，还是日本海洋扩张战略的资源基地和重要补给站，故羽翼尚未丰满的日本便于 1874 年发动侵台战争，更在甲午战后割占台湾，直到抗日战争胜利后中国才收复台湾。[②] 其实，甲午战争的结局某种程度上反映了晚清海防战略与近代日本海权战略之间的巨大差异。鞠海龙通过对比近代中日海防战略与海权战略的追求目标，指出同样面对西力东渐的海洋危机，清政府以本土安全为主，采取分区设防、片面

---

① 孙守鹏：《联合舰队的最后妄想　旧日本海军第五次补充造舰计划》，《国际展望》2006 年第 8 期；马智冲：《虚幻的大舰队之梦　1907—1941 年日本海军军备发展道路》，《国际展望》2006 年第 22 期；爱澜：《夭折之鹫　日本海军“连山”式陆基攻击机简史》，《国际展望》2007 年第 1 期；江东：《“人肉炸弹”　日本樱花自杀飞机》，《国际展望》2007 年第 17 期；李力纲：《第二次世界大战时期的日本潜艇》，《海洋世界》1994 年第 10 期；乔雁、肖瑜：《日本的航母史》，《海洋世界》2000 年第 7 期；聂然：《张狂铁樱　两次世界大战之间的日本巡洋舰》，《现代兵器》2009 年第 8 期。

② 汪曙申：《近代日本海权的扩张与对台湾的侵占》，《台湾研究》2012 年第 4 期。

强调海军的防御功能，甚至否定海上防御，主张海岸防御；相比之下，日本海权战略的目标直指中国，相继以中、俄、美为假想敌国，强调海外利益。① 日本以海权战略对晚清中国的海防战略，结果可想而知。不过，日本海权的无限膨胀，也是导致日本发动全面侵华战争的一个重要原因。②

为准备对华战争，日本海军如同陆军一样派遣大批间谍，深入中国沿海港口、内河航道、湖泊湾道、重要城市和交通要道，搜集政治、经济、社会、军事等各类情报。颜剑明根据日本海军少尉曾根俊虎于 1874 年 9 月至 12 月赴江苏浙江两省搜集情报的记录——《别录江苏浙江两省纪行》，详细介绍了曾根在浙江省石门、桐乡两县的活动轨迹和情报搜集，指出他侦探的这一线路就被抗战爆发后的日军所沿用。③ 日本军舰自 1873 年 4 月护送副岛种臣公使来华，就不时有日舰驶抵中国近海测量，“考察”中国东南沿海的福州、厦门、广州、澎湖等地，甚至在中法战争之际，以“保护”日本侨民为名，派舰来华“警戒”，其实是借机近距离观察中法战争，以获取近代海战经验。④ 中国“不败而败”、法国“不胜而胜”的中法战争结局，不仅使日本社会在“兴亚论”和“脱亚论”的争论中最终倒向“脱亚论”，而且日本海军借鉴马尾海战的经验，并成功运用于日后的甲午海战。⑤ 1889 年、1894 年的两次中国海军会操，更

---

① 鞠海龙：《晚清海防与近代日本海权之战略比较》，《中州学刊》2008 年第 1 期。
② 谢茜：《日本海权的崛起与全面侵华战争》，《武汉大学学报》2011 年第 1 期。
③ 颜剑明：《日本海军少尉笔下的清末浙江省石门、桐乡两县纪行》，《历史教学问题》2011 年第 2 期。
④ 许金生：《近代日本对华军事谍报体系研究 1868—1937》，第 263 页。
⑤ 邱昭惟：《中法战争对日本外交及海军战术的影响》，《日本侵华史研究》2015 年第 4 期。

是日本海军搜集中国军事情报的焦点，基本摸清了中国海军的家底。[①] 许金生专门介绍了日本海军省水路部对长江水路志、灯台表信息的搜集与整理，以及派遣军舰、临时人员、民间团体等在长江航道开展军事谍报活动，“为入侵长江流域铺平了道路”。[②]

长江流域是近代日本海军侵华活动的重点区域，从明治初年即有日本海军涉足其间。1873 年日本海军“春日舰”首航上海之际，便试图在上海的长江沿岸攫取一块“落脚地”，后经日本驻上海领事品川忠道与英商斡旋，从后者手中非法购得浦东一处沿江土地，名义上是“海军省用地”，实际上逐渐成为日本海军军舰的停泊地。[③] 李少军集中研究了晚清至抗战前夕日本海军在长江流域的侵略扩张活动，他指出日本海军自甲午战后将上海至重庆的长江航道均纳入“巡航警备”范围之内，先是实现日舰在长江流域各口岸的常态化驻泊，继而成立专门的“南清舰队”“第三舰队”“遣华舰队”“第一遣外舰队”等，以武力维护日本在华殖民权益，镇压中国民众的反抗和革命运动。[④] 他还重点介绍了日本海军陆战队在长江流域活动的历史，特别是 1927 年开始非法常驻上海和汉口的日本“上海海军特别陆战队”，指出这支海军部队“在上海充当挑起战端的先锋”。[⑤] 刘怡阐述了隶属于“遣华舰队”的日本长江炮艇队

---

① 李洋：《甲午战争前日本海军对中国军事情报的搜集——以 1889 年、1894 年两次中国海军会操为中心》，《海洋史研究》2018 年第 1 期。

② 许金生：《近代日本对长江航道军事谍报活动概述》，《民国档案》2013 年第 1 期。

③ 李少军：《关于日本海军 1874 年在上海非法购地问题》，《晋阳学刊》2014 年第 2 期。

④ 李少军：《国民革命前日本海军在长江流域的扩张》，《历史研究》2014 年第 1 期。

⑤ 李少军：《论八一三事变前在长江流域的日本海军陆战队》，《近代史研究》2014 年第 5 期。

的来龙去脉，以及参与侵华战争的主要行动。[①] 徐勇分析了日本海军的“溯江作战”计划和长江战略、作战指导，探讨了日本海军进入长江流域的时间、法权和战略问题[②]，宏观性地介绍了日本海军的长江流域活动史。

当然，近代日本海军的侵华活动不仅限于长江流域和东南沿海，而在全面侵华战争爆发前已遍布大江南北、长城内外。1900年五六月间，日本海军为配合西方列强镇压义和团运动，相继派遣“爱宕”舰、“笠置”舰、“须磨”舰、“阳炎”舰等前往天津大沽，参与八国联军侵华战争，同时命“常磐”舰、“秋津洲”舰、“吉野”舰等5艘巡洋舰“警戒”中俄韩相邻海面。[③] 小野信尔分析了日本海军退役军人与革命党人合作，参与第三次革命，于1916年5月策划“策电舰事件”，但以失败告终的一段历史。[④] 袁成毅指出第一次世界大战期间，日本海军曾出动12架飞机对青岛之德军实施侦查和轰炸，配合陆军夺取胶州湾。“九一八”事变爆发后，日本海军为配合关东军作战，出动飞机侦查绥中、锦州一带。“一·二八”事变期间，日本海军飞机无差别轰炸上海、杭州等地的民用设施、文化机构，以致引起英美驻上海领事的抗议。[⑤] 1936年11月，青岛的日本纱厂发生工潮，日本海军竟调集10余艘军舰开赴青岛镇压。史滇生、史习基认为由于西安事变突然爆发，日本海军暂取

---

① 刘怡：《内河魔影　日本“河用炮舰”与扬子江舰队小史》，《舰载武器》2007年第4期。

② 徐勇：《近代日本之扬子江扩张及其战争规划研究》，《军事历史研究》2015年第1期。

③ 杨茜：《义和团时期日本海军初期行动解析》，《吉林广播电视大学学报》2015年第8期。

④ 小野信尔：《日本海军退役军人对第三次革命的参与——一场不了了之的起义》，中国史学会编：《辛亥革命与二十世纪的中国》，第2145—2164页。

⑤ 袁成毅：《日本陆海军对华航空初战及其影响》，《历史研究》2014年第3期。

"冷静观望"态度，故迅速撤离青岛[①]，但中日关系不容乐观、军事冲突一触即发。

日本海军一方面希望华北"亲日自治"运动向华中、华南发展，暗中策动中国西南各派势力联合"倒蒋"，另一方面动员日本陆军侵华中心南移，策划发动全面侵华战争。陆伟指出日本海军自20世纪30年代不断在华中、华南挑起事端，提出令国民政府无法接受的苛刻条件，"成功"吸引日本侵华行动的"兴奋点"向中国腹地和华南转移，加速了日本侵华战争由局部向全面的发展进程。[②]"七七"事变爆发后，为寻找扩大对华战争的借口和争取更多的海军军备预算，日本海军策划了海军中尉大山勇夫与一等水兵斋藤要藏驾车硬闯虹桥机场而被中国守军击毙的"大山事件"[③]，由此引爆"八一三"事变，将侵华战争的战火燃向上海。黄力民、利华介绍了日本海军在全面侵华战争期间的编制结构、指挥关系、舰队沿革等，指出日本海军于1937年10月20日在原有第一、二、三舰队之外，另组第四舰队，且将第三、四舰队合编为中国方面舰队。1938年11月，中国方面舰队分编为第一、二、三遣华舰队、直属舰队和多支陆战队，总兵力8万余人。[④]

日本海军侵华兵力虽远不及陆军，但犯下的战争暴行"毫不逊色"。高晓星介绍了日本海军航空队参与淞沪会战、徐州会战、武

---

① 史滇生、史习基：《西安事变前后中日海军的动向》，《军事历史研究》2001年第4期。

② 陆伟：《卢沟桥事变前的日本海军与对华开战决策的形成》，《党史研究与教授》2002年第3期。

③ 笠原十九司著，孟晓旭译：《大山事件的真相——日本海军"阴谋"的追究》，《抗日战争研究》2014年第4期。

④ 黄力民：《二战时期日本海军的编制结构与指挥关系述略》，《军事历史研究》2011年第1期；利华：《侵华战争中日本海军的中国方面舰队》，《军事历史》1992年第5期。

汉会战、广州会战的情况，以及对重庆、杭州、南昌等地的无差别轰炸。[①] 在日本海军航空队制造的无差别轰炸惨案中，最受中国学界关注的是空袭南京。高晓星节译了原日本海军中佐阿部信夫从1937年8月15日至12月13日驾机空袭南京的“战记”，反映了其对军事目标、民用设施和无辜平民不加区别的野蛮轰炸。[②] 日本海军第一联合航空队下辖的木更津海军航空队、鹿屋海军航空队，从1937年8月15日至12月13日对南京实施了近四个月空袭，其战斗详报现存于日本防卫省防卫研究所，王卫星翻译了其中部分内容，呈现了这两支航空队的部队编制、作战计划和空袭南京经过。[③] 它们是日军攻入南京前的首批空中杀手。日本海军配合陆军攻略南京途中更是一路烧杀抢掠，在12月13日下午控制下关江面和码头后，肆意射杀中国败逃士兵和无辜平民，疯狂炮击载乘逃难百姓的舟船木筏[④]，成为参与南京大屠杀的刽子手。根据美国公布的档案和在中国发现的资料，尹集钧还考证了日本海军在中国实施的细菌战。[⑤] 日本海军的反人道战争犯罪，不仅注定了其必然失败的历史命运，而且被永远钉在历史的耻辱柱上。

---

① 高晓星：《侵华战争中的日本海军航空队》，《民国春秋》1996年第2期。

② 高晓星编译：《日本海军航空队空袭南京史料（1937年8月15日—12月13日）——〈支那事变战记·海军航空战〉节译》，《民国档案》2004年第4期。

③ 王卫星编译：《日本海军第一联合航空队对南京的空袭》，《民国档案》2010年第3期；王卫星编译：《日本鹿屋海军航空队对南京的空袭》，《民国档案》2010年第4期。

④ 刘忠良：《日本海军舰队与南京大屠杀》，《军事历史研究》2015年第2期；刘忠良：《南京攻略战中的日本海军》，硕士学位论文，南京师范大学，2011年。

⑤ 尹集钧：《日本海军细菌战的追索》，《常德师范学院学报》2003年第2期。

五、日本海军的覆亡

日俄战争后一直以美国为最大假想敌国的日本海军，不顾已深陷中国战场的困境，反而为切断中国政府和军队的海外补给线，攫取东南亚的战争资源，决心不惜对美一战，于1941年12月7日偷袭珍珠港，挑起太平洋战争。日本海军在短短半年内，便夺取了菲律宾、香港、马来亚、缅甸等东南亚大部分地区，但兵力不足、补给困难、消耗巨大的问题如影随形，日益吞噬日本海军的作战能力。1942年6月，近代日本海军遭遇“滑铁卢”——中途岛海战[①]，此战成为太平洋战场的转折点。1942年8月至1943年2月的瓜达尔卡纳尔岛战役后，美国开始战略反攻，先是逐岛争夺，后是跳岛作战，经过莱特湾海战、硫磺岛战役、冲绳战役等，在1943年4月18日击毙日本海军联合舰队司令官、海军大将山本五十六[②]，而日本海军陆战队亦成“末路之师”。[③] 中国战场也是捷报频传。1941年2月5日，日本海军大将大角岑生在珠海市斗门县黄杨山坠机身亡。[④] 1945年3月17日，日本海军中将（后追晋海军大将）山县正乡，因座机误降浙江省临海县海门区而被围歼。[⑤] 这些都预示着日本海军末日来临。

---

① 乐楚、彭如：《美日谍战中途岛：日本海军的滑铁卢》，《文史博览》2012年第7期。

② 刘维荣：《日本联合舰队司令山本五十六之死》，《档案时空》2013年第9期。

③ 陈娜、倪海宁：《末路之师　太平洋战争中的日本海军陆战队》，《国际展望》2005年第16期。

④ 钟华：《日本海军大将大角岑生之死》，《广东党史》2005年第6期。

⑤ 马登潮：《日本海军大将山县正乡座机被围歼情况的有关电文》，《浙江档案》1991年第6期。

1945 年 8 月 15 日，日本宣布无条件投降，穷途末路的日本海军不得不接受盟国的接收和处置。8 月 22 日，日本海军各部基本停止战斗。10 月 10 日，日本海军联合舰队被解散。11 月 30 日，海军省被废止，海军大将米内光政成了明治维新创建日本海军 70 多年来的最后一任海军大臣。① 抗战胜利后的国民政府于 9 月 9 日在南京举行受降仪式，中国海军总司令陈绍宽上将与日本的中国方面舰队司令官福田良三中将参加。翌日，国民政府成立全国统一接收委员会，命令海军总司令部参谋长曾以鼎中将负责接收日伪海军。据统计，中国海军从上海、南京、武汉、台澎、厦门、青岛等地，共接收日伪舰船 2162 艘，自留 192 艘，其余转交海关、港务、交通等部门，甚至发还原被日伪征用船只的船主。② 苏小东介绍了抗战胜利后中国海军对台澎地区日本海军的接收经过，认为由于准备不足和海军领导机关重组导致接收工作草草结束，以至于接收事务亲历者李世甲、严寿华对接收日本海军俘虏人数的回忆差距较大。③ 黄力民梳理和订正了中国战区接收日本海军的一些模糊或分歧之处，指出中国战区接收的日本海军共有 13 支部队，合计 10.9 万余人。④

战后残存的日本海军舰船，除被日本海军侵略的国家和地区的政府与抗日力量直接接收外，其余的在日本本土被盟军接收和处理。1947 年 2 月，中、苏、美、英四大盟国代表协商处理原日本海

① 外山三郎：《日本海軍史》，第 224 页。

② 高晓星：《中国战后接收日伪舰艇内幕》，《南京史志》1997 年第 2 期。

③ 苏小东：《抗战胜利后中国对台澎地区日本海军的接收》，《台湾研究集刊》2006 年第 1 期。

④ 黄力民：《中国战区接收投降的日本陆海军单位与人数考订》，《民国档案》2005 年第 3 期。

军舰船的结果，是全部销毁原日本海军的大型军舰，除保留日本维持治安的必需中小舰艇外，其余的135艘各类军舰，由四国平均分配。刘勇强详细介绍了中、苏、美、英四国代表经过1947年6月、7月、8月和9月的四次分舰抽签，中国共分得34艘，含7艘驱逐舰、17艘护航驱逐舰、1艘供应舰、2艘运输舰、2艘布雷舰、2艘驱潜舰、3艘扫雷艇，分四批接收回国，成为战后中国海军的主力舰船。① 汪洁、彭平平、肖龙龙考察了这四批日舰的最后归宿，即有9艘一直停在军港，未曾真正服役；17艘服役于国民党海军部队；4艘被人民解放军俘获，4艘毅然起义，成为人民海军的早期重要成员。② 如此结局是近代日本海军始料未及的。黄鑫、陈勇、余卫雄指出中国海军接收日本的战舰赔偿，对于第三世界国家反抗外来侵略和增强中华民族自信心具有重要意义，强调建设世界一流海军必须以自力更生为主，才能牢牢掌握海军发展的主动权。③

六、小结

与日本学界研究近代日本海军史占据资料、社会关注度、甚或亲身体验的“先天”优势不同，中国学界主要从“受害国”和旁观者的立场出发审视近代日本海军兴衰史，可谓既有特色也有不足。一是“陆主海从”，成果有限。不同于战后日本学界的“海军热”，

① 刘勇强：《抗战后中国接收日舰始末》，《湖北档案》2012年第12期。

② 汪洁、彭平平、肖龙龙：《中国海军赴日接受日军赔偿舰船揭秘》，《湖北档案》2015年第21期。

③ 黄鑫、陈勇、余卫雄：《中国海军接受日本二战赔偿舰艇的意义和启示》，《长春师范学院学报》2005年第10期。

中国学界侧重于近代日本陆军研究，对日本海军的研究起步晚、发展慢、关注度较低，且莫说研究日本海军发展史，就是日本海军侵华史的研究成果也不多。如前所述，除了日本海军对长江流域的侵略活动和空袭南京受到较多关注外，中国学界对日本海军参与的其他侵华活动多为“一文带过”，缺少深入系统的研究成果。二是文献资料的选取和使用存在局限。中国学界的近代日本海军史研究，较少利用日本海军的档案资料和日本学界相关的丰硕成果[①]，截至目前仅有部分学者使用日文档案和参考日本的“战史丛书”及个别日本海军史研究成果。不仅如此，中国学界对日本海军侵华史的研究，尚未充分利用受害地的档案资料，甚至受害者的口述资料。[②]三是学术立场无误，但研究方法较为单一，研究视野不够宽阔。中国学界主要以史学实证方法，明辨史实，批驳日本保守派和右翼分子否认海军战争责任的错误言行，虽属“旁观者清”，但鲜少军事学的研究方法、技术、理论与视角，对某种程度上属于军事学范畴的近代日本海军史研究总有“隔靴搔痒”“不明就里”之感。

总之，中国学界的近代日本海军史研究，虽存在这样或那样的不足与问题，但毕竟为我们继续推进其研究深度和广度奠定了学术

① 日本海军相关的档案资料和研究成果比较丰富，其中档案资料可以检索亚洲历史资料中心，此处不再赘述；日本学界关于近代日本海军史的研究成果相对丰硕，如前所述，吉田裕在《日本人の戦争観——戦後史のなかの変容》中已有不少介绍，此处仅举几部代表性著作。如，日本防衛庁防衛研修所戦史室編：《中国方面海軍作戦(1)》《中国方面海軍作戦（2)》；笠原十九司：《日中全面戦争と海軍——バナイ号事件の真相》；樋口秀実：《日本海軍から見た日中関係史研究》；外山三郎：《日本海軍史》，等。

② 刘忠良在研究日本海军与南京大屠杀中，已关注到这方面的资料。参见刘忠良：《日本海军舰队与南京大屠杀》，《军事历史研究》2015 年第 2 期；刘忠良：《南京攻略战中的日本海军》，硕士学位论文，南京师范大学，2011 年。

基础。从深度而言，一是必须广泛搜集近代日本海军史的日文资料，如防卫省防卫研究所、外务省外交史料馆和亚洲历史资料中心公开的档案，也要搜集日本海军侵略过的国家和地区的档案馆留存的相关资料，还包括日本海军相关者的口述资料、回忆录等，毕竟史料是史学研究的基础。二是充分关注和利用日本及各国学界关于近代日本海军史研究的学术成果。三是结合近代日本军政关系和东亚国际格局的时代背景，深入分析日本海军兴衰史，总结其经验教训，探讨其中的偶然性与规律性。从广度而言，一是不断拓展近代日本海军史的研究内容，如细化研究日本海军的侵华活动和战争犯罪，专题研究抗战胜利后中国各地对日本海军的接收等。二是转换研究思路，跳出侧重史学研究的窠臼，广泛运用军事学的方法、理论和技术，在近代日本海军的军事装备、舰船制造、武器性能、战略战术等方面研究取得突破性进展。三是拓宽研究视野。只有从世界海军发展史的进程中反观近代日本海军的位置和中国海军的现代化之路，才能为我们建设世界一流海军和走向海洋强国，提供客观的历史坐标和正确的前进航向；只有研究日本海军侵华史，才能更清晰地了解日本陆军侵华史，才能更好地理解中国人民在国外强敌入侵及其与国内汉奸勾结的复杂环境下进行艰苦卓绝的抗战史。

第十章　抗日战争与惩肃汉奸

汉奸一词是一个特定、动态的历史概念，现今泛指中华民族中投靠外国侵略者而出卖国家利益的人。[①] 本章无意讨论汉奸之概念，而是根据前述汉奸之“通说”，重点回顾与总结学界关于抗日战争胜利前后中国政府和人民惩处汉奸的研究。潘敏认为中国学界虽已开始研究抗战胜利后各地的惩肃汉奸问题，但“关于汉奸及惩治汉奸问题的论著，与抗日战争史其他领域的研究成果相比，可谓是凤毛麟角，屈指可数”，尤其是 20 世纪 50 年代至 70 年代关于惩治汉奸的研究，在“学术界没有出现较有分量的研究论文”，只是在全国政协或地方政协出版的文史资料类图书中，收录一些相关的回忆性文章。[②] 鉴于此，她在简述国民政府、中共方面惩肃汉奸的研究成果基础上，结合第二次世界大战后其他各国惩肃本国“卖国贼”

---

① 李零：《汉奸的缘起和历史》，《读书》1995 年第 5 期；林秋萍：《“汉奸”的词文解释与法律界定》，《社会科学论坛》2005 年第 2 期。

② 潘敏：《20 世纪 80 年代以来惩治汉奸研究综述》，《抗日战争研究》2009 年第 4 期；何崇校：《国民党第二方面军肃奸专员办事处与广东肃奸委员会》，《广州文史资料》第 24 辑，广东人民出版社 1981 年版；陈恭澍：《北国锄奸》，档案出版社 1988 年版；高友富、李峰：《抗战期间的锄奸斗争》，《镇江文史资料》第 18 辑，中国文史出版社 2003 年版，等。

或“叛徒”的经验，重点探讨了从社会学功能主义、政治学民族主义、伦理学道德论的角度继续深入研究汉奸及其惩肃问题的可行性与借鉴意义。笔者拟跳出就汉奸惩肃而研究惩肃汉奸的成果局限，分抗战时期的汉奸群体与个案、战时国共锄奸、战后惩处汉奸三大部分，概述当代中国学界关于汉奸惩肃问题的研究成果，分析惩肃汉奸研究的特点与走向。

一、抗战期间的汉奸群体与个案

抗日战争时期，中国共产党、国民党领导中国军民浴血奋战、顽强抵抗日本侵略，但有一小撮中国人或出于生计，或被胁迫，或因私欲而投靠日本侵略者，成为人所不齿的“汉奸”。抗战时期究竟有多少中国人充当了汉奸？至今未见准确的研究数字，但这些汉奸大体而言属于以下几个伪政权，即伪满洲国、伪蒙疆政权、伪中华民国临时政府、伪中华民国维新政府，以及主要整合后两者成立的汪伪政府。这些伪政权的汉奸头子，以及各类臭名昭著之汉奸，受到学界的关注较多一些，重点是介绍他们沦为汉奸的历史过程、心理变化和最终结局；同时，伪政权属下之汉奸集团、派系，也受到了学界注意。

抗战时期汉奸群体研究的代表性成果，首推汪朝光的《抗战时期伪政权高级官员情况的统计与分析》一文。[①] 该文分别统计了伪满洲国、伪冀东防共自治政府、伪蒙疆联合自治政府、伪中华民国

---

① 汪朝光：《抗战时期伪政权高级官员情况的统计与分析》，《抗日战争研究》1999 年第 1 期。

临时政府、伪中华民国维新政府、伪中华民国国民政府主要高级官员的姓名、年龄、籍贯、所任伪职、学历、出身、结局，并据此分析出这些汉奸的五个特征：1. 具有地域性和派别性；2. 留日出身者比例较高；3. 在接受近代教育的汉奸中，接受军事教育者所占比例最高；4. 除伪满主要官员押送苏联外，其他伪政权主要高级官员在战后多被审判并判处死刑，而握有军权的高级军事官员往往逃脱了审判，甚至被委任为各级官员，反映了国民政府对其收编和利用；5. 伪政权高级官员中未见出身黄埔军校者，即使与蒋介石关系密切者也甚为罕见，反映了蒋介石作为抗战领袖在战时对下属仍有相当的凝聚力和控制力。作者指出这些汉奸不仅最终未能如日本所愿，反而在战后大多受到司法审判，以及中国人民的政治和道义审判。

日本侵华战争期间推行“以华制华”“分而治之”的侵略政策，并在占领区各地利用不同的汉奸集团或派系，扶植相应的傀儡政权。如，车霁虹认为“以伪帝溥仪为中心的伪满政权汉奸集团”，是近代以来首个以所谓“国家”面目出现的汉奸群体，主要由原东北军政实力派人物、失意的原东北军政大员、伪帝溥仪的遗老遗少，以及留学过日本的部分人物构成，他们对抵抗日本侵略失去信心、国家民族观念淡薄，在日本侵略者的拉拢、胁迫下，主动充当日本侵略东北的“马前卒”，上演了一部卑躬屈膝、卖身求荣的丑剧。[①] 黄美真、张云认为抗战时期汪精卫集团的投敌，既是日本诱降政策的产物，也是汪伪集团媚日、反共的必然结果。[②] 石玉平指

① 车霁虹：《东北沦陷初期伪满汉奸集团成因及傀儡角色》，《北方文物》2011 年第 3 期。
② 黄美真、张云：《抗日时期汪精卫集团的投敌》，《复旦学报》1982 年第 6 期。

出抗战时期汪精卫集团之所以叛国投敌，一方面是日本诱降政策的产物，另一方面是汪精卫集团民族投降主义思想、反共情绪和政治权力欲恶性膨胀的结果，同时蒋介石抗战的两面政策也为汪精卫集团投敌打开了方便之门。①

由于地域、民族、历史渊源、政治背景、依靠日军派系不同等因素所致，抗战时期的汉奸集团或派系之间斗争激烈，学界往往关注伪政权内部的派系斗争，而实际上日伪关系，以及各个伪政权之间也是矛盾重重、明争暗斗。如，吴新丽介绍了日军导演下的伪蒙疆联合自治政府与汪伪政府虽在表面上实现了"合流"，但实际上两者之间是相互拆台、貌合神离。② 问昕分析了抗战时期汉奸派系之间的斗争，指出由于日军希望培植的汉奸服服帖帖、百依百顺，而汉奸们认为日军必须依赖他们才能对占领区实施统治，二者存在主奴之争；日本侵略者内部的派系之争，也延伸到汉奸集团、派系之中，以致依靠不同日军派系的汉奸集团、派系也随之相互倾轧；况且，汉奸集团、派系内部也是派中有派、系中有系，彼此之间为争权夺利、邀功争宠，自然是斗争不可避免。日本侵略者推行"分而治之"政策，在汉奸集团、派系的争斗并不影响其侵华全局利益时是"听之任之"，而一旦影响其侵华全局利益时则出面干涉，如李士群之死就是典型事例。③

抗战时期的中国缘何出现如此规模庞大的汉奸群体？一些专家

---

① 石玉平：《抗日战争时期汪精卫集团叛国投敌原因初探》，《宝鸡文理学院学报》1996年第2期。

② 吴新丽：《日军导演下的蒙奸、汉奸合流运动》，《日本问题研究》2005年第2期。

③ 问昕：《抗战时期汉奸派系斗争研究述略》，《吉林省教育学院学报》2007年第2期。

学者从不同角度探讨了这些汉奸产生的原因。[①] 孙玲玲、梁星亮从军事、政治、思想文化等方面，分析了抗战时期汉奸伪军集团的形成原因，即政治上蒋介石奉行“攘外必先安内”政策使一些人对中国抗战失去信心，军事上“不抵抗主义”造成了民族危机与政局混乱，思想上“各为其主”的军阀割据与封建传统使日本侵略者钻了空子。[②] 付启元认为抗战时期汉奸之多是多重因素促成的，其基本原因是近代中国的长期不统一，社会原因是政治腐败造成严重的社会矛盾，深层原因是文化教育的失误，直接原因则是日本的威胁利诱。[③] 伍小涛指出抗战时期的汉奸知识分子，主要包括三部分，即受过一定教育的北洋政府“余孽”，一部分曾是留日学生，一部分为普通知识分子，而他们走向汉奸之路的根本原因是对权势的依附性，主要原因则是信仰迷失，直接原因是自身被“边缘化”，外部原因是日本文化的奴化。[④] 熊小伟分析了汪伪汉奸现象，认为汉奸现象的社会历史成因包括日本的“以华制华”策略和威逼利诱、近代中国分裂割据与军阀混战、国民党的腐败，而其社会文化心理原因是君主专制主义压抑下的性格裂变、传统文化糟粕对国人心灵的腐蚀和自身性格的极度自私。[⑤]

那么，面对抗战时期全国人民的奋勇抵抗，这些汉奸究竟是以怎样的心理而为虎作伥、虐害同胞？马丽分析了抗战时期汉奸为奸

---

① 曹固强：《抗日战争时期汉奸现象的思考》，《红广角》2015 年第 10 期。

② 孙玲玲、梁星亮：《抗战时期汉奸伪军集团形成的社会因素探析》，《西北大学学报》1999 年第 3 期。

③ 付启元：《抗战时期汉奸形成原因探析》，《民国档案》2002 年第 4 期。

④ 伍小涛：《乱世暗流 ：抗战时期部分知识分子走上汉奸之路探因》，《人文杂志》2007 年第 4 期。

⑤ 熊小伟：《抗战时期汪伪汉奸现象探析》，《新乡学院学报》2013 年第 3 期。

作恶的主要目的，即1.求权势，2.求金钱，3.求温饱，4.求自保，或者只有其中的一两个目的，或者各种目的兼而有之，但不管如何，他们都是出于私利而出卖民族、国家利益，自然被打入“另册”，作为中华民族的败类遗臭万年。[①] 何德廷深入解析了抗战时期汉奸比较普遍的共同心理，即恐日、媚日心理并存，追求权势、利益，冒险投机，内心苦闷与矛盾，以“曲线救国”等歪理邪说自我欺骗，指出无论汉奸们如何自我辩解，其内心都是虚弱无力、畸形变态和丑恶自私的。[②] 叶振中就试图以社会心理学理论剖析周作人的汉奸行为，认为周作人把物质利益、生命看得高于一切，故在“七七”事变爆发后不顾众人劝说而留在北平；根据马斯洛关于人在物质生活、安全等低级需求满足之后，开始向尊重、价值、成功等高级需求前进的理论，指出日军占领下的北平为周作人这个“日本通”彰显才华、“文人从政”“高官厚禄”提供了机会和条件，因此无论他怎样自我辩护，都难以改变其日本侵略者的帮凶、中华民族罪人的本质。[③] 彭立昭亦从心理学剖析的视角，分析了周作人如何从一个怯弱的文人逐步蜕变为汉奸的心路历程[④]，值得深思。

当然，从社会心理学的视角剖析周作人的汉奸行为和心路历程，属于抗战时期汉奸个案研究。《文教资料》1986年第4期发表过一组《关于周作人的史料》，其中一则史料说周作人出任伪“华北政务委员会教育总署督办”是中共北平特委派他打进去的，虽已

① 马丽：《抗战时期汉奸为奸目的之探析》，《黑龙江史志》2008年第18期。

② 何德廷：《抗战时期汉奸心理之探析》，《郧阳师范高等专科学校学报》2004年第2期。

③ 叶振中：《周作人汉奸行为之心理剖析》，《中国现代文学研究丛刊》1994年第2期。

④ 彭立昭：《周作人怎样成为汉奸——一个怯弱文人的心路历程》，《海内与海外》1997年第5期。

有人出面澄清这则史料不足信，但该说仍引起不少人的关注。故而，舒芜通过分析周作人的日记，考察其出任伪职时期及在此前后的思想、感情和生活，认为周作人并非一个忍辱负重的地下工作者，而是一个颓废堕落的叛国附敌者；同时，作者指出周作人出任伪“督办”期间也有过几个亮点，如掩护过参加冀东暴动失败逃至北平的李星华，并送其去延安；长期关心照料李大钊的遗属，尤其是后者主要出于个人的交友之道，与掩护地下工作者并不相干，因此这几个亮点只是“亮点”，改变不了其叛国附敌者的本质。[①]

总体而言，学界关于汉奸个案研究的成果并不太多，且主要叙述或介绍汉奸个体的人生轨迹、投敌行为与罪恶，以及抗战胜利后的审判与惩处。伪政权头子因社会知名度高、叛国投敌社会危害大，故受到学界关注较多。如，黄美真著《汪伪十汉奸》，主要介绍了汪伪政权的汪精卫、陈公博、周佛海、褚民谊、陈璧君、罗君强、王克敏、王揖唐、梁鸿志、李士群十大汉奸的人生轨迹和投敌卖国罪恶。[②] 张劲的《审讯汪伪十汉奸》，既介绍了汪伪政权十大汉奸的罪恶，更突出了战后对他们的正义审判和惩处。[③] 肖立聪重点分析了抗战时期内蒙古汉奸王英的家庭出身、成长经历，以及勾结日本人充当汉奸的卖国活动，反映了当时中央政权衰弱和民族凝聚力水平的低下，强调即使在和平年代的今天，我们也要保持高度的民族凝集力和爱国情感。[④] 曾祥明介绍了郑孝胥从晚清“末代之士”，因仕途欲望所累，妄图复辟清朝，并在与日本人的联络中一

① 舒芜：《周作人敌伪时期日记中的自画像》，《天津社会科学》1987年第5期。
② 黄美真：《汪伪十汉奸》，团结出版社2010年版。
③ 张劲：《审讯汪伪十汉奸》，江苏古籍出版社1998年版。
④ 肖立聪：《日伪时期的王英》，硕士学位论文，内蒙古大学，2011年。

错再错，最终沦为汉奸的心路历程。[①] 董晓景考察伪河北省省长吴赞周投敌叛国活动，分析抗战时期伪省级汉奸大员的共性。[②] 学界还有一些关于个别汉奸巨头的普及性成果[③]，此处不再逐一介绍。随着惩肃汉奸问题研究的深入和相关学术领域的拓宽，一些汉奸个案研究或将成为学界未来研究的重点。

二、抗战时期的国共肃奸与惩奸

抗战时期，日本侵略者向中国共产党领导的抗日根据地和国民政府的大后方，派遣了一批批的特务、间谍，即所谓的“外奸”；或就地以金钱、官位、美色等收买“内奸”[④]，配合其侵华战争政策。为防止汉奸特务在抗日根据地和大后方的破坏活动，国共两党都开展了各种形式的肃奸、惩奸行动。但是，中国学界研究抗战时期国共肃奸、惩奸的成果，主要是中国共产党在抗日根据地开展的肃奸、惩奸活动，并分析其肃奸、惩奸思想与政策，甚至是相关的法制建设问题，而研究国民党在大后方肃奸、惩奸活动的成果相对较少。

目前，笔者仅见魏斐德集中介绍了抗战时期国民党党部、军统

---

① 曾祥明：《偏执与酸楚：郑孝胥的汉奸之路与晚年心境》，《福建论坛》2012 年 Sl 期。

② 董晓景：《伪河北省省长吴赞周研究》，硕士学位论文，南京师范大学，2018 年。

③ 参见何华东：《半截子汉奸——陶希圣》，《文史天地》2006 年第 1 期；赵兰：《档案中有关汉奸高凌霨的一些记载》，《档案天地》2010 年第 2 期；杨飞：《华北头号汉奸王揖唐受审秘闻》，《湖北档案》2010 年第 3 期；孟昭庚：《陈公博：从中共“一大”代表到汉奸》，《龙门阵》2011 年第 9 期；陈名实：《才子汉奸黄秋岳》，《福建史志》2017 年第 6 期，等。

④ 赵华：《抗日根据地汉奸的类型及成因简析——兼论抗战时期日寇的内奸政策》，《兰州学刊》2007 年第 1 期。

局、蓝衣社等组织及其成员在上海的锄奸活动[1]，其他涉及国民党战时肃奸、惩奸的成果，则往往是与共产党的肃奸、惩奸活动放在一起研究。如，王晓华、孟国祥、张庆军编著的《国共抗战大肃奸》，其上册是共产党在抗日根据地的肃奸，下册是国民党的抗战肃奸。不过，该书下册关于国民党在敌后和大后方肃奸的篇幅也仅为一部分，相当部分的篇幅还是介绍抗战胜利后国民政府的惩治汉奸工作。[2] 熊小伟的《抗日战争时期国共两党的肃奸斗争研究》一文，分别介绍了抗战时期中国共产党、国民党对汉奸的惩肃，即共产党首先从战略高度认识肃奸问题，其次建立健全惩肃汉奸的法制，再次放手发动群众和开展深入的肃奸教育，最后做到肃奸与保障人权相统一。至于国民党的战时肃奸政策，他认为一是制定与颁布一系列惩肃汉奸的法令，如 1937 年 8 月 3 日国民政府军事委员会颁布《惩治汉奸条例》五条，1938 年 8 月 15 日修订为 19 条；二是成立专门肃奸机构，下设行锄奸动小组，或别动队，或锄汉奸队等；三是对汉奸招降纳叛，变害为用，如利用汉奸周佛海、罗君强等毒死李士群。[3] 何德廷、辜宗秀对比分析了抗战时期国共肃奸的认识、态度、方法、效果等，指出两者的肃奸工作虽有一定的差异，但总体上都应予以肯定，认为双方的肃奸工作均高举民族正义大旗，共同谱写了民族自我净化的正气之歌。[4]

在敌强我弱、斗争艰苦的抗战时期，肃奸工作不仅任务艰巨，

---

① 魏斐德著，吴晓明译：《汉奸！——战时上海的通敌与锄奸活动》，《史林》2003 年第 4 期。

② 王晓华、孟国祥、张庆军：《国共抗战大肃奸》（上、下），中国档案出版社 1995 年版。

③ 熊小伟：《抗日战争时期国共两党的肃奸斗争研究》，《兰台世界》2013 年第 19 期。

④ 何德廷、辜宗秀：《抗战时期国共肃奸对比分析》，《三峡大学学报》2004 年第 2 期。

而且意义重大，是保证抗日战争胜利的重要条件。何德廷、辜宗秀认为肃奸工作在抗战中具有特殊的意义和作用，是打断日军侵华战略链条的需要，是粉碎日本“以华制华”阴谋的保证，是发挥民族解放战争中民众无穷力量的重要一环，是抗日战争以弱御强、坚持持久抗战的先决条件；指出由于日本为全面征服中国而竭力收买汉奸，加之抗日民族统一战线内部的斗争、右派势力的分裂、国土沦丧过快对民众信心的影响等，导致汉奸组织和成员迅速增多，从而使抗战时期的肃奸任务异常艰巨繁重。[①] 他们认为肃奸问题是抗日战争史研究的重要问题，但学界目前在这方面着力不够，问津者尚少，不利于我们正确、全面地认识日本侵华战争史，指出加强汉奸问题、肃奸问题研究具有特别重要的现实意义，即可以增强民族意识，强化爱国主义教育，同时证明中华民族是有顽强生命力的民族。[②]

中国共产党在抗日根据地肃奸工作的指导思想，尤其是毛泽东、刘少奇等主要领导人的肃奸思想受到了学界关注。孙洪军阐释了毛泽东关于如何认识汉奸、怎样惩治汉奸的“反奸”理论，强调时至今日仍有积极的现实指导意义。[③] 何德廷、辜宗秀重点分析了抗战时期毛泽东肃奸思想的主要内容，即肃清汉奸是中国革命和抗战胜利的必须条件，故坚决镇压罪大恶极的汉奸，同时区分不同类型的汉奸并区别对待，以革命的两面政策对待汉奸分子；即使没收

---

① 参见何德廷、辜宗秀：《论肃奸在抗战中的特殊意义和作用》，《学术交流》2001 年第 5 期；何德廷、辜宗秀：《再论肃奸在抗战中的特殊意义和作用》，《咸宁学院学报》2004 年第 1 期；辜宗秀：《略论抗战时期肃奸之艰巨性》，《长白学刊》2001 年第 1 期。

② 何德廷、辜宗秀：《肃奸研究的现状及其意义》，《咸宁师专学报》2002 年第 5 期。

③ 孙洪军：《毛泽东的“反奸”理论述论》，《延安大学学报》2018 年第 6 期。

汉奸财产，也只是没收罪恶极大的汉奸的财产，尽可能地争取胁从的汉奸，说服教育工农中被迫当汉奸者，从而扩大抗日民族统一战线。[①] 他们还研究了抗战时期刘少奇的肃奸思想，即不论出于什么样的动机和原因而投降做汉奸都是错误的，必须坚决、严格地阻止投降情绪，肃清汉奸，这是坚持持久抗战和巩固抗日根据地的必需条件；必须大力开展民众的气节教育和肃奸教育，增强民族意识，这是铲除汉奸产生的土壤和社会基础、形成抗日肃奸氛围的社会条件；必须根据各种不同的具体情况对各类汉奸区别对待，灵活掌握肃奸技巧。[②] 马顺岭从惩肃汉奸的认识、原则和具体方法上，分析比较了抗战时期毛泽东与刘少奇的肃奸思想，认为两者虽都主张严惩汉奸，但出发点并不完全相同，如毛泽东强调汉奸是中国革命的对象，必须严惩，而刘少奇强调肃清汉奸是抗日根据地建设的一项重要任务。[③]

在毛泽东、刘少奇等中共领导人的肃奸思想指导下，抗日根据地政权制定了惩肃汉奸的法律与政策，依法惩肃汉奸卖国贼。当时，陕甘宁边区政府及各抗日根据地政权，大多制定了惩肃汉奸的法律法规。如，《陕甘宁边区抗战时期惩治汉奸条例（草案）》（1939 年）、《晋察冀边区行政委员会修正处理汉奸财产办法》（1938 年 2 月 9 日）、《山东省战时除奸条例》（1943 年 4 月 2 日）、《苏中行政公署、苏中军区司令部联合公布处理汉奸军事间谍办法》（1944 年 2 月 8 日）等。翁有为指出中国共产党在除奸斗争中，一方面根据前述法律规定惩肃汉奸，另一方面根据不同情况区别对待汉奸，并总结出

① 何德廷、辜宗秀：《抗战时期毛泽东肃奸思想初探》，《毛泽东思想研究》2001 年第 4 期。

② 何德廷、辜宗秀：《抗战时期刘少奇肃奸思想述论》，《求索》2004 年第 4 期。

③ 马顺岭：《抗战时期毛泽东与刘少奇肃奸思想比较研究》，《党史文苑》2014 年第 4 期。

区别对待汉奸的政策，作为对惩肃汉奸立法的必要补充；认为由于汉奸问题的复杂性，惩肃汉奸并非仅凭一纸法律文书所能解决，事实证明只有惩肃汉奸法律与惩肃汉奸政策有机结合，才能使抗日根据地的反汉奸斗争有力地支持抗战；强调惩肃汉奸的立法与政策研究，对于维护民族团结、国家统一，以及反对分裂势力都有一定的借鉴意义。[①] 欧阳华以陕甘宁边区的锄奸反特法制建设为例，系统地研究了边区政府锄奸反特法制的历史演变，指出中共中央鉴于战时的特殊形势制定了宽严相济的锄奸反特法制政策，并通过分析当时的行政组织立法、侦查法制、刑事法制、经济法制等，认为锄奸反特法制以法律手段惩肃汉奸特务，具有鲜明的新民主主义法律特征。[②]

那么，中国共产党在抗日根据地是如何具体惩肃汉奸的？一些学者就此探讨了中国共产党惩肃汉奸的策略与措施。何德廷、辜宗秀认为中国共产党的肃奸工作并非简单地镇压所有汉奸，而是区别不同情况，打击首要，争取胁从，以镇压、打击达到争取、肃清汉奸的目的；尤其注意顽固派与汉奸的区别，分清逃亡地主土地与汉奸土地的问题，不随便将汉奸帽子扣到动摇分子头上。这种灵活的肃奸策略，给不少胁从汉奸以改过自新的机会，使不少误入歧途者纷纷自首。[③] 冯兵指出中共通过界定逆产、处置逆产、政策调适等方式，掀起逆产处置运动，剥夺汉奸财产权，断绝其东山再起的经

① 翁有为：《抗日根据地民主政权惩治汉奸的立法和政策研究》，《中共党史研究》2006年第2期。

② 欧阳华：《抗战时期陕甘宁边区锄奸反特法制研究》，博士学位论文，中国政法大学，2011年。

③ 何德廷、辜宗秀：《论抗战时期中共的肃奸策略》，《求索》2007年第10期。

济基础，为持久抗战提供有力支撑。[①] 赵华以陕、甘、宁、晋、冀、鲁等抗日根据地的锄奸政策为例，指出中国共产党制定锄奸政策时，一方面考虑坚决镇压极少数敌特和反共破坏分子，另一方面充分保证抗日根据地人民的民主自由，提出首从分别、宽严相济，以抗日民族统一战线为基本原则，坚持宽大与镇压相统一的方针，是一项高超的斗争艺术，并非一项单纯的技术工作。[②] 王淼、谭剑指出中国共产党高度重视汉奸危害，制定了宽严有度的惩治汉奸政策，组建了严密的肃奸体系，以社会部为主开展党内、军队和政权内部的肃奸，以敌后武工队、游击队在沦陷区锄奸，有力地保证了抗日力量的纯洁，有效地打击了汉奸特务破坏势力。[③]

此外，还有几篇学位论文综合性地研究了抗日根据地的肃奸和惩奸问题。一是何德廷的《抗日根据地肃奸研究》，从政治、经济、军事、文化、教育等多个层面，系统地梳理和分析了抗日根据地的肃奸工作。如，中共在政治上将肃清汉奸卖国贼作为抗战救国之重要纲领，军事上采取政治攻势和军事打击相结合以分化瓦解伪军，经济上严禁粮食出口、打击伪币、没收汉奸财产和对汉奸实施经济制裁，教学上进行民族气节和民族意识、爱国主义的抗战肃奸教育，文化上通过肃奸短剧、街头诗歌、木刻等形式激发人们抗敌肃奸激情，同时建立起军政民结合的惩治汉奸体制，使抗日根据地成为抗战肃奸的重要战场。[④] 二是赵华的《华北抗日根据地汉奸及其

---

① 冯兵：《财产惩治的尝试：抗战时期中共对汉奸逆产的处置》，《学习与实践》2014年第7期。

② 赵华：《抗日根据地党的锄奸政策再探》，《山西高等学校社会科学学报》2007年第10期。

③ 王淼、谭剑：《抗战时期中国共产党肃奸初探》，《黑龙江史志》2014年第17期。

④ 何德廷：《抗日根据地肃奸研究》，博士学位论文，华中师范大学，2009年。

惩治问题研究》，通过分析抗战时期以山西为中心的华北抗日根据地内的汉奸特质和构成情况，阐释了中国共产党和根据地民众对汉奸的类型、汉奸与战犯、阶级敌人关系的认识，从而在抗日民族统一战线原则下制定了“镇压宽大相结合”的锄奸政策，以最大努力唤醒汉奸的民族意识，扩大抗日民族统一战线的力量。特别是文中对基层汉奸、乡村汉奸的描述和研究，颇具新意。[①] 三是宋尚峰的《山东抗日根据地锄奸研究》，在重构山东抗日根据地锄奸活动史实的同时，试图分析和说明根据地内的锄奸政策、措施对于维护国家利益和民族尊严的重要作用，并由此阐释了中国共产党关于国家概念的认识、成长、进步与成熟的历史演变。[②]

三、抗战胜利后的惩处汉奸

抗日战争胜利后，长期饱受日伪汉奸、特务蹂躏之苦的中国人民，尤其是沦陷区的民众，强烈呼吁和要求严惩汉奸，伸张正义。这自然得到中国共产党的积极响应和支持。其实，自 1944 年中国战场开始局部反攻以来，中国共产党的《新华日报》《解放日报》就不断刊发战后处置汉奸的相关文章。抗战胜利后的仅仅两个半月内，《新华日报》刊发的要求惩治汉奸的文章和报道就多达 96 篇。中共解放区更是成立汉奸罪行调查委员会、人民法庭等，召开申冤除奸大会或公开审判汉奸。国民党则由于战争结束之初尚在大后方，且出于战后与共产党争夺对沦陷区的控制权，一方面指示和委

---

① 赵华：《华北抗日根据地汉奸及其惩治问题研究》，硕士学位论文，山西大学，2005 年。
② 宋尚峰：《山东抗日根据地锄奸研究》，硕士学位论文，山东大学，2007 年。

任握有实权的汉奸实力派就地“维持秩序”，使这些汉奸特务摇身一变而为“抗战功臣”；另一方面委派接收大员赴各地接受日伪投降，抢占战略物资，以致引发种种腐败，导致群众不满和社会诟病。在社会舆论的压力下，国民政府于1945年9月27日公布《处置汉奸案件条例草案》，12月6日发布《惩治汉奸条例》，开始逮捕、审判汉奸工作。[①] 据统计，从1945年11月至1947年10月，各省市法院审判汉奸结案25155件，判处死刑369人，无期徒刑979人，有期徒刑13570人，罚款14人。[②] 由此可知，中国共产党、国民党在战后惩处汉奸方面虽然态度、政策、措施、效果、影响并不相同，但都进行了相应的惩治汉奸工作。

然而，学界关于抗战胜利后的惩治汉奸研究，则主要集中在国民政府方面，对于中国共产党惩治汉奸的研究相对较少。截至目前，笔者仅见以下两篇专门研究战后中国共产党惩治汉奸的学术论文。一是台湾学者罗久蓉的《抗战胜利后中共惩审汉奸初探》，将中国共产党惩处汉奸置于抗战胜利后国共矛盾、冲突日益激烈的时代背景下进行探讨，认为中国共产党眼中的“汉奸”与其所谓“战犯”“敌伪顽劣”“阶级敌人”之间的界限模糊，且惩处汉奸政策中的“宽严”“首从”等皆为相对概念，往往服从于政治斗争的需要，限制了审判、惩治汉奸的公正性与公平性。[③] 二是周爱民的《人民掌握政权惩处汉奸战犯》，重点介绍了中华人民共和国成立后，旅大市于1953年6月15日对宋大智等14名汉奸战犯进行审判，清

---

① 李雅茹、潘敏：《国民政府惩治汉奸法令述论》，《西安政治学院学报》2011年第5期。

② 孟国祥、程堂发：《惩治汉奸工作概述》，《民国档案》1994年第2期。

③ 罗久蓉：《抗战胜利后中共惩审汉奸初探》，《“中央研究院”近代史研究所集刊》第23期，1994年。

算其汉奸特务罪行。[①] 王晓华的《见证 1945　汉奸大审判》一书，虽有一章内容介绍了中共解放区的严惩汉奸活动，但重点仍是战后国民政府逮捕、公审汉奸，以及末日汉奸之丑态。[②]

抗战胜利后国民政府惩处汉奸研究，主要分为国民政府惩奸的整体研究、各地区惩奸研究和个案研究三部分。具体说来，国民政府惩处汉奸的整体研究，主要是对国民政府抗战胜利后至败退台湾前惩处汉奸的综合性研究。如，冯兵从惩奸立法的视角，认为国民政府战后惩治汉奸的立法与政策，虽奠定了汉奸惩治的法律基础，但因政局动荡和行事仓促，造成惩奸立法缺陷，影响了惩奸效果。[③] 吕迅指出国民党的惩肃汉奸措施，经历了"由战时行政军事机关的特别制裁，向战后司法检察机关审判刑罚过渡"，但政策的合法性及其涉及对象的合法权利等存在较多问题，故不仅未能实现整合战后社会的初衷，反而加速了社会的分崩离析。[④] 王庆林考察了战后国民政府惩治汉奸的立法工作和审判机构情况，以及惩治汉奸相关条例颁布的背景、过程、内容和主要特点，分析了侦查、审讯、判决、再审、执行的审判程序，认为国民政府按照司法程序公审汉奸，整肃国家纲纪，伸张民族正义，具有积极的社会意义；同时，他指出审判汉奸中出现的腐败现象，既与其司法制度本身相关，也与当时特殊、动荡的局势有关，应当客观看待这一问题。[⑤] 程堂发、

① 周爱民：《人民掌握政权惩处汉奸战犯》，《大连近代史研究》第 9 卷，辽宁人民出版社 2012 年版。

② 王晓华：《见证 1945　汉奸大审判》，南京出版社 2005 年版。

③ 冯兵：《抗战胜利后国民政府惩奸立法研究》，《甘肃社会科学》2014 年第 2 期。

④ 吕迅：《抗日战争与国民党惩肃汉奸运动》，《社会科学研究》2019 年第 6 期。

⑤ 王庆林：《战后国民政府对汉奸的审判（1945～1949）》，硕士学位论文，暨南大学，2006 年。

谢扬、郭天一、郑凤石等学者，较为详细地介绍了抗战胜利后国民政府对汉奸的逮捕、关押、审判和处决的历史过程，以及那些汉奸被捕后的种种丑态。① 彭伟成根据战后初期主要媒体对国民政府惩治汉奸的报道、评论，分析了国民政府惩治汉奸的整体状况与特点，指出舆论界对国民政府惩治汉奸的政策、措施和行为普遍表示不满，并不仅仅是对国民政府惩治汉奸宽容度的不满，更多的是对国民政府的腐败及其对民众要求的冷漠等固有顽疾的抨击，加之民族主义情绪高涨、国共两党斗争等政治因素影响，舆论界对国民政府惩治汉奸工作也有一些片面认识。②

战后全国范围内都开展了惩处汉奸活动，但浙江、河北、天津、南京等地的惩奸活动尤受学界关注。如，郑建锋介绍了战后浙江省根据国民政府颁布的《处置汉奸案件条例草案》和《惩治汉奸条例》组织检举汉奸工作，虽取得一定成效，但由于民众在检举汉奸工作中融入了阶级意识和个人恩怨，反而使之变得复杂化，出现了腐败、诬告、反共等不少问题，遂于 1947 年后逐渐平息，惩治汉奸工作开始走向司法和军法阶段。③ 谢宁以国民政府河北高等法院惩治中小汉奸的司法程序——对汉奸的检举、通缉、逮捕、起诉、审判，以及对其财产的没收等，阐述了国民政府惩治汉奸的总

① 程堂发、谢扬：《南京国民政府惩治汉奸始末》，《文史精华》2003 年第 2 期；郭天一：《历史的惩罚——抗战胜利后对汉奸的审判》，《环球军事》2005 年第 17 期；郑凤石：《国民党高等法院管理汉奸的奇情怪状》，《文史精华》2003 年第 2 期。

② 彭伟成：《战后国民政府惩治汉奸研究——以媒体报道为中心的考察》，硕士学位论文，上海大学，2009 年。

③ 郑建锋：《战后国民政府在浙江检举汉奸工作略论》，《江苏科技大学学报》2009 年第 3 期。

体形势，分析了国民政府惩治汉奸工作的得失。[①] 张峥认为天津汉奸结构复杂，彼此之间关系密切，故抗战胜利后国民政府抓捕天津汉奸困难重重；国民政府虽在天津的惩奸行动总体上比较积极，但由于其惩奸政策不透明，以及惩奸过程中暴露出的腐败等问题，导致其最终失去了民心，自然也就在日后的内战中失去了优势。[②] 南京既是战前国民政府的首都，也是战时伪中华民国维新政府、汪伪政府的“首都”，故在战时和战后初期可谓是汉奸云集之地。1945年9月26日，军统在南京一次性逮捕汪伪教育部部长李圣五、汪伪实业部部长梅思平等23名大汉奸，其他各地的大汉奸，甚至逃至国外的大汉奸，也相继被引渡回南京受审。[③] 可以说，南京的惩奸是当时全国范围内惩奸的一个缩影。

国民政府战后惩奸的个案研究，一方面集中于个别大汉奸研究[④]，另一方面通过战后审判汉奸的个别案例，探讨汉奸身份认定、军统特工参与审判的情况。如，张世瑛就是通过几个战后审判汉奸的案例，分析当时汉奸的身份认定问题；罗久蓉则探讨了军统特工参与战后汉奸审判的深层关系。[⑤] 其实，战后国民政府审判汉奸的

---

① 谢宁：《抗战胜利后国民党惩治汉奸问题述论——以国民党河北高等法院惩治汉奸档案为主的考察》，硕士学位论文，河北师范大学，2006年。

② 张峥：《抗战胜利后国民政府对汉奸的惩治——以天津地区为中心的研究》，硕士学位论文，天津师范大学，2014年。

③ 滕小阳：《南京惩治汉奸始末》，《法律与生活》1997年第1期。

④ 蔡德金：《从周佛海日记看周佛海被减刑的原因》，《民国春秋》1991年第2期；回永广：《叛国奸贼——大汉奸的最后结局》，中共党史出版社2005年版。

⑤ 张世瑛：《从几个战后审奸的案例来看汉奸的身份认定问题（1945—1949）》，《“国史馆”学术集刊》第1期，2001年12月；罗久蓉：《军统特工组织与战后汉奸审判》，《一九四九：中国的关键年代学术讨论会论文集》编委会编：《一九四九：中国的关键年代学术讨论会论文集》，台北，“国史馆”2000年版。

典型案例，不仅体现了国民政府惩处汉奸的政策、措施，而且反映了国民政府内部的派系关系和权力斗争。王春英以上海新新公司职工舒月桥检举总经理李泽为汉奸一案为例，分析了原本属于劳资纠纷或个人恩怨的李泽案，因军统局局长戴笠与上海市警察局局长宣铁吾的参与，使该案卷入国民党高层的内讧与派系争斗之中，由于蒋介石及国民党其他派系都不容军统在上海独大，故宣铁吾在蒋介石的默许下，利用李泽案攻击军统和戴笠，最终使李泽案由政治解决走向了司法审判，反映了战后汉奸审判，尤其是那些关系复杂和财势雄厚的“大汉奸”审判，更是受制于政治势力的操纵。[①] 这也是战后国民政府惩处汉奸工作备受诟病的重要原因之一。

四、小结

纵观抗战胜利前后惩处汉奸的研究成果，可知中国学界关于这一问题的研究具有以下几个鲜明特点。一是研究选题“抓大放小”，主要是关于抗战胜利前后惩处汉奸的宏观性研究较多，而微观性选题较少；关于抗战时期汉奸群体研究相对较多，而个案研究相对较少；关于伪政权汉奸头子、臭名昭著之大汉奸研究较多，而人数较多的中小汉奸、基层汉奸、乡村汉奸研究较少。其实，与大汉奸研究相比，中小汉奸或基层汉奸的个案研究更具有代表性，毕竟其基数相对较大，也更加贴近战时沦陷区的社会生活。二是战时与战后肃奸、惩奸研究的重点明显不同，即战时国共肃奸、惩奸研究的重

① 王春英：《战后“经济汉奸”审判：以上海新新公司李泽案为例》，《历史研究》2008年第2期。

点，是中国共产党抗日根据地肃奸、惩奸的政策、措施、指导思想、历史意义等，而相对忽视国民党方面的肃奸、惩奸工作；战后惩处汉奸研究，主要关注的是国民党方面对汉奸的审判和惩处，而甚少关注中共解放区的惩奸活动与成绩。三是研究方法较为单一，主要是运用历史学的方法介绍汉奸的人生轨迹、卖国罪恶、最终结局，探讨国共肃奸、惩奸的法律依据、政策措施和社会影响，较少从国际关系学、社会学等其他学科的视角和方法进行相应考察。

鉴于此，笔者认为关于抗战胜利前后中国惩肃汉奸研究，需要继续向广度和深度发展。从广度上而言，1. 加强人数相对较多，且往往容易被忽略的中小汉奸、基层汉奸、乡村汉奸的个案研究将是一个重要方向。他们作为日本侵略者在占领区实施殖民统治的“协力者”，不仅直接体现着日本在华殖民统治政策及其罪恶目的，而且由于本身处于日本侵略者、国共两党的锄奸势力、亲朋乡邻的夹缝之中，更真切地反映了抗战时期中国沦陷区各方势力错综复杂的社会关系。故而，选取部分具有代表性的中小汉奸、基层汉奸和乡村汉奸的个案，分析其之所以沦为汉奸的心路历程，探讨他们在国共两党战时与战后肃奸、惩奸过程中的位置与结局，比较国共两党肃奸、惩奸之异同，考察民族危亡时期个人抉择与社会变迁的深层关系，颇具现实意义与学术价值。2. 进一步平衡战时与战后肃奸、惩奸研究的内容，不仅要加强战时国民党方面的肃奸、惩奸研究，以及战后中共解放区和新中国成立后的惩奸研究，而且要避免从一个极端走向另一个极端的“偏差”。3. 注意抗战胜利前后中国惩肃汉奸研究与国际上惩处战犯，尤其是东京审判惩处日本战犯，以及其他各国惩肃本国“卖国贼”或“叛徒”研究的区别与联系，从而为中国学界的惩肃汉奸研究提供启示与借鉴。

从深度上而言，可以继续细化、深化抗战胜利前后惩肃汉奸研究。首先，拓宽研究思路。抗战胜利前后惩肃汉奸研究，已不能仅仅局限于从史学角度介绍汉奸为虎作伥的历史事实，或从法学角度解析惩肃汉奸的法律依据及其对中国法制建设的意义，或从心理学的角度解析个别大汉奸堕落之心理变化，还应与抗日战争的发展态势、日本侵华战略与政策联系起来进行考察。如，抗日战争从防御到相持再到反攻的发展变化，对于汉奸内心世界的影响；日本侵华战争期间推行“以华制华”“分而治之”的阴谋与政策，对于日伪关系、伪伪关系的制约与影响。其次，深化研究内容。这就需要不断挖掘新史料，深入分析抗战时期汉奸产生的社会根源、家国责任、外部因素；进一步探讨国共两党肃奸、惩奸的政策、措施、方法及成效对战后中国的政局走向、道德评判、民族意识的影响。最后，引入新的研究方法。如，通过引入国际关系学的相关理论和方法，分析战后初期国民政府从日本及其各地引渡汉奸，以及新中国成立后苏联将俘虏之伪满汉奸转交中国的历史事实与当时东亚的国际关系形势，从惩处汉奸到遣返日本战俘、审判与改造日本战犯，不仅有助于我们理解惩处汉奸已不再局限于中国境内，而且更具有世界反法西斯战争胜利的意义。

第十一章　抗战胜利后中国遣返日本侨俘

1945 年 8 月，日本向盟国投降后，滞留在日本国外的军人、侨民合计 660 万人，其中在中国战区的日本战俘、侨民（以下简称“日本侨俘”）大体分布情况是：东北地区除 59.4 万人被押送苏联西伯利亚外，尚余 110 万人；关内地区约 210 万人，台澎地区近 50 万人，共计 370 万人。[①] 对于这些昔日在中国作威作福、烧杀抢掠的日本侨俘，中国政府和人民没有报复和仇杀，而是本着国际人道主义精神，不计前嫌、以德报怨、宽大为怀，积极主动地予以遣返。即使在解放战争期间，中国遣返日本侨俘工作也未停止。新中国成立后，通过中国红十字会继续送还剩余之日本侨俘。然而，作为近代东亚规模最大的一次人口移动事件和充分体现中国人民宽大仁爱精神的行为，在相当长的一段时间内并未受到中国学界的应有重视。据说，20 世纪 50 年代，中国共产党曾组织过东北地区的日

---

① 参见吴庆生：《50 年代中国政府协助日侨回国略论》，《绍兴文理学院学报》2001 年第 2 期；吕志伟：《遣返日本战俘的岁月》，《百科知识》2007 年第 16 期；储晶：《战后滞留中国的日本人遣返研究》，硕士学位论文，辽宁师范大学，2017 年，等。

本侨俘遣返研究[①]，但迄今未见相应的研究成果。20 世纪 90 年代以来，中国学界才出现了关于遣返日本侨俘的学术成果，至今方兴未艾。本章拟从遣返日本侨俘的总体情况出发，分别介绍中国各地遣返日本侨俘的研究现状，分析中国学界研究遣返日本侨俘的特点及走向，为今后之相关研究提供借鉴和启示。

一、遣返日本侨俘的概况

抗战胜利后，如何集中管理和尽快遣返日本侨俘，是国民政府必须面对的一个重要问题。因为规模庞大的日本侨俘，一方面由于日本战败投降，心理失衡、恐慌，尤其是想到战时的所作所为与累累罪行，更是害怕中国人报复，故归心似箭；另一方面，部分日本侨俘不甘失败，私藏武器，勾结土匪，暗中联络地方军阀实力派，妄图“残留”中国，以待他日“东山再起”，成为影响战后中国社会稳定的潜在因素。所以，1945 年 9 月 30 日，国民政府颁布了《中国境内日侨集中管理办法》，规定华北各地日侨集中于北平、天津、大同、青岛，华东地区的日侨集中于上海、厦门，四川、两湖、河南等地的日侨集中于汉口，台澎地区的日侨向当地各个县市集中，以待遣返。随之，从 1945 年 11 月至 1946 年 12 月，中国大陆遣返日本侨俘共计 2983550 人。[②] 其余尚待遣返的日本侨俘与被征用之日籍技术人员及其在华家属，一部分在解放战争期间陆续被遣送回国，另一部分则在华工作到中华人民共和国成立。

---

① 忻平、吕佳航：《“身有所寄，心有所托”——战后上海待遣日侨的集中管理》，《社会科学家》2010 年第 10 期。

② 李新：《中华民国大事记》第 5 册，中国文史出版社 1997 年版，第 538 页。

同时，美国政府为消除日本在华影响，也积极支持中国政府的遣返日本侨俘工作。1945 年 10 月 25 日至 27 日，中美在上海举行遣返日本侨俘联席会议，制定了《中国战区日本官兵与日侨遣送归国计划》，决定从塘沽、青岛、连云港、上海、厦门、汕头、广州、海口、三亚、海防、基隆、高雄等 12 个港口，将中国战区的日本侨俘遣送回国。随之，美国出动 85 艘登陆舰、100 艘自由轮，并组织一批日本船只，参加日本侨俘的遣送工作。[①] 1946 年 1 月 6 日，中美在上海召开第二次遣返日本侨俘联席会议。2 月 6 日，中美等相关各方在东京召开中国战区遣返日本侨俘会议，制定了《中国战区日侨日俘遣返计划》，以加快遣返日本侨俘的进度。美国代表马歇尔、中国共产党代表周恩来、国民党代表张群三人组成军事调处执行部，积极协调中共控制区与国民党控制区的遣返日本侨俘工作，从而保证了遣返日本侨俘工作的顺利进行。王惠宇指出美国不仅参与遣返日本侨俘的决策和具体运作，而且协调中国共产党与国民党在遣返日本侨俘问题上进行合作，最终国共美三方完成了这项艰巨的遣返任务。[②] 袁成毅认为战后中国宽大并迅速遣返日本侨俘，既体现了中华民族宽大为怀的民族品格，也与蒋介石的反共战略和美国根除日本在华影响的既定政策密切相关。[③] 二者都强调了美国因素在战后中国遣返日本侨俘中的重要作用。

然而，中国学界关于抗战胜利后国民政府遣返日本侨俘研究的综合性成果并不多，目前仅有以下几项。一是刘国武介绍了战后中

① 石源华：《中华民国外交史辞典》，上海古籍出版社 1996 年版，第 585 页。

② 王惠宇：《战后日本侨俘遣返问题中的美国因素》，《兰台世界》2013 年第 4 期。

③ 袁成毅：《战后蒋介石对日“以德报怨”政策的几个问题》，《抗日战争研究》2006 年第 1 期。

国遣返日本侨俘的准备、过程和影响，指出这不仅体现了中国人与人为善、宽宏大量的民族性格与人道主义精神，而且由于受蒋介石“以德报怨”讲话的影响，导致遣返日本侨俘过程中出现日本侨俘政治、经济待遇过高，未能对他们进行深刻的思想教育和清除其军国主义思想，甚至一些日本战犯潜藏在侨俘之中逃回日本。① 二是吴庆生根据中国陆军总司令部的档案，介绍了中国境内遣送日本侨俘的人数，以及国民政府的遣送计划；叙述了日本侨俘的收容、集中和统一管理情况，以及他们的生活待遇、途中补给、在内地及港口的行李检查和检扣物品的处理等，指出国民政府的善意和努力是日本侨俘迅速顺利回国的主要原因。② 三是朱之江、仲华梳理了国民政府处理日本侨俘的指导思想、基本进程和主要措施等，如尊重日本侨俘的人格和尊严、保护其个人财物、妥善安排住所和给养、提供必要的医疗卫生保障、实施心理教育和积极稳妥地实施遣返，认为这种日本侨俘处理政策体现了中华民族仁爱宽大的胸怀和国际人道主义精神，在促使部分日本侨俘反省侵华罪行方面有一定的积极作用。③

新中国成立后，中国大陆至少有 4 万余名日本侨民，以及被人民解放军俘虏和由苏联转交的 1000 多名日本战犯④，如何妥善处理这些日本战犯和侨民，事关战后中日关系的长远发展。1952 年 9 月，中共中央和中央人民政府决定对日本侨俘除少数战犯及刑事罪

① 刘国武：《战后中国对日俘日侨的遣返》，《求索》1999 年第 5 期。

② 吴庆生：《中国战区日俘日侨的收容、管理与遣送》，《江西社会科学》2002 年第 4 期。

③ 朱之江、仲华：《履行国际人道主义的重大尝试——战后中国政府处理日俘问题述论》，《江苏社会科学》2005 年第 6 期。

④ 吴庆生：《50 年代中国政府协助日侨回国略论》，《绍兴文理学院学报》2001 年第 2 期。

犯应该依法处理外[①]，其他在华日侨则本着自愿原则，分期分批协助他们回国。1953年3月至1958年7月，由中国红十字会出面联络日本红十字会、日本和平联络委员会、日中友好协会等民间团体，从天津、秦皇岛、上海三地相继协助日本侨民回国3.4万人左右。[②] 这一事迹在国际上产生了广泛而良好的影响，并在一定程度上推动了中日民间交往的扩大和中日友好关系的发展，被称为“架设中日友好关系的桥梁”。[③] 陈国文、邓卫红、潘德昌等学者指出，在20世纪50年代，中华人民共和国与日本并无外交关系的情况下，通过中国红十字会与日本访华团体联络与交涉，积极解决和落实日侨归国问题，打开了战后中日关系的一个缺口，使之从民间交往发展到“官民并举”，为中日关系正常化奠定了基础。[④] 刘振甲指出1958年5月中国国旗在长崎受辱事件后，中国红十字会协助日本侨民回国的计划受到一定影响，并在不久后中止，直到20世纪70年代中日复交后又继续协助日本侨民归国，并从1981年开始分

---

① 参见龙心刚、孙君：《1956年特别军事法庭沈阳太原审判研究》，《党史文苑》2009年第4期；高建、王建学：《日本战犯沈阳受审前后》，《炎黄春秋》2008年第9期。

② 关于日本侨民回国的人数，有3．2万人说、3．4万人说、3．5万人说、近4万人说，等。参见《一批日本侨民回国》，《人民日报》1958年7月10日；韩风、弓矢《中日友好难忘的史话——记五十年代协助大批日桥归国》，《人民日报》1992年9月20日；吴庆生：《50年代中国政府协助日桥回国略论》，《绍兴文理学院学报》2001年第2期；吴佩华、许立莺：《架设中日友好关系的桥梁——建国初期中国红十字会协助日桥归国探析》，《日本问题研究》2009年第2期；孙平化、刘德有：《珍惜艰难缔造的中日友好关系》，《人民日报》1985年10月27日；胡乔木：《略谈八年抗战的伟大历史意义》，《人民日报》1987年7月8日。

③ 吴佩华、许立莺：《架设中日友好关系的桥梁———建国初期中国红十字会协助日侨归国探析》，《日本问题研究》2009年第2期。

④ 陈国文、邓卫红：《廖承志与日侨归国》，《贵州大学学报》2008年第5期；潘德昌：《日侨遣返交涉的民间外交》，《日本问题研究》2010年第1期。

批分期地组织日本侨民和遗留孤儿赴日寻亲。[①] 一场侵略战争，造成几代人的亲情割舍与生离死别，可以说日本侵略战争对中日两国人民造成的伤害至今仍未结束。

无论是国民政府的遣返日本侨俘工作，还是新中国的送还日本侨民计划，都体现了中华民族不计前嫌、宽大为怀的民族品格，但学界与之相关的综合性研究成果均不太多，倒是一些普及性、文艺性的著作从一个侧面反映了抗战胜利后中国遣返日本侨俘的历史实态。如，完颜绍元的《大遣返》和梅桑榆的《三百万日俘日侨遣返实录》《大遣返：1945—1946 三百万日俘日侨漫漫归国路》等，就是这方面的代表性著作。[②] 纪彭、赵光强指出抗战胜利后国共双方都曾使用日俘，其中蒋介石命令日军替他占好地盘，阎锡山则组织 6000 人的“日本纵队”，当然解放军中也有日本战俘为其工作。[③] 陈奉林介绍了战后国民政府和陆军总司令部遣返日本侨俘的详细计划，以及遣返过程中不带歧视与报复的原则，认为这次日本侨俘大遣返不仅奠定了战后日本复兴的基础，而且为化解中日两国的民族矛盾、解决中日两国的诸多问题都有积极作用。[④] 当然，学界还有

---

① 刘振甲：《战后日本遗华日侨的形成与演变》，《世纪桥》2007 年第 12 期。

② 完颜绍元：《大遣返》，上海远东出版社 1995 年版；梅桑榆：《三百万日俘日侨遣返实录》，中共党史出版社 2004 年版；梅桑榆：《大遣返：1945—1946 三百万日俘日侨漫漫归国路》，国际文化出版公司 2009 年版。

③ 纪彭、赵光强：《抗战胜利后，国共都大量使用战俘》，《文史参考》2010 年第 17 期。

④ 陈奉林：《1945/46：日本侨俘大遣返》，《世界知识》2005 年第 18 期。

一些以战后中国遣返日本侨俘为主要内容的知识性文章[①]，笔者不再逐一介绍，而是重点介绍中国各地遣返日本侨俘的研究成果。

二、葫芦岛日本侨俘大遣返

抗战胜利后，中国东北地区的日本侨俘遣返工作比较复杂。一是日本侵略中国东北始于甲午战争，可谓渗透时间长、移民人数多，即使不算被苏联押送西伯利亚之 59.4 万名战俘，当时东北仍有 110 万名日本侨俘，相当于关内所有日本侨俘的一半以上。二是抗战胜利后东北的政治形势复杂，其中既有中国共产党控制区，也有国民党控制区，还有苏联和美国势力的影响。因此，在国共美苏三国四方的复杂关系和国共两党控制区犬牙交错的夹缝中遣返日本侨俘确实不易。张志坤、关亚新通过查阅档案史料、历史文献、调查采访等，比较客观地还原了松花江以北中国共产党控制区遣返日本侨俘的情况，指出在美国的协调和帮助下，国共美两国三方达成了遣返日本侨俘协议，即 1946 年 7 月的《关于中共区内日侨俘遣送之计划》《遣送东北中共管制区日人之协定书》，据此由东北民主联军将日本侨俘送到交接地，国民党当局按计划予以接收。截止同

---

① 如，刘华昆：《浅析战后在日华侨的遣返》，《兰台世界》2011 年第 14 期；吕志伟：《遣返日本战俘的岁月》，《百科知识》2007 年第 16 期；张向冰：《日本侨俘大遣返》，《海洋世界》2010 年第 10 期；杨章怀：《日本侨民遣返问题揭秘》，《文史博览》2005 年第 15 期；李仲明：《日军在中国战场上的败降与遣返》，《钟山风雨》2005 年第 6 期；任骏：《抗战胜利后日侨同俘遣返述略》，江苏省哲学社会科学联合会编：《牢记历史振兴中华——江苏省纪念抗日战争暨世界反法西斯战争胜利 60 周年论文集》，中国文史出版社 2006 年版。

年 9 月，中国共产党控制区遣送了至少 18.2 万名日本侨俘。[①]

除中国共产党控制区外，东北地区遣返日本侨俘的整体情况如何？张志坤、关亚新系统地论述了近代日本向中国东北移民的历史和苏联出兵中国东北后日本的弃民政策，以及日本侨俘在战后初期的逃亡与被中国政府收容的情况，阐释了日本的移民政策与弃民政策、向中国东北移民与日本侨俘遣返之间的因果关系、历史联系；叙述了中国政府遣返东北地区日本侨俘的准备、部署、安排和进程，并重点介绍了沈阳及其周边地区、长春及其周边地区、吉林东部地区的日本侨俘的遣返进程，以及日籍技术人员在留用解除后的遣返情况；分析了通过葫芦岛遣返百万日本侨俘的历史影响，认为这既是中华民族博大胸怀的历史见证和人道主义的历史丰碑，也是中美、国共合作处理战后问题的成功范例。[②]

东北地区遣返日本侨俘的主要港口是葫芦岛，故学界通称东北地区的日本侨俘遣返为“葫芦岛百万日本侨俘大遣返”或“葫芦岛大遣返”。荆杰指出抗战胜利后国共双方以民族大义为重，分别在各自实际控制区建立遣返日本侨俘的机构，并相互配合，协调行动，即使在战争中也未停止合作遣返日本侨俘工作，故从 1946 年 5

---

① 参见张志坤、关亚新：《松花江以北地区日侨俘遣返始末》，《东北亚论坛》2008 年第 5 期；关亚新、张志坤：《千余青年学生参加中共控制区日侨俘遣返》，《中国社会科学报》2010 年 5 月 4 日。

② 参见张志坤、关亚新：《葫芦岛日侨遣返的调查与研究》，社会科学文献出版社 2010 年版；关亚新、张志坤：《吉林东部地区日侨俘遣返述略》，《抗日战争研究》2008 年第 3 期；关亚新、张志坤：《1946 年长春市日侨俘遣返内幕》，《日本研究》2011 年第 2 期；张志坤、关亚新：《中华民族博大胸怀的历史见证——葫芦岛百万日侨俘大遣返的回顾与思考》，《求是》2005 年第 16 期；张志坤、关亚新、李劲为：《1946 年葫芦岛百万日本侨俘大遣返始末调查与思考》，《日本研究》2006 年第 2 期；关亚新：《九一八与日侨遣返》，《兰台世界》2011 年第 17 期。

月至 1948 年夏，东北地区共计遣返日本侨俘 1051047 人。他认为葫芦岛大遣返彰显了中国人“以德报怨”的崇高品质和中国政府“睦邻友好”的大国风范，体现了国共两党“求同存异”的大局观。[①] 胡忠宇肯定了遣返日本侨俘的历史意义，但也反思遣返中的一些问题，包括遣返的仓促性、甄别工作的简单化等，强调以史为鉴、面向未来的重要性。[②] 池凤臣、王凤山介绍了东北地区日本侨俘的遣返经过，以及在战后中日和平友好运动中的“历史的回响”，认为葫芦岛是这些日本侨俘的一个“生命的驿站”。[③] 于苏军则详细考察了抗战胜利后的东北政局和日本侨俘问题，以及中美苏三国四方达成的遣返日本侨俘的协议和具体的遣返过程。[④] 在葫芦岛百万日本侨俘大遣返 60 周年之际，蔡亮、苏智良、魏运亨、韩贵林、袁长立等学者，纷纷发表纪念性或反思性的文章[⑤]。中国人民对外友好协会和辽宁省政府联合主办了“葫芦岛百万日侨大遣返 60 周年回顾暨中日关系展望论坛”，以重温那段历史和警醒后人——以史为鉴，面向未来。

东北地区的日本侨俘虽主要经葫芦岛遣返回国，但葫芦岛并非唯一的遣返港口，还有经吉林省、朝鲜人民民主共和国，乘坐苏联

---

① 参见荆杰：《“葫芦岛百万大遣返”始末》，《党史博采》2008 年第 7 期；荆杰：《葫芦岛百万大遣返——国共关系史上最愉快的合作》，《党史文苑》2008 年第 10 期。

② 胡忠宇：《抗战胜利后葫芦岛日侨俘遣返问题研究》，硕士学位论文，云南师范大学，2013 年。

③ 池凤臣、王凤山：《“生命的驿站”——百万日侨大遣返纪实》，《党史纵横》2006 年第 8 期。

④ 于苏军：《105 万日本侨俘葫芦岛大遣返》，《东北史地》2012 年第 3 期。

⑤ 蔡亮、苏智良：《博爱与宽恕：葫芦岛百万日侨大遣返纪实》，《检察风云》2006 年第 17 期；魏运亨：《葫芦岛百万日侨大遣返》，《瞭望新闻周刊》2005 年第 19 期；韩贵林、袁长立：《回眸葫芦岛百万日侨大遣返》，《环球军事》2006 年第 13 期。

红十字船遣返回国者。金龟春、孟庆义指出抗战胜利后延边专员公署根据中国共产党不虐待俘虏的政策，将日本战俘分散到人民群众中去，并保证吃住，留用那些有一技之长的日本侨俘及其家属，并从生活上对他们关怀和照顾，且积极创造条件帮助他们回国。但是，在 1948 年初国共大决战前夕若通过葫芦岛遣返反而变得更加危险，故延边专员公署致函朝鲜人民委员会委员长金日成，请其协助在延边的日本侨俘及其家属回国，并获得金日成的支持。随后，这些在延边的日本侨俘及其家属通过图们江口岸，经过朝鲜的元山口岸，乘坐苏联的红十字会船返回日本。[①] 曲晓范在论述战后中国对东北地区日本侨俘的安置和遣返问题时，指出："1948 年 6 月，在辽沈战役即将打响之际，国统区和共产党解放区又一次组织遣送日侨工作……共产党占领区的遣送是通过北朝鲜会宁地区日本居留民会和北朝鲜苏军司令部协助，由新成立的吉林省民政厅负责从图们口岸出境，经朝鲜南阳、清津、元山回国的，本次中共延边解放区共遣送日侨 349 人。"[②] 可见，中国共产党控制区日本侨俘的遣返不仅得到了朝鲜的协助，而且得到了驻朝苏军的支持。

那么，战后初期驻扎中国东北的苏联军队，是否也参与或实施了遣返日本侨俘工作？王玲菱在概述中国战区遣返日本侨俘的基本情况后，重点阐述了东北地区日本侨俘的大遣返，包括中美苏三国四方达成的遣返协议，以及国民党、共产党控制区的日本侨俘遣返人数和进程，同时还介绍了当地苏军组织实施的日本侨俘遣返工

---

① 金龟春、孟庆义：《中日友好关系史上难忘的一页——记延边专员公署对日战俘及家属的关怀》，《延边大学学报》1993 年第 3 期。

② 曲晓范：《战后中国对东北地区日本侨民的安置和遣返——近现代中国政府和人民妥善处理中日历史遗留问题的一个范例》，《日本学论坛》2002 年第 3 期。

作，即："滞留在大连的日侨日俘，由苏联驻军负责组织实施遣返，于 1946 年 12 月开始，至 1949 年 9 月结束，共分四期，总计 20 余万人。"① 虽然其对此着墨不多，却讲述了这样一个事实，即苏联出兵中国东北后不仅扣留、押送 59.4 万名日本侨俘到西伯利亚从事劳作，而且根据《波茨坦公告》规定"日本军队，在完全解除武装以后，将被允许返其家乡，得有和平及生产、生活之机会"②，也组织实施了部分日本侨俘的遣返工作。不过，当地苏军遣返日本侨俘是如何与国民政府接洽的，又是走的哪条遣返路线，遣返日本侨俘的相关规定和细节如何，这些都需要深入发掘和继续研究。

三、华北的日本侨俘遣返

抗战胜利后，根据前述《中国境内日侨集中管理办法》，以及中美达成的《中国战区日本官兵与日侨遣送归国计划》和《中国战区日侨日俘遣返计划》等文件的规定，包括北平、天津、河北、山西、察哈尔、内蒙古部分地区、山东、江苏部分地区等华北各地的日本侨俘，约 40 万人，逐渐集中于北京、天津、青岛、大同等地，以便通过塘沽、青岛、连云港等港口遣返日本。目前，除河北、北平、天津、山西等地外，华北其他地区的日本侨俘遣返尚未被学界关注，且以整个华北地区遣返日本侨俘为研究对象的成果也相对较少。笔者仅见渠占辉综合性地考察了华北的日本侨俘遣返问题。他根据华北各地遣返日本侨俘机关的统计资料，指出华北各地途经塘

---

① 王玲菱：《战后中国遣返日侨日俘述略》，《学理论》2012 年第 12 期。

② 中国第二历史档案馆编：《第二次世界大战中国战区受降纪实》，中共党史资料出版社 1989 年版，第 5 页。

沽、青岛、秦皇岛、连云港遣返日本侨俘 380489 人，各地留用日籍技术人员 9561 人，据此推算华北地区日本侨俘总数至少有 390050 人。[①] 需要说明的是，途经华北各地港口遣返回国的日本侨俘并非都是华北地区的，如当时就有东北地区的少数日本侨俘在解放战争开始后转道华北各港口回国。

关于河北、北平的日本侨俘遣返，米卫娜查阅了不少北京市、河北省的档案资料，发表了一系列重要的学术成果。她的硕士学位论文《抗战胜利后北平市对日侨的集中、管理和遣返》，介绍了抗战胜利后国民政府遣返日本侨俘的计划，阐述了北平市日侨集中管理处成立后对日本侨俘的集中、管理和教育问题，以及留用日籍技术人员和征用日籍员工从事劳役工作的情况；指出中国政府本着宽大的原则和“以德报怨”的精神，从 1945 年 12 月至 1946 年 5 月底，共遣送日本侨俘 69 批，合计 78536 人，基本完成了北平市的遣返日本侨俘任务，体现了中国人民的大国国民风范和气度。[②] 至于战后北平留用日籍技术人员，她认为这虽有利于北平市恢复经济和建设工作，但由于国民政府的腐败，影响了实际的留用效果。[③] 她还与申海涛合作考察了河北省在丰台、长辛店、石家庄设立的三处日侨管理所的情况，统计河北省遣返日本侨俘使用之经费，大体还原了河北省遣返日本侨俘的原貌，指出河北省从 1946 年 1 月 7 日至同年 5 月底共遣送 32 批日本侨俘，计 29502 人，基本完成了

---

① 渠占辉：《战后华北地区日侨的收容与遣返》，《抗日战争研究》2011 年第 3 期。

② 参见米卫娜：《抗战胜利后北平市对日侨的集中、管理和遣返》，硕士学位论文，河北大学，2006 年；米卫娜：《抗战胜利后北平市日侨的遣返工作》，《北京社会科学》2012 年第 2 期。

③ 米卫娜：《抗日战争后北平市对日籍技术人员的留用》，《北京社会科学》2009 年第 2 期。

这一历史任务。[①] 2012 年，她出版了《近代华北日侨问题研究(1871—1945)》一书，其第五章“战后中国政府对华北日侨的集中、管理和遣返”，重点仍是河北、北平的日本侨俘遣返。[②]

驻扎山西的日军第一军在抗战胜利后，暗中勾结阎锡山，妄图“残留”山西，以备他日“东山再起”，是战后日本侨俘试图“残留”中国各地的一个缩影。孔繁芝、尤晋鸣等学者以山西省档案馆保存的、抗战胜利后日军“残留”山西及其最终历史结局的档案资料为基本依据，参阅大量历史文献，调查采访日军“残留”的相关人员，编撰出版了三卷本的《二战后侵华日军“山西残留”——历史真实与档案征引》，客观真实地再现了 1945 年 8 月至 1949 年 5 月日本侨俘“山西残留”事件。[③] 孔繁芝、尤晋鸣指出驻扎山西的日军第一军司令官澄田睐四郎、参谋长山冈道武等人，一方面妄图利用山西资源复兴战后日本经济，并将山西作为日本帝国主义卷土重来和挺进大陆的前沿基地；另一方面配合阎锡山的部队阻挠中国人民的解放战争，再次荼毒中国人民。结果是，这批 6000 多名“残留”日军和数千名日侨，到 1949 年 5 月山西大同解放前后，不是被陆续遣返，就是被人民解放军歼灭或俘虏，彻底粉碎了他们妄图“残留”山西的迷梦。[④]

天津是华北各地遣返日本侨俘的主要港口，不仅遣返日本侨俘

① 米卫娜、申海涛：《战后河北省对日侨的集中管理与遣返》，《抗日战争研究》2007 年第 4 期。

② 米卫娜：《近代华北日侨问题研究（1871—1945）》，中国人民大学出版社 2012 年版。

③ 山西省档案馆编著：《二战后侵华日军“山西残留”——历史真实与档案征引》（全 3 卷），山西人民出版社 2007 年版。

④ 孔繁芝、尤晋鸣：《二战后侵华日军“山西残留”——历史真实与档案记录》，《抗日战争研究》2011 年第 2 期。

人数多，而且保留了大量遣返日本侨俘的资料。胡荣华以天津市档案馆所藏华北地区遣返日本侨俘的历史资料为基础，重点阐述了天津及华北各地途经天津而遣返的日本侨俘的历史经纬。她介绍了1946 年 1 月 18 日成立的天津日侨管理处，以及该处负责的日侨调查、登记、管理、感化教育、遣返回国等各项工作，指出由天津市市长张廷谔和副市长杜建时分任日侨管理处正副处长，显示出中国政府对遣返日本侨俘工作的高度重视；仔细考察了天津日侨管理处对于华北各地来津日本侨俘的管理工作，以及对日本侨俘的财物管理采取区别对待的方法，既收回他们在侵华战争期间从中国掠夺的财物，也维护日本侨俘的基本财产权利。据统计，从 1945 年 10 月至 1946 年 8 月，华北各地经天津遣返日本侨俘累计 34 万人，即使那些被留用的日籍技术人员，到 1947 年 8 月也基本被遣送完毕。胡荣华总体上肯定了国民政府遣返日本侨俘的措施，认为这对于华北地区的社会稳定和安抚民众情绪具有重要作用，同时体现了中国政府和民众与人为善、宽宏大量的民族品格。①

四、华东华中及台澎的日本侨俘遣返

抗战胜利后，上海仍是中国重要的交通贸易港口和主要的经济城市，当地被没收的敌伪“产业”，尤其是大型企业与公司，在战后百废待兴的情况下需要继续留用部分日籍员工与技术人员，且这种“楚才晋用”的方法“颇受经济界和企业界人士的欢迎”。朱婷通过考察“中国纺织机器制造公司”留用日籍技术人员和工人的表

① 胡荣华：《战后天津暨华北地区日俘日侨遣返研究》，《抗日战争研究》2008 年第 3 期。

现与作用，分析了抗战胜利后国民政府的日人“留用”政策及其成败得失。[①] 马军主要利用上海市档案馆的相关档案，从中央、上海地方和具体企业三个层面，详细解析了国民政府留用日籍技术人员政策的酝酿、制订和实践过程；指出中美之间关于这一政策始终存在着较大分歧，加之战火刚熄，中国民间还普遍弥漫着激烈的仇日情绪，因而战后上海的日籍技术人员留用工作并不顺畅；作者强调技术人员虽有国籍，但技术是无国界的，故当时国共双方都曾极力争取日籍技术人员为己所用。[②] 上海解放后，新中国继续留用剩余日籍技术人员数年就是证明。

不过，上海毕竟是华东、华中地区日本侨俘遣返的主要通道。据统计，从 1945 年 12 月 4 日至 1946 年 4 月，上海遣返日本侨俘累计 12.4 万人，朝鲜人 10360 名，被日本征用的台湾同胞 6130 名。吕佳航不仅以上海遣返日本侨俘问题作为自己硕士学位论文的研究对象，而且与其他学者合作进行相关研究，指出中国政府准许归国之日本侨俘携带行李的重量，并非通常所谓以“30 公斤”为限，而是有所变动；认为国民政府随着国内和国际环境的变化，虽对留用日籍技术人员控制越来越严，但确实有一部分日籍技术人员被留在中国。[③] 他与忻平指出以汤恩伯为总司令的第三方面军接收上海后，于 1945 年 10 月成立上海日侨管理处，对上海日本侨俘分区集中管理，采取保甲与自治组织相结合的管理方式，一方面解决

---

① 朱婷：《抗战胜利后国民党政府的“留用政策”与“中机公司”》，《上海社会科学院学术季刊》1998 年第 4 期。

② 马军：《战后国民政府留用日籍技术人员政策的演变及在上海地区的实践》，《史林》2011 年第 6 期。

③ 参见吕佳航：《战后上海日侨遣返研究》，硕士学位论文，上海大学，2009 年；吕佳航、丁勇华：《战后上海日侨遣返问题》，《兰台世界》2008 年第 17 期。

日本侨俘的基本生活，另一方面调处中国国民与日本侨俘生活中的问题和冲突；同时，通过学校教育、社会教育加强日本侨俘的思想改造，并丰富其精神文化生活，这种对日本侨俘改造的人性化、科学化，体现了国民政府“以德报怨”的精神。[①] 陈祖恩分析了以蒋介石“以德报怨”讲话为基调的战后中国遣返日本侨俘之政策，指出日本侨俘在等待遣返的日子里，没有受到侮辱和报复，反而是上海民众以和平的态度待之[②]，促使部分日本民众在战后开始反思近代日本的侵华政策与行为。

遣返日本侨俘的研究成果或相关新闻报道中，或多或少反映了日本侨俘归国之时对中国政府宽大政策和中国人友善的感激之情，以至痛哭流涕地表示悔恨、认罪、反省，但这只是一部分有良知的日本侨俘的真情流露，而另一部分日本侨俘虽不得不接受中国政府的集中管理和遣返，却并未认识到日本侵华战争带给中国人民的巨大灾难和日本之所以战败的根本原因，反而对战败忿忿不平，总想伺机卷土重来，再次侵略中国。曾经亲自采访战后上海江湾战俘营和虹口日侨集中区的王火，就对部分日本侨俘未受应有惩处与真正改造深感忧虑，指出“他们很多人认为投降是天皇的权宜之计，是为了避免本土遭到更严重的破坏，以备将来重显国威。”甚至“有的遣返时在船离岸时竟高喊：‘我们要回来的！你们等着吧……’

① 忻平、吕佳航：《“身有所寄，心有所托”——战后上海待遣日侨的集中管理》，《社会科学家》2010年第10期。

② 参见陈祖恩：《上海日本人居留民战后遣送政策的实相》，《社会科学》2004年第12期；陈祖恩：《寻访东洋人：近代上海的日本居留民（1868—1945）》，上海社会科学院出版社2007年版；陈祖恩：《上海日侨社会生活史（1868—1945）》，上海辞书出版社2009年版。

那意思是有朝一日仍要回来报仇!”[1] 可见，战后中国积极遣返日本侨俘的同时，却在相当程度上轻视了对他们的教育改造，尤其是未能清除其根深蒂固的军国主义思想，至今遗毒甚深。

作为战前与战后国民政府，以及汪伪政府首都的南京，尤其是发生过惨绝人寰的“南京大屠杀”惨案之地，在战后遣返日本侨俘过程中的宽大为怀更体现了中国人民“以德报怨”的民族品格。王艳飞主要运用南京档案馆等处的档案资料，以及知情人的口述资料，对战后设在南京的日侨日俘管理所的成立、内部管理体系、管理政策及实施情况等进行了深入细致的个案研究，指出日本无条件投降后，留在这里的日本侨俘并未受到南京民众严厉的报复，相反，由第三方面军负责接收的京沪地区的日本侨俘之管理，却成为全国贯彻执行蒋介石“以德报怨”政策的典范。[2] 但是，日本国内至今仍有一部分人不断否认“南京大屠杀”，推卸战争责任，美化日本对外侵略战争。一方面是中国人民的“以德报怨”，另一方面是日本保守派和右翼分子的“拒不反省”，确实值得我们深思。

浙江省的日本侨俘，也是通过上海港遣返回国的。姚隽鸣介绍了抗战胜利后国民政府第三战区司令长官顾祝同对 3 万多名日俘的缴械与受降，以及对分散浙江各地的约 1200 名日侨的集中与管理，并根据蒋介石的“以德报怨”讲话精神，妥善安排这些日本侨俘的生活和改造，征用一些日本侨俘从事战后浙江的交通、市政建设等恢复重建工作。从 1946 年 3 月至 5 月，这些日本侨俘全部被遣送至上海，然后乘船返回日本。他在总体上肯定国民政府“以德报

---

① 王火：《访江湾战俘营和虹口日侨——抗战胜利后在上海的一次采访》，《四川统一战线》2005 年第 8 期。

② 王艳飞：《南京日俘日侨的集中与管理》，硕士学位论文，南京师范大学，2004 年。

怨”式的遣返政策的同时，指出过于宽大的遣返政策导致那些犯有较大罪行的日本战俘没有得到应有的处理和改造，这也是战后日本右翼势力猖獗的重要原因之一。[①] 何扬鸣、楼圆玲利用浙江省档案馆收藏的《东南日报》等资料，分析了战后初期浙江省内数万名日本侨俘的生活情况，以及国民政府对日本侨俘的集中、管理和遣返，认为战败投降后的部分日本侨俘对战败很不服气，对中国人的善意和真诚的思想教育，要么浑然不知，要么口是心非，且这种情形从战败至今没有什么变化，以致日本国内不时发出各种否认侵略战争责任的奇谈怪论。[②]

武汉不仅是近代以来日本侨民涌入华中地区的一个主要据点，而且是抗战胜利后华中地区日本侨俘的集中地。蒋敏华指出抗战胜利后集中于武汉的日本侨民计 13970 人、韩国侨民 1393 人、德国侨民 63 人，国民政府对他们进行封闭式管理和“说教”式的“训导”，并留用了部分日籍技术人员。据统计，从 1945 年 12 月 14 日至 1946 年 6 月 15 日，共有 13992 名日德韩外侨被遣送回国。[③] 甘成质运用汉口市档案馆的资料，结合时人的回忆录、资料集等，从汉口市政府训导、管理日本侨俘入手，指出汉口市政府严格执行国民政府政令，认真处理滞留在华中地区的日本侨俘，其过程历经集中、训导、征用和遣返等阶段；分析了汉口市政府与其他各地处理日本侨俘方式的异同，认为从政策层面看，汉口市政府是严格执行蒋介石“以德报怨”对日政策的典型；从实际层面看，汉口市政府

---

① 姚隽鸣：《战后浙江地区日俘与日侨集中管理与遣返》，硕士学位论文，杭州师范大学，2008 年。

② 何扬鸣、楼圆玲：《〈东南日报〉对战后日本侨民的报道》，《浙江档案》2009 年第 10 期。

③ 蒋敏华：《战后日侨的管理与遣送》，《长江日报》2005 年 10 月 5 日。

根据本地情况，灵活处理各种问题，从而有效保证了日本侨俘集中区的秩序，为他们安全归国作出了努力。不过，这两个层面的努力都未达到改造日本侨俘思想的目标[①]，重新反思战后国民政府基于“以德报怨”的遣返日本侨俘政策。

台澎地区日本侨俘的遣返，作为抗战胜利后中国战区遣返日本侨俘的一个重要组成部分，近年来也受到大陆学界的关注。褚静涛介绍了抗战胜利后台湾地区从 1946 年 3 月至 1948 年 12 月，先后分五期遣返在台日本、琉球侨民和征用的日籍技术人员 32 万余人，强调只有极少数人取得了中国国籍。[②] 曹必宏指出抗战胜利后由台湾警备总司令部第三处负责遣返日本战俘，并于 1945 年 12 月设立了基隆、高雄二港口运输司令部，专司日俘之集中检查与遣送等工作，同时设立铁道运输司令部，负责将各地的日俘用火车以最快的方式运送至各港口，最终遣送日俘 165638 人，以及日本、琉球侨民 322149 人。[③] 章慕荣指出台湾“光复”后首先对日俘进行集中和管理，继而利用日俘进行战后台湾重建工作，并对其进行精神教育和改造，但为时不长，到 1946 年 4 月底已全部遣返 167424 名日俘。[④] 苏小东主要介绍了中国海军第二舰队对台澎地区日本海军的接收准备、过程，以及协助台湾警备总司令部遣返日本侨俘的史实，认为遣返台澎地区日本侨俘是由台湾警备总司令部集中统一安排实施的，海军只是力所能及地承担了对日本海军战俘集中直至登

---

① 甘成质：《战后汉口日侨的训导和管理研究》，硕士学位论文，华中师范大学，2012 年。
② 褚静涛：《台湾光复后日本移民的遣返与征用》，《史学月刊》2000 年第 6 期。
③ 曹必宏：《台湾地区遣返日俘纪实》，《中国档案报》2005 年 10 月 28 日。
④ 章慕荣：《台湾光复后日俘处理问题》，《南京社会科学》2005 年第 10 期。

船归国的监管、检查、警戒等工作。[①]

五、小结

纵观中国学界的遣返日本侨俘研究，主要有以下四个显著特点。一是研究选题“抓小放大”。现有之遣返日本侨俘研究成果，主要是分别介绍松花江以北地区、吉林、长春、北平、天津、河北、山西、武汉、南京、上海、台湾等中国某一省市或地区的日本侨俘之遣返情况，而战后国民政府遣返日本侨俘、新中国送还日本侨民的综合性研究成果则为数不多，尤其缺乏一部颇具分量、能够涵盖中国各地遣返日本侨俘的历史巨著。二是研究内容虽突出重点，却未能兼顾一般。总体而言，中国学界关于遣返日本侨俘研究成果的数量，与日本侨俘在中国各地的分布情况大体一致。如，东北地区日本侨俘人数相对较多，相应的研究成果也比较丰硕；华北地区次之，华东、华中地区再次之，华南地区至今未见相应的研究成果。三是研究方法较为单一，主要是运用历史学的实证研究方法，详细考释抗战胜利后中国各地遣返日本侨俘的准备、部署和进程，以及由此分析中国遣返日本侨俘的历史意义和影响。四是研究资料主要局限于中方资料，甚少利用被遣送方——日方的资料和相关研究成果。

日本政府从最初的弃民到救助归国侨俘，对战后滞留海外侨俘的政策发生了相当大的变化，并留下了大量资料。1945 年 8 月 14

---

① 苏小东：《抗战胜利后中国对台澎地区日本海军的接收》，《台湾研究集刊》2006 年第 1 期。

日，日本外务省在决定接受《波茨坦公告》的当天，仍训令其驻外使领馆执行使日本侨民定居当地的方针。10月25日，根据盟军总司令部的指令，日本外务省被废止外交功能，由厚生省代替其负责滞留海外日本侨俘的撤退事宜。为便于日本侨俘的归国，厚生省在浦贺、舞鹤、吴市、下关、博多、佐世保、鹿儿岛、函馆、大竹、宇品、田边、唐津、别府、名古屋、横滨、仙崎、门司、户畑等18地，设立日本侨俘归国者地方救助局或其派出机构，负责归国之日本侨俘的防疫检查、生活照料、回乡旅费、交通运输等具体事务。随着归国者增多，日本政府于1948年5月成立了独立于厚生省的归国者救助厅。从日本侨俘开始撤退到1949年底，约624万名日本侨俘返回日本[①]，此后归国者人数日渐减少。归国者救助厅于1954年被重新改组为隶属厚生省的归国者救助局。厚生省归国者救助局及各地方的归国者救助局，由于具体负责日本侨俘归国事宜，故保留了相当丰富的归国日本侨俘资料。[②]

日本学者已经关注，并开始利用这些资料从事学术研究。如，加藤圣文不仅利用厚生省归国者救助局及日本各地归国者救助局的日本侨俘资料，编辑出版了16卷本的《海外日本侨俘归国相关史料集成　国内编》；而且搜集战后朝鲜、库页岛、中国东北和台湾地区等地遣返日本侨俘的有关史料，又出版了21卷本的《海外日本侨俘归国相关史料集成　国外编・补遗编》，为日本学界开展日

---

① 河原功解題：《編集復刻版台湾引揚者関係資料集》第1卷，東京，不二出版2011年版，第4页。

② 厚生省援護局：《引揚げと援護三十年のあゆみ》，東京，ぎょうせい1978年版。

本侨俘归国研究提供了丰富的史料。[①] 河原功重点搜集并复刻出版《日台通信》《台湾协会报》《爱光新闻》等报刊杂志中以日本侨俘归国为主的内容。[②] 若槻泰雄以日本各地归国者救助局的资料和历史文献为基础，比较客观真实地记录了战后日本侨俘归国的历史概貌。[③] 井出孙六不仅以史料为基础阐述了被日本军阀弃置中国东北的日本侨俘的历史，而且主张日本政府应对此行为进行赔偿。[④] 但是，目前中国学者甚少利用这些日本资料，也较少关注日本学者的研究成果和社会主张。

鉴于此，抗战胜利后中国遣返日本侨俘研究，需要继续向深度和广度发展。从广度而言，首先，广泛挖掘抗战胜利后中国遣返日本侨俘的各种史料。史料是史学研究的基础，而关于中国遣返日本侨俘的档案史料，不仅分散于负责遣返日本侨俘各地的档案馆、资料馆，而且作为被遣送方和接收方的日本也存有相应的资料。如，除了日本厚生省的档案资料外，日本的国立公文书馆、外务省外交史料馆、舞鹤日本侨俘归国纪念馆等，也有一些从中国各地归国之日本侨俘的原始资料。其次，及时关注日本学界的相关研究成果，以资参考、镜鉴。再次，拓宽研究抗战胜利后中国遣返日本侨俘的覆盖面，不能仅仅局限于中国某些重要地区、城市、港口的日本侨俘遣返，而要勇于开拓那些尚未被纳入学界视野的地区、城市和港

---

① 参见加藤聖文：《海外引揚関係史料集成　国内編》（全 16 卷），東京，ゆまに書房 2001 年版；加藤聖文：《海外引揚関係史料集成　国外編・補遺編》（全 21 卷），東京，ゆまに書房 2002 年版。

② 河原功解題：《編集復刻版台湾引揚者関係資料集》（全 7 卷），東京，不二出版 2011—2012 年版。

③ 若槻泰雄：《戦後引揚げの記録》，東京，時事通信社 1991 年版。

④ 井出孫六：《中国残留邦人》，東京，岩波新書 2008 年版。

口的日本侨俘遣返问题。如，作为遣返日本侨俘之港口的青岛、厦门、汕头、三亚、广州、海防等，目前暂无人关注这些地方遣返日本侨俘的详细计划、部署和经过。最后，扩大选题范围，敢于从事“抗战胜利后中国遣返日本侨俘史”的宏观研究，真正做到点面结合，从而得出更有学术价值和现实意义的结论。

从深度而言，可以从以下几个方面继续深入和细化抗战胜利后中国遣返日本侨俘研究。一是细化研究内容。如，进一步加强中国各地遣返日本侨俘的具体进程和细节研究。1945 年 8 月日本投降后分散于中国沦陷区各地的日本侨俘，究竟是通过何种途径到达指定集中的城镇和遣返港口，途中与中国官方、民间有无接触，以及返回日本后受到了怎样的对待，如何重新开始生活等等，这些细节对于理解战后初期中日两国的社会状况具有一定的意义。二是深化遣返日本侨俘的相关研究。抗战胜利后中国遣返日本侨俘，既标志着近代日本侵华殖民扩张政策的失败，也是战后中日关系在新的历史基础上重新开展的基础。从近代日本的大陆移民扩张政策到在华日侨的形成，再到日本投降后的弃民政策和归国日本侨俘之救助的历史脉络，可以更深刻地分析近代东亚人口流动的特点和格局。三是引入新的研究方法，拓宽研究思路。客观地说，抗战胜利后中国遣返日本侨俘，不仅与当时中国国共内争的形势密切相关，而且与冷战开始后美国、苏联的东亚国际战略也紧密相连，故通过引入国际关系学的相关理论与方法，深入分析战后初期国共美苏三国四方的复杂关系与东亚国际局势的变动。通过引入社会学、心理学的相关理论与方法，深入考察日本侨俘在战后从巅峰跌落低谷的心理变化，分析他们对日本侵华战争、中国政府的遣返政策和审判日本战犯政策的认识，这也是战后日本各种战争责任论的思想基础之一。

第十二章　抗战胜利后国民政府审判日本战犯

抗日战争时期，日本侵略者铁蹄所至，“极尽蹂躏兽行，荼毒之深，罪孽之重，惨绝人寰”[①]，给中国人民带来了巨大的战争灾难，但国民政府和中国人民在战争时期无力审判日本战犯。1945年8月15日，日本战败投降，标志着中国人民抗日战争取得了伟大胜利。国民政府在战后初期试图利用日本战犯和军队“维持秩序”，阻止中共军队对敌伪的接收，但面对全国人民要求严惩日本战犯的呼声，开始搜查、逮捕，以及引渡日本战犯，并公开审判和惩处一批罪大恶极的日本战犯，在一定程度上为遭受日本侵略者虐杀的死难同胞找回了公道，洗涮了近代中国人民的百年耻辱。不过，当代中国学界关于国民政府审判日本战犯的研究成果与这一历史事件的重要地位并不匹配。故而，本章在介绍国民政府审判日本战犯的历史概况的基础上，分析中国学界关于国民政府审判日本战犯研究的现状和特点，总结其研究经验与不足，探讨其研究思路与未来走向，重在倡议学界关注这一问题。

---

① 《战争罪犯处理委员会工作报告》（1946年12月），中国第二历史档案馆藏，档案号，十八—2602。

一、国民政府审判日本战犯的概况

抗战爆发后，尤其进入战略相持阶段，国民政府开始思考和筹划未来惩处日本战犯的问题，并着手搜集日军在华暴行证据、整理日本战犯名单。1938 年 10 月 15 日，国民参政会的参政员们向国民政府提议设立“抗战公私损失调查委员会”，以便在战争结束后向日方提出赔偿。1941 年 12 月 7 日，太平洋战争爆发，更增强了国民政府最终战胜日本和惩处日本战犯的信心。1942 年 1 月 13 日，荷兰、比利时、希腊等九国流亡政府，在伦敦发表惩治战犯宣言，国民政府当即备函声明：“日本在中国所犯罪行应受同样之惩罚。”①1943 年 6 月，国民政府在重庆筹设“敌人罪行调查委员会”。翌年 2 月，国民政府在行政院内正式设立包括司法行政部、外交部、军政部等组成的这一“敌人罪行调查委员会”，并颁行《敌人罪行调查办法》及该办法之修正案②，以此为准绳调查日军暴行，加速推进编制日本战犯名单工作。1944 年 1 月 19 日，根据英国提议在伦敦正式成立了“联合国战罪审查委员会”。同年 5 月 16 日，该会决议在中国设立远东及太平洋分会，11 月 29 日国民政府在重庆成立这一分会。分会的任务仅仅在于“审查日本战罪案件”，“所通过战犯名单纯系建议及参考性质，各国政府并不受其拘束”③，但毕竟为

---

① 《战犯处理工作报告书》（1947 年），中国第二历史档案馆藏，档案号，十八—2602。

② 《战争罪犯处理委员会工作报告》（1946 年 12 月），中国第二历史档案馆藏，档案号，十八—2602。

③ 《远东及太平洋战罪审查分会简明报告》（1947 年 3 月），中国第二历史档案馆藏，档案号，十八—2275。

国际上合作审判日本战犯奠定了基础。

抗战胜利后，审判日本战犯问题进入实质性操作阶段，国民政府为此做了一系列准备。一是确立审判日本战犯“宽而不纵，使正义公张与民族情谊兼筹并顾”的基本原则。其实，1945 年 8 月 15 日，蒋介石发表“以德报怨”讲话中，已经清楚地表明国民政府审判日本战犯的基本方针，即“战后对日政策本仁爱宽大，采取不报复不姑息态度，以建立中日两永久和平之基础。惟对日本一切军事设施及组织必须从严处置，使其不再成为战争祸源”。[①] 如，国民政府决定对于发动这次侵略战争、纵兵屠杀无辜平民的东条英机、土肥原贤二、桥本欣五郎、板桓征四郎等日本战犯，根据盟国处理战犯之共同政策，交由远东国际及国内军事法庭审判。至于中国战区境内的日本战犯嫌疑人，若经调查确有战犯嫌疑即予扣押，交国内军事法庭审理，而若经侦查确实无罪者，即予遣送回国。

二是拟订审判日本战犯的法律条例。审判日本战犯对国民政府而言，可谓既无先例可援，又乏成法可依，故国民政府国防部军法处“经搜集有关国际战争各种法规、条约及此次大战同盟处理战犯之协定、文告、规章等有关文献，分别予以整理、翻译、汇编两辑，印发各军事法庭，以为引用国际法之依据，并作审理时之参考”[②]；同时，“特请国内法律专家名流会同拟订战争罪犯审判条例呈奉国民政府核准公布施行，俾各地军事法庭有所准据而划一量刑”。[③] 如，1945 年 12 月至翌年 1 月短短两个月内，国民政府军事

① 《战犯处理工作报告书》（1947 年），中国第二历史档案馆藏，档案号，十八—2602。
② 《国防部军法处处理战犯工作报告》（1946 年 12 月），中国第二历史档案馆藏，档案号，十八—2602。
③ 《战犯处理工作报告书》（1947 年），中国第二历史档案馆藏，档案号，十八—2602。

委员会相继颁布《战争罪犯处理办法》《战争罪犯审判办法》《战争罪犯审判办法实施细则》系列法令，1946 年 10 月 24 日又修订整合后两者而为《战争罪犯审判条例》，作为审判日本战犯的重要法律依据。

三是成立处理日本战犯机构——战争罪犯处理委员会和各地军事法庭。1945 年 12 月 6 日，国民政府在重庆成立由军令部、军政部、外交部、司法行政部、行政院秘书处、联合国战罪审查委员会远东及太平洋分会等机构组成的战争罪犯处理委员会，负责指导战犯处理及审议等事务。其中，军令部第二厅（后为国防部第二厅）负责颁令逮捕战犯及一般综合性业务，司法行政部负责调查编制及提出战犯名单，军政部军法司（后为国防部军法处）负责审核审判之执法，外交部负责引渡战犯、翻译名单，联合国战罪审查委员会远东及太平洋分会负责审查战犯名单。战争罪犯处理委员会成立后，先后派遣罪犯罪证调查小组会同远东国际军事法庭检察处赴各地搜集日本战犯罪证，并派东北督导组赴东北各地开展工作，以推进处理日本战犯事务。① 随之，国民政府分别在南京、上海、北平、沈阳、太原、济南、徐州、汉口、广州、台北等 10 地，设立审判日本战犯的军事法庭，其中南京军事法庭直属国防部，其他各地特别军事法庭隶属各战区、行辕或绥靖区。②

国民政府在前述准备工作就绪后，“以不妨碍受降工作之开展暨善后联络与地方秩序范围内”开始逮捕和审判日本战犯。根据《战争罪犯处理办法》规定：“各行营、各战区长官等及其相当之军

---

① 《战犯处理工作报告书》（1947 年），中国第二历史档案馆藏，档案号，十八—2602。

② 《国防部军法处处理战犯工作报告》（1946 年 12 月），中国第二历史档案馆藏，档案号，十八—2602。

事长官，按所颁发之战犯名单，会同日俘侨管理处及港口运输司令部查明执缉外，当经当地军民检举或告诉之战罪嫌疑犯，经查确有罪证，各行营战区长官等得迳令逮捕。其已返日者，则循外交途径由盟国占领军逮捕引渡。”① 截至 1947 年 12 月 20 日，国民政府累计逮捕日本战犯嫌疑人 2435 人，其中判处死刑者共计 110 名，内含将官 6 名、校官 4 名、尉官 21 名、士兵 44 名、其他 35 名；判处徒刑者共计 208 名，内含将官 2 名，校官 6 名、尉官 9 名、士兵 92 名、其他 97 名。② 随着 1948 年 7 月战争罪犯处理委员会的解散，以及国民政府在大陆的溃败，中国大陆之在押日本战犯于 1949 年 2 月被送往日本监押，但他们在 20 世纪 50 年代全被释放。1949 年 4 月，号称延续时间最长之国防部南京军事法庭宣布解散，至此国民政府在大陆审判日本战犯的活动画上了一个不太圆满的句号。

可以说，国民政府战后审判日本战犯，虽存在宽纵有余、从严不足、虎头蛇尾等不少问题，但毕竟审判和惩处一批罪恶累累的日本战犯。如，南京大屠杀主犯之一谷寿夫，不仅被引渡回南京接受审判，而且被判处死刑；以杀人取乐和放纵日军暴行的日本驻华南派遣军指挥官田中久一，也被广州军事法庭判处死刑。这不仅标志着近代以来中国人民反抗外国侵略战争的首次完全胜利，而且为抗战期间惨遭日本侵略者虐杀的死难同胞找回了公道，伸张了国际正义和公理。

新中国成立后的相当长一段时间内，中国学界似乎并不太关注

---

① 《战争罪犯处理委员会工作报告》（1946 年 12 月），中国第二历史档案馆藏，档案号，十八—2602。

② 《各军事法庭战犯审理情况表》（1947 年 12 月 20 日），中国第二历史档案馆藏，档案号，十八—2602。

国民政府战后审判日本战犯问题。据笔者目力所及，胡菊蓉于1984年发表的《中国军事法庭对日本侵华部分战犯审判概述》一文，是这方面较早的代表性研究成果。该文主要介绍了日本投降后国民政府的受降，为审判日本战犯成立战争罪犯处理委员会、各地军事法庭等机构，以及国民政府审判日本战犯审判的简况。[①] 1988年，她又出版了《中外军事法庭审判日本战犯——关于南京大屠杀》一书，以南京大屠杀案为线索，重点梳理了国民政府审判日本战犯参与南京大屠杀的史实，以及国民政府对日索赔等情况。[②] 缘何新中国成立后学界未能及时关注这一重要历史事件？刘统认为有两个原因，一是新中国成立后并不承认国民政府审判日本战犯的合法性，甚至指责国民政府勾结日本战犯出卖中华民族利益，导致这段历史长期甄没，无人提起；二是国民政府审判日本战犯的历史资料，或在解放战争期间遗失，或毁于战火，仅有南京军事法庭的部分资料可见，其他大多只能从报刊杂志中获悉片言只语，难以还原真貌，致使学界鲜少问津这一问题。[③] 这一状况一直持续到20世纪80年代。

二、国民政府审判日本战犯的综合性研究

20世纪80年代以来，国际上经历了从美苏冷战到多极化趋势的转变，原本隐藏在冷战格局下的各种问题开始凸显，如日本右翼分子、保守势力跳将出来，不断歪曲侵华历史，美化侵略战争，从

① 胡菊蓉：《中国军事法庭对日本侵华部分战犯审判概述》，《史学月刊》1984年第4期。
② 胡菊荣：《中外军事法庭审判日本——关于南京大屠杀》，南开大学出版社1988年版。
③ 刘统：《国民政府审判日本战犯概述（1945—1949）》，《民国档案》2014年第1期。

而为东亚国际关系蒙上一层阴影。党的十一届三中全会后奉行改革开放政策的中国，以实践为检验真理的唯一标准，出现了思想活跃、经济发展的良好局面，学术研究方面转向更加理性与客观。在此国际国内背景下，中国学界开始重新审视曾经被忽略的国民政府对日本战犯的审判工作。[①]

首先，关注国民政府审判日本战犯的方针、政策。宋志勇指出战后初期国民政府确立了"以德报怨""宽大迅速"的审判方针，并在这一方针指导下开展日本战犯的罪行调查，制定审判战犯的法律法规，且在审判中不断完善，认为从总体上说这次审判是严肃的、公正的；不过，由于"以德报怨""宽大迅速"也导致仅有极少数日本战犯受到惩罚，大多数日本战犯逃脱了正义审判，这虽使部分日本民众"感激"国民政府，有利于战后中日关系的恢复和发展，但也有一部分日本人不肯认账，攻击中国的军事审判"不公正"，故强调我们应该加强国民政府对日本战犯审判的研究，以回应日本右翼分子的攻击。[②] 日本学者伊香俊哉就国民政府对日本战犯的处置方针，指出国民政府虽在战时开始制定战后审判日本战犯的相关政策，但直到东京审判开始都未做好准备工作，且受美国对日政策的影响，不仅没有追究昭和天皇的战争责任，而且对大批日本战犯采取"宽大"政策，实行"杀一儆百"式处置方法，并希望以此促进日本人对侵略战争的反省，强调战后日本人应该清楚并接

① 严海建：《被遗忘的审判？——战后国民政府对日审判研究的回顾与检讨》，《民国研究》2016 年第 2 期。

② 宋志勇：《战后初期中国的对日政策与战犯审判》，《南开学报》2001 年第 4 期。

受这一点。[①] 李方来分析了国民政府对战后台湾战犯的方针——“依法办事”，即按照国际法身份处置台湾战犯，但由于台湾人身份的复杂性，导致这一方针实施起来并不顺利，出现了现实与方针的背离，加剧了国民政府与台湾当地人之间的矛盾，成为台湾“二二八事件”的隐患之一。[②]

其次，考察国民政府审判日本战犯的历史经纬。李新市阐述了战后国民政府组团参与东京审判的历史概况，以及对土肥原贤二、板垣征四郎等甲级战犯的讯问与举证，从总体上肯定了国民政府对日本战犯的检察和审判。[③] 刘统根据历史档案和相关记载，从国民政府审判日本战犯的法庭和法律前期准备、审判日本战犯的经过，重点介绍国防部南京军事法庭、上海军事法庭、广州军事法庭等对日本战犯的个案审判，如广州军事法庭不仅判处曾率军攻陷香港、柳州、南宁等地并纵容所部日军犯下累累罪行的日本华南派遣军司令官田中久一死刑，而且审理了日军驻汕头宪兵吉川悟保、黑木正司等残杀国民党情报人员的案件，披露了一些此前学界甚少关注的案件与案情。他指出国民政府对日本战犯的审判，不仅是对东京审判的重要配合，而且是中国近代史上首次对侵略者的正义审判，但由于当时中国国内的政治形势的影响，审判日本战犯未能涉及中共所属抗日根据地，且使日本侵华元凶昭和天皇、冈村宁次等从战犯名单中漏网，一些乙、丙战犯也大多被释放，逃脱了正义审判。[④]

---

① 伊香俊哉著，芦鹏译：《中国国民政府对日本战犯的处置方针》，《南京大屠杀史研究》2012 年第 2 卷。

② 李方来：《原则与现实：国籍问题与台籍战犯审判》，《黑龙江史志》2013 年第 3 期。

③ 李新市：《国民党方面参加审判日本战犯述论》，《开封大学学报》1998 年第 1 期。

④ 参见刘统：《国民政府审判日本战犯概述（1945—1949）》，《民国档案》2014 年第 1 期，以及其《民国法庭如何审判日本战犯》，《同舟共进》2014 年第 3 期，等。

左双文利用台北“国史馆”档案文献和相关史料，分析了国民政府对日军暴行的调查情况、战犯名单的确定，以及其为部分日本战犯纵容开拓的真相，认为国民政府处理日本战犯的态度随着国际国内形势的变化也在不断变化，即战争结束后国民政府无论从主观上还是客观上都为战后惩处日本战犯做了一些努力。战后初期蒋介石在出台宽大政策的同时仍希望严惩一些罪大恶极的日本战犯，但此后不久则出于换取日本和在华日军合作的需要，转而开始包庇和开脱部分日本战犯，丧失了战胜国应有的态度和立场。①

最后，分析与评判国民政府的日本战犯审判工作。李荣介绍了国民政府处理日本战犯的机构与法规，以及其对日本战犯的逮捕、拘押、引渡和审判，指出国民政府此举维护了国家利益和民族尊严，体现了中华民族的宽容美德和人道主义精神，推动了近代中国国际法的应用与发展，并通过审判战犯搜集、调查和保留了一批重要的日本侵华史料，成为批驳日本保守派、右翼分子错误言论的铁证。② 翁有利指出从审判的形式上看，国民政府审判日本战犯具有一定的进步意义，即符合人民意愿和历史潮流，体现了中华民族与人为善的传统美德，颁布的审判战犯法律法规填补了中国法律史上的一大空白，留下了珍贵的审判战犯资料；但是，从审判的过程和内容上看，国民政府出于一党一己私利，处理日本战犯过于宽大，乃至营私舞弊，使包括冈村宁次在内的大批战犯逃脱了应有惩罚。③ 这是对国际法的践踏，是对整个中华民族的犯罪。严海建认为国民

---

① 左双文：《国民政府与惩处日本战犯几个问题的再考察》，《社会科学研究》2012 年第 6 期。

② 李荣：《国民政府审判侵华日军战犯略论》，《抗日战争研究》1995 年第 3 期。

③ 翁有利：《国民党政府处置日本战犯述评》，《西南师范大学学报》1998 年第 6 期。

政府处置日本战犯之所以采取宽大政策，一方面反映了国民政府从战后中日两国和解友好的大局出发妥善处理战犯问题，另一方面也有战后初期中国国内国际的现实因素制约，其中一是借助投降之日军配合对沦陷区的接收，二是为保持与美国之盟友关系而追随美国转为对日采取宽大政策，三是国民政府对战时日军罪行的调查不足，造成引渡、审判、惩处日本战犯的实际困难，故国民政府处置日本战犯从政策层面看表现为宽大，但在实践层面又不免失之宽纵。[①] 张发坤强调国民政府审判日本战犯不仅有国际法依据，而且完全符合审判的法定程序，决不允许日本一些政要和右翼分子为战犯招魂和翻案。[②] 这一点在南京审判中体现得尤为明显。

三、国民政府审判日本战犯的缩影——南京审判

国民政府虽设立 10 所军事法庭审判日本战犯，但持续时间最长、影响最大、最直接体现国民政府审判日本战犯的政策、态度的是南京军事法庭的审判，亦称南京审判。1945 年 11 月 7 日，由南京“首都地方法院”的首席检察官陈光虞出面，召集首都警察厅、南京市政府等 14 个机关团体之代表，成立“南京市调查敌人罪行委员会”。12 月 10 日，南京市政府又成立“南京市抗战损失调查委员会”。这两个委员会都以南京大屠杀案为调查重点，配合即将开始的南京审判。1946 年 2 月 15 日，国民政府在南京正式成立“国

① 严海建：《宽大抑或宽纵：战后国民政府对日本战犯处置论析》，《南京社会科学》2014 年第 7 期。

② 张发坤：《不许为日本战犯翻案——中国国民政府审判日本战犯的前前后后》，《江汉大学学报》1997 年第 2 期。

防部审判战犯军事法庭”，简称“南京军事法庭”，先由国防部次长刘斐主持工作，1947 年 1 月重组后由石美瑜任庭长，统一负责审判从日本引渡回国及各地移交南京军事法庭之日本战犯。南京审判作为国民政府最具代表性的日本战犯审判，曾审判了南京大屠杀元凶之一谷寿夫、杀人魔王酒井隆，以及进行杀人比赛的向井敏明、野田毅，还有杀人屠夫田中军吉等臭名昭著的日本战犯，并判处他们死刑，以告慰南京大屠杀惨案及抗日战争中的死难同胞。[①]

中国学界关于南京审判的研究，主要集中于南京大屠杀案，其中经盛鸿和严海建做出了相当之研究成绩。经盛鸿主要介绍了南京军事法庭的设立背景、南京大屠杀案的审理过程、特点与历史意义，指出南京审判对南京大屠杀案的审理具有合法性、严密性，以及宽严结合的政策性等特点，确认日军南京大屠杀案共计杀害中国战俘与无辜平民 30 万人以上，强调南京军事法庭对南京大屠杀案的审判具有东京审判所不可代替的特殊意义。[②] 严海建分析了战后南京军事法庭审判南京大屠杀案的社会影响和认识，指出这一审判维护了国家利益和民族尊严，符合历史潮流和民众的正义要求；但是，由于审判仅仅注重国内影响，甚少考虑对日本之影响；政治干预在某种程度上影响了审判的法律意义；对于日本战犯过于宽大，尤其对战犯的教育和改造不够等，都在一定程度上限制了南京审判的效果。[③] 他指出南京军事法庭审判南京大屠杀案期间，通过检举日本战犯罪行、搜集证据、法庭审判、判决执行等各个环节引起了

---

① 李东朗：《国民党政府对日本战犯的审判》，《百年潮》2005 年第 6 期。

② 经盛鸿：《论南京“审判战犯军事法庭”对南京大屠杀案的审判》，《南京社会科学》2013 年第 6 期。

③ 严海建：《对战后南京大屠杀案审判的再认识》，《南京师大学报》2008 年第 3 期。

社会各界的广泛参与，不仅使受害者的个体创伤得以申诉，而且通过媒体报道、公开庭审等各种方式的传播，产生了关于日军南京暴行的集体记忆，但由于国共内战及冷战开始后意识形态因素的影响，在南京解放后这一集体记忆逐渐被漠视或淡忘了。[①]

关于参与南京大屠杀之日本战犯的审判，尤其是纵容所部进行南京大屠杀的谷寿夫的审判，更是受到学者高度关注。严海建指出南京军事法庭以谷寿夫作为南京大屠杀案的重要案犯，是建立在对南京大屠杀暴行事实的调查基础之上，批驳日本保守派、右翼分子和部分旧日军军人团体所谓中方在无法引渡更多相关责任人到华受审而结案的"替罪羊"说，以及罔顾史实之"冤枉"论，强调南京审判对谷寿夫的责任认定和判决，完全依据事实和法理，是较为客观的，并非认定其为南京大屠杀案的唯一责任者，因为法庭同时也明确了其他战犯的共同责任。[②] 高明明介绍了谷寿夫在中国的作战经历和被审判的过程，然后根据南京大屠杀幸存者、亲历者、调查者的证言和相关照片、影像、文献等，分析和驳斥了其所谓所部军纪严明，所驻扎之地没有屠杀、强奸等犯罪对象，驻留时间与南京大屠杀时间不符等狡辩"理由"，证明了谷寿夫及其部队参与南京大屠杀的事实，认为审判谷寿夫，彰显了公平与正义。[③] 徐树法介绍了谷寿夫被引渡回南京接受审判，并被处决的历史瞬间，指出他最终为其侵略战争期间的暴行付出了代价。[④]

---

① 严海建：《国民政府对南京大屠杀案审判的社会影响论析》，《福建论坛》2011 年第 4 期。

② 严海建：《法理与罪责：国民政府对战犯谷寿夫审判的再认识》，《江海学刊》2013 年第 6 期。

③ 高明明：《审判谷寿夫》，《文史月刊》2013 年第 11 期。

④ 徐树法：《战犯谷寿夫伏法记》，《党史纵览》1997 年第 3 期。

当然，南京军事法庭对日本战犯的审判既不局限于南京大屠杀案，也不仅限于谷寿夫等个别乙级战犯，还包括其他乙级、丙级战犯。王静思回顾了南京审判的法庭设立、相关法律法规、对日本战犯的逮捕和引渡，以及审判和判决酒井隆、向井敏明、野田毅等人的经过与结果，指出该审判的一大污点是释放了冈村宁次，但总体而言仍是“一场正义的审判”，彰显了国际正义价值、道义与和平理念。[①] 许亚洲介绍了南京审判的经过与结果，尤其是向井敏明、野田毅、田中军吉等杀人恶魔被判处死刑，以及纵兵实施南京大屠杀的另一元凶松井石根最终也被东京审判判处绞刑，从而使南京大屠杀 30 万同胞的死难冤魂得到了公正的祭奠。[②] 罗军生通过采访南京军事法庭庭长石美瑜的家属，肯定了石美瑜为惩治这些日本战犯所做出的积极努力，并最终将酒井隆、谷寿夫、向井敏明、野田毅、田中军吉等日本战犯绳之以法，但由于国民政府高层的干预使冈村宁次等逃脱审判，认为这并非其个人能力所及，反映了蒋介石等国民党高层为一己之私而对南京审判的政治干预。[③] 需要指出的是，南京审判绝不仅仅是对这几个罪大恶极的日本战犯的审判，只是更多的日本战犯审判，以及审判情景、审判的史料、审判的影响，亟待学者广泛发掘和深入研究。

然而，学界除对南京审判保持较高关注度外，也就仅仅对太原、上海、北平、徐州等地审判日本战犯尚有专门研究，而对国民政府在其他各地审判日本战犯的兴趣似乎无多。太原军事法庭原庭长郭华，曾于 1963 年回忆了解放前山西对日本战犯的审判和处理

---

① 王静思：《南京审判回顾》，《湖南广播电视大学学报》2011 年第 1 期。

② 许亚洲：《1947 年，南京审判日本战犯》，《文史精华》2000 年第 4 期。

③ 罗军生：《石美瑜与战后南京对日军战犯的审判》，《党史纵览》2006 年第 1 期。

情况。房建昌以此为基础，利用北京图书馆善本部所藏《太原绥靖公署审判日本战犯军事法庭记录》，介绍了太原军事法庭于1946年12月1日审判11名日本战犯的基本情况，以及日本投降时驻山西第一军司令官澄田睐四郎勾结阎锡山逃脱军事审判，并组织部分日军“残留”山西的历史事实。[①] 金桂昌、叶昌纲、孔繁芝、尤晋鸣等学者，以史料为依据，考察了以澄田睐四郎为首的日本战犯，勾结阎锡山，“残留”山西各地，并帮助阎锡山打内战，再次屠杀中国人民的罪行。[②]

1946年4月至1948年1月，北平军事法庭对所辖日本乙、丙战犯进行了审判。顾亚欣简介了北平军事法庭审判日本战犯的基本情况[③]，严海建指出由于北平沦陷时间较长，日军流转范围广，故北平军事法庭拘捕的战犯嫌疑人多为就地投降的日军官兵，加之战犯嫌疑人主要依靠当地民众的检举，因而战时负责地方治安的日军宪兵和警务人员成为追责的重点对象，既体现了犯罪属地原则，也体现了证据中心主义的规范性与正义性。[④] 陈正卿重点介绍了上海军事法庭对日本战犯的逮捕、引渡、审判和处决；[⑤] 徐家俊认为上海提篮桥监狱是战后关押日本战犯的重要场所，也是中国首次审判

① 房建昌：《解放前山西对日本战犯的处理》，《沧桑》1999年第2期。

② 参见金桂昌：《解放战争时期阎锡山与日本战犯的勾结》，《中国民航学院学报》1985年第1期；叶昌纲：《战后日军残留山西始末》，《近代史研究》1992年第3期；孔繁芝、尤晋鸣：《二战后侵华日军“山西残留”——历史真实与档案记录》，《抗日战争研究》2011年第2期；山西省档案馆编著：《二战后侵华日军“山西残留”——历史真实与档案征引》。

③ 顾亚欣：《北平军事法庭审判日本战犯始末》，《北京档案》2019年第3期。

④ 严海建：《犯罪属地原则与证据中心主义：战后北平对日审判的实态与特质》，《民国档案》2018年第1期。

⑤ 陈正卿：《审判上海日军战犯》，《检察风云》2005年第14期。

日本战犯的地方，而该监狱内首个被枪毙的日本战犯是杭州宪兵队的黑泽次男。[①]

1946年4月1日徐州军事法庭成立，5月1月正式办公，至1947年4月30日审判工作全部结束，在短短一年时间内，徐州军事法庭按照国民政府“宽大从速”的审判日本战犯政策，对25名战犯嫌疑人进行审理和判刑。熊昆旗从战后初期国民政府审判日本战犯的时代背景出发，介绍了徐州军事法庭的成立及权限、审判日本战犯的各个环节，分析其典型案例，反思其存在的问题，探究审判日本战犯对中日两国的历史及现实意义。[②] 徐州市档案馆汇编了徐州军事法庭审判日本战犯档案、徐州审判剪报资料、接受敌伪产业的档案、日俘日侨韩侨遣送档案等，为研究战后国民政府审判日本战犯提供了珍贵的原始资料。[③] 赵杰指出徐州军事法庭判处日军驻宿迁宪兵分队伍长井上源一死刑，判处白川义弘、渡边市郎、中川恭治、中岛慎太郎有期徒刑10年，以及其他战犯不同的刑罚，为古彭大地受难同胞找回了公道。[④]

四、小结

关于抗战胜利后国民政府审判日本战犯研究，具有以下几个鲜明的特点。一是学术研究起步晚，相关研究成果总体较少，与这一

---

① 徐家俊：《提篮桥监狱内枪决的第一个日本战犯》，《民国春秋》1997年第1期。

② 熊昆旗：《“徐州审判”研究》，硕士学位论文，南京师范大学，2016年。

③ 徐州市档案馆编：《侵华日军战犯徐州审判档案汇编》（全三册），国家图书馆出版社2019年版。

④ 赵杰：《日本战犯在徐州受审》，《档案与建设》2005年第9期。

重要历史事件本身的地位不相匹配。抗战胜利后国民政府审判日本战犯，不仅清算了近代以来日本对中国的侵略与压迫，相当程度上洗刷了中国人民的百年耻辱，而且为战后中日关系的恢复与发展树立了一项是非对错的历史标准。因此，这一历史事件在中华民国史、抗日战争史，甚至近代中日关系史研究中都有一定的历史地位，但直到20世纪80年代才受到中国学界关注，且至今未见专门的论著问世，即使相关研究论文也很难用“丰硕”二字形容。二是研究视野相对狭窄，主要局限于国民政府审判日本战犯的方针、政策，历史经纬和价值评判，介绍国民政府审判日本战犯的典型范例——南京审判，以及个别重要的日本战犯的审判与惩处过程；未能充分关注当时日本社会对国民政府审判日本战犯的反应，以及战后日本学者对于该问题的学术研究。三是研究资料相对匮乏与单一。除少数学者较好地利用台北“国史馆”的相关史料与文献外，不少学者没有充分利用中国第二历史档案馆的有关史料，更少利用日方留存的资料。四是研究方法主要为史学实证法，较少运用国际关系学、社会学、心理学等相关学科的理论与方法，从而限制了这一研究的深入和拓展。

为推进国民政府审判日本战犯研究的深度和广度，我们需要从以下几个方面继续努力。首先，广泛发掘相关史料。史料是史学研究的基础，而国民政府审判日本战犯的相关史料，除了台北“国史馆”、中国第二历史档案馆，以及审判日本战犯的军事法庭所在地档案馆有所珍藏外，还可以从当时的新闻报纸、媒体杂志上搜集审判日本战犯的报道和各类消息，以及搜集审判日本战犯的亲历者的口述史料、日记和相关文集，当然也包括那些侥幸逃脱惩处的日本战犯的日记和口述资料。尤其是后者的相关史料及其他日文文献，将是深入研究日本社会对国民政府审判日本战犯反应的重要资料。其次，不断拓宽学术视野。当前的学术研究日益国际化，我们不能仅仅局限于国内的学术认知，需要将研究目光投向作为被审判方——日方国内的相关研究。日本尚絅大学语言文化学部的和田英穗，从2001年以来发表了一系列关于国民政府审判日本战犯的研究论文[①]，值得斟酌和参考。再次，逐步细化研究内容。我们除研究国民政府对谷寿夫、酒井隆等日本战犯的审判外，还要转向那些为数较多的中小战犯的审判；既要重点关注南京审判，也要加强其他各地军事法庭对日本战犯审判的研究。最后，以史学实证研究为主，同时引进新的研究方法。如，运用心理学、社会学的研究方法，考察日本战犯在庭审中的心理变化，分析其关于侵华战争责任的认识与变化；引入国际关系学的理论与方法，分析抗战胜利后盟国之间由合作逐渐走向对立、国共内战及其结局的时代环境，对国民政府审判日本战犯的制约与影响。这不仅有助于启发我们深入和细化国民政府审判日本战犯研究的思路，而且也是考察战后日本人的战争责任认识和中日关系的一个重要因素。

---

① 其代表性成果有，和田英穗：《戦犯引渡しをめぐって——中国国民政府の場合》，《愛知論叢》第71号，2001年9月；和田英穗：《被侵略国による対日戦争犯罪裁判——国民政府が行った戦犯裁判の特徴》，《中国研究月報》第645号，2001年11月；和田英穗：《中国国民政府による対日戦犯裁判の問題点——内田元陸軍中将の裁判を中心に》，《現代中国》第76号，2002年10月；和田英穗：《国民政府による対日戦犯裁判の終結と日華平和条約》，《愛知論叢》第74号，2003年3月；和田英穗：《裁かれた憲兵——中国国民政府の戦犯裁判を中心に》，《尚絅大学研究紀要》第46号，2014年3月，等。

第十三章　新中国审判与改造日本战犯

1945 年 8 月 15 日，日本无条件投降标志着中国人民抗日战争暨世界反法西斯战争的伟大胜利。但是，日本军国主义者对包括中国人民在内的世界各国人民带来的巨大战争灾难却已无法挽回，为彻底根除日本军国主义思想、防止侵略战争悲剧重演，维护世界和平，盟国之间根据战争期间达成的《开罗宣言》《雅尔塔协定》和《波茨坦公告》中严惩战犯的相关规定，首次以“反和平罪”“反人道罪”的罪名，在纽伦堡、东京、南京、伯力等地进行了一系列的战犯审判，伸张国际正义。作为日本侵略战争最大受害国的中国，由于战后国民政府审判日本战犯的不彻底性，以及战后中国国内、国际形势的变化，新中国成立后于 1956 年在沈阳、太原两地继续审判在押日本战犯。与战后其他审判不同的是，沈阳、太原审判中日本战犯痛哭流涕、主动认罪，反映了新中国改造日本战犯取得了成功。中国学界对此展开相应研究，并取得一些学术成果，本章拟在梳理这些成果的基础上，分析其研究特点与现状，探寻拓展和深化新中国审判与改造日本战犯研究的未来与方向。

一、新中国的日本战犯

抗战胜利后，国民政府面对全国人民要求严惩日本战犯的正义呼声，开始了日本战犯的逮捕和审判工作，一定程度上为遭受日本侵略者虐杀的死难同胞讨回了公道，洗涮了近代中国人的百年耻辱，但其对日本战犯的审判过于宽大，甚至是宽纵，使一大批日本战犯逃脱了应有惩罚。1945 年 11 月 6 日，国民政府成立“战争罪犯处理委员会”，作为处理日本战犯的最高权力机构，先隶属陆军总司令部，后改属国防部。12 月，国民政府分别在南京、上海、北平、徐州等 10 地设立审判日本战犯的军事法庭。1945 年 12 月及 1946 年 1 月，国民政府相继颁布《战争罪犯处理办法》《战争罪犯审判办法》《战争罪犯审判办法实施细则》等，作为审判日本战犯的法律准绳。[①] 国民政府貌似严厉的日本战犯审判工作，从 1945 年底至 1948 年 7 月“战争罪犯处理委员会”解散，共审理日本战犯 2435 人，其中判处死刑 149 人（4 人在判刑前病死或减刑），实际执行 145 人，判处其他徒刑 400 多人，其余战犯被全部释放。随着国民政府败退台湾，1949 年 2 月在押之日本战犯被其送往日本监押，但这些战犯在 20 世纪 50 年代全被释放。即使延续时间最长的国防部南京军事法庭，也于 1949 年 4 月宣布解散。[②]

国民政府虎头蛇尾、草草收场的日本战犯审判工作，使新中国成立后继续逮捕和审判日本战犯变得非常必要。据统计，战后盟国

---

① 徐志民：《抗战胜利后国民政府审判日本战犯研究》，《杭州师范大学学报》2015 年第 5 期。

② 翁有利：《国民党政府处置日本战犯述评》，《西南师范大学学报》1998 年第 6 期。

起诉的各级各类日本战犯总数为 5423 人，其中仅乙、丙战犯被判刑者 4226 人，被判处死刑者 941 人。[①] 与此相比，战后国民政府审判日本战犯的结果，与日本侵华战争最大受害国的客观实际相距甚远。不仅如此，侥幸逃脱正义审判的部分日本战犯妄图“残留”中国，配合国民政府和地方实力派，阻挠中国人民解放战争，再次荼毒中国人民。[②] 如，在 1949 年解放山西的战斗中，中国人民解放军俘虏约 700 名原日本战俘和侨民，其中 140 人被认定为战犯，关押在太原战犯管理所。[③] 新中国成立后，毛泽东主席首次访苏之际，与斯大林达成了接收 1945 年 8 月苏联出兵中国东北俘虏之日本战犯的协议。1950 年 7 月 29 日，苏联正式向中方转交了 969 名日本战犯，他们全被关押在抚顺战犯管理所。[④]

如何处置这部分在押日本战犯？新中国政府决定先调查取证、侦讯，并改造日本战犯，再适时进行审判。1951 年 1 月 16 日，中国人民革命军事委员会总政治部、最高人民检察署、公安部发出《关于侦查处理在押日本战争犯罪分子的通知》，但由于国内“三反”“五反”运动和抗美援朝战争而暂时中止，直至 1954 年初再次开始对日本战犯的调查取证和侦讯工作。在切实掌握这些日本战犯的犯罪证据后，中共中央从战后中日关系的大局出发，于 1955 年 12 月 28 日决定对在押之日本战犯不判死刑和无期徒刑，有期徒刑

---

① 李友唐：《“二战”后日本战犯是如何被审判的》，《中国档案报》2010 年 8 月 27 日；王恩收：《二战后对日本战犯的审判》，《文史月刊》2010 年第 3 期。

② 孔繁芝、尤晋鸣：《二战后侵华日军“山西残留”——历史真实与档案记录》，《抗日战争研究》2011 年第 2 期；徐志民：《抗战胜利后中国遣返日本侨俘研究》，《暨南大学学报》2015 年第 5 期。

③ 孙凤翔：《简述山西日本战犯的来龙去脉》，《文史月刊》1995 年第 3 期。

④ 董玉峰：《接收日本战犯》，《人民公安》2000 年第 7 期。

也是极少数，一般战犯则不予起诉。[①] 1956 年 4 月 25 日，毛泽东主席签署《关于处理在押日本侵略中国战争中犯罪分子的决定》，对日本战犯实施"镇压与宽大相结合"的方针。1956 年 6 月 21 日、7 月 15 日、8 月 16 日，最高人民法院特别军事法庭，根据在押日本战犯的悔罪表现，分批释放了 335、328、354 名，共计 1017 名（另有 47 人在押期间病亡）。同时，最高人员法院特别军事法庭分别在沈阳、太原两地审判其余之 45 名日本战犯。[②]

二、沈阳与太原审判

最高人民法院根据全国人大常委会第 34 次会议通过、毛泽东主席签署的《关于处理在押日本侵略中国战争中犯罪分子的决定》，于 1956 年组建了中华人民共和国最高人民法院特别军事法庭负责审判日本战犯工作。一些学者通过研究，指出沈阳、太原审判的顺利进行，除中共中央高度重视之外，还与周恩来总理、军法上将陈奇涵、最高人民法院特别军事法庭庭长贾潜等人的指导和努力密切相关。如，卓爱平、王永贵指出在处理日本战犯问题上，周恩来总理以政治家的恢宏气度和维护中日关系的长远利益出发，提出宽大处理日本战犯的政策，展现了中国人民不念旧恶的宽广胸怀。[③] 大

① 力平、马芷孙：《周恩来年谱（1949—1976）》（上卷），中央文献出版社 1998 年版，第 531 页。

② 这 45 名日本战犯，分别被判处 8—20 年不等的有期徒刑，服刑期间除一人病亡外，其他 44 人均刑满释放或提前释放。参见隋淑英：《20 世纪五十年代中国对日本战犯的审判与释放》，《烟台大学学报》2006 年第 4 期；黄敏、郭珊玲：《历史与正义的审判——侵华日军战犯的结局》，《文史精华》1995 年第 9 期。

③ 卓爱平、王永贵：《周恩来与 1956 年宽释日本战犯》，《广东党史》2005 年第 5 期。

泽武司指出中共中央通过宽大处理日本战犯这一政策过程中面临着各种异议，尤其是在量刑上更有不同的强烈意见，而周恩来总理以其高超的政治智慧，做了大量的解释和说服工作，最终于1956年4月25日在全国人大通过了宽大处理日本战犯的方针，体现了周恩来政治艺术中的“照顾多数”“求同存异”的真正内涵。[①] 廖春梅介绍了中国人民解放军军事法院院长、军法上将陈奇涵，以及其派遣9名军法官参与特别军事法庭审判日本战犯工作，并给予悉心指导的事迹与历史贡献。[②] 刘勤学回忆了抗战时期自己的老领导贾潜，深受毛泽东、周恩来等中央领导的信任，被毛泽东主席指名担任审判日本战犯的最高人民法院特别军事法庭庭长的往事。正是在他们的指导和努力下，太原审判、沈阳审判才能一举成功，备受世人关注。

具体说来，中华人民共和国1956年的沈阳审判、太原审判各有两次。沈阳审判的两次，一是6月9日至19日审判铃木启久、滕田茂等8名日本战犯，分别判处他们13年至20年不等的有期徒刑；二是7月1日至20日审判武部六藏、古海忠之等28名日本战犯，分别判处他们12年至20年不等的有期徒刑。太原审判的两次，一是6月10日至19日审判富永顺太郎，并判处其有期徒刑20年；二是6月12日至20日审判城野宏等8名日本战犯，分别判他们8年至15年不等的有期徒刑。新中国惩处日本战犯的沈阳、太原审判，既是抗战胜利后盟国惩处日本战犯的延续和发展，更是盟

① 大泽武司著，王宗瑜、杜崎群杰译：《周恩来与对日本战犯的处理政策》，《中共党史研究》2008年第4期。

② 廖春梅：《陈奇涵：审判日本战犯的军法上将》，《湖北档案》2014年第3期；廖春梅：《军法上将陈奇涵与审判45名日本战犯》，《党史文汇》2014年第9期。

国惩处日本战犯的成功典范，尤其是沈阳、太原审判中日本战犯主动认罪、深刻反省，并在他们获释回国后积极从事中日友好运动，充分体现了新中国改造日本战犯的巨大成功，引起了国际社会的广泛关注。但是，截至目前，中国学界分别研究沈阳审判、太原审判的专题性学术成果并不太多，主要是对这两场审判的回顾和介绍。

关于沈阳审判主要是当年参与侦讯、审判日本战犯者的回忆和相关报道。如，1955 年毕业于中南政法学院法律系的佘力，主动请缨到东北参与审判日本战犯工作。他回忆了沈阳审判两次开庭审理日本战犯的经过，认为中国对日本战犯的宽大处理在国际上产生了强烈反响，同时也使这些被释放的日本战犯转变为积极从事中日友好活动的重要力量。[①] 李甫山回忆了自己参与侦讯日本战犯的工作，并以大量的战时罪行使他们低下头，表示真心忏悔。[②] 王天平介绍了苏联向中方转交 969 名日本战犯的历史过程和抚顺战犯管理所对这些战犯的改造情况，以及沈阳审判审理和判决日本战犯的经过。[③] 王和利、张家安、赵兴文介绍了中共中央组建“东北工作团”侦讯日本战犯的犯罪事实，以及中央在 1955 年决定宽大处理日本战犯，特别是毛泽东主席签署《关于处理在押日本侵略中国战争中犯罪分子的决定》，为审判日本战犯指明了方向，认为中国政府审理日本战犯所坚持的“镇压与宽大相结合”方针，既体现了法律尊严，也体现了中华民族的博大胸怀。[④]

---

① 佘力：《审判日本战犯亲历记》，《源流》2009 年第 6 期。

② 李甫山：《我参与侦讯日本战犯始末》，《党史博览》2008 年第 5 期。

③ 王天平：《沈阳审判日本战犯始末》，《中国档案报》2001 年 9 月 14 日。

④ 王和利、张家安、赵兴文：《特别军事法庭在沈阳审判日本战犯始末》，《江淮文史》2001 年第 1 期。

在学术探讨沈阳审判方面，学者们主要是通过对比沈阳审判、纽伦堡审判、东京审判、南京审判、伯力审判，指出沈阳审判的特殊意义。如，沈宗艳在介绍沈阳特别军事法庭审判日本战犯的历史经过后，指出沈阳审判是东京审判、伯力审判的继续，是完全按照法律程序的正义审判，因此，日本战犯全都在法律面前承认侵华罪行。[①] 赵朗、廖晓晴、张强，以1956年6月至7月的沈阳审判，与纽伦堡审判、东京审判、南京审判进行了对比研究，认为沈阳审判虽与东京审判、南京审判一样出现了政治干预审判的情形，对日本战犯实行特殊的宽大政策，却赢得了日本战犯的诚心悔过和他们余生为中日友好的努力，取得了巨大的成功。其原因一方面是新中国政府的英明决策，另一方面是继承纽伦堡审判、东京审判、南京审判的优良传统——以法办事、靠证据说话，尤其是纽伦堡审判开创的“反和平罪”“反人道罪”等为日本战犯定罪扫清了障碍。[②] 王昆仑认为沈阳审判的程序主要借鉴伯力审判，定罪依据较为复杂，一是《远东国际军事法庭宪章》及国际法准则与原则，二是全国人大常委会通过的《关于处理在押日本侵略中国战争中犯罪分子的决定》。[③] 蒋欣涛考察了沈阳审判的准备、侦讯、审判流程，认为沈阳审判对我们今天处理国内外事务也有一定的借鉴意义。[④]

关于太原审判的探讨，除了个别亲历者的回忆外，主要是一些

---

① 沈宗艳：《沈阳特别军事法庭审判日本战犯简述》，《辽宁省社会主义学院学报》2009年第1期。

② 赵朗、廖晓晴、张强：《沈阳审判与纽伦堡、东京、南京审判比较研究》，《辽宁大学学报》2009年第6期。

③ 王昆仑：《新中国沈阳军事法庭对日本战犯的审判》，硕士学位论文，沈阳师范大学，2017年。

④ 蒋欣涛：《日本战犯的沈阳审判》，硕士学位论文，东北师范大学，2019年。

介绍性文章。如，当年报道太原审判的马明，回忆了报道太原审判中日本战犯的情况，介绍了自己亲身经历的太原审判的历史过程，认为这一审判是正义压倒邪恶的审判。[①] 崔汉明介绍了太原审判开庭前日本战犯的犯罪事实、为进行审判所做的准备、法庭上日本战犯的悔罪和忏悔，以及审判富永顺太郎的战争犯罪和特务间谍犯罪案情况。[②] 孙凤翔简介了山西日本战犯的来龙去脉，以及国民政府和新中国两次在太原审判日本战犯的经过，指出国民政府的审判使大批日本战犯漏网，并"残留"山西继续毒害中国人民，而新中国的太原审判促使日本战犯主动认罪，发生巨大转变[③]，是一次非常成功的审判。孔繁芝、张瑞萍也介绍了国民政府和新中国政府在山西太原对日本战犯的两次审判[④]，肯定了新中国之太原审判对日本战犯的改造和教育意义。谷峰描述了太原审判中日本战犯认罪的诚恳态度，甚至是跪地磕头认罪。[⑤]

中国学界虽然分别研究沈阳审判、太原审判的成果不多，但综合性地研究新中国审判日本战犯的成果相对丰富一些。如，王战平于 1991 年出版了《正义的审判——最高人民法院特别军事法庭审判日本战犯纪实》，纪实性地叙述了最高人民法院特别军事法庭审判日本战犯的准备、过程、结果和影响，并于 2005 年更名为《最

---

① 马明：《太原审判日本战犯报道的回忆》，《新闻采编》1996 年第 2 期；马明：《正义压倒邪恶的审判——太原审判日本战犯亲历记》，《党史文汇》2005 年第 8 期。

② 崔汉明：《正义的审判》，《文史月刊》1995 年第 3 期。

③ 孙凤翔：《简述山西日本战犯的来龙去脉》，《文史月刊》1995 年第 3 期。

④ 孔繁芝、张瑞萍：《山西太原对日本战犯的两次审判》（下），《山西档案》2008 年第 1 期。

⑤ 谷峰：《太原审判：日本战犯跪地磕头谢罪》，《山西老年》2014 年第 6 期。

高人民法院特别军事法庭审判日本战犯纪实》再版。① 黄晓云重点回顾了1956年最高人民法院特别军事法庭审判日本战犯的历史瞬间，强调这是一次正义的审判。② 赵社民、孟国祥从战时中共及其领导的八路军、新四军成功改造日本战俘的政策和经历，以及战后国共双方在审判日本战犯问题上的斗争，介绍了新中国的沈阳审判和太原审判，指出这两场审判是战后盟国审判日本战犯中最成功的一次，其审判惩治与教育改造相结合的成功实践对中日关系的长远发展具有特殊的意义。③ 叔弓从新中国的日本战犯之来源，介绍了中国共产党处理日本战犯的政策，以及对这些战犯开展的沈阳审判、太原审判。④ 高建介绍了新中国审判日本战犯的历史背景、审判准备和经过，以及审判的特征和意义，指出新中国审判日本战犯不仅是战后盟国审判日本战犯中效果最好、最成功的一次，而且是一次具有国际意义的审判，为日本的第二次世界大战史画上了句号，对于今天而言仍有重大现实意义。⑤

李东朗和金恒薇高度评价了新中国的审判日本战犯工作。前者指出新中国创造性地将审判和改造有机地结合起来，在侦讯、调查日本战犯战争犯罪事实的基础上，重在进行思想教育，将宽大处理与严肃审判相结合，既揭露日本侵略者在中国的滔天罪行，伸张正义，又将这些战犯改造成反对战争、促进中日和平友好的骨干力

① 王战平主编：《正义的审判——最高人民法院特别军事法庭审判日本战犯纪实》，人民法院出版社1991年版。

② 黄晓云：《正义的审判——1956年最高人民法院特别军事法庭审判日本战犯回顾》，《中国审判》2009年第4期。

③ 赵社民、孟国祥：《中共审判日本战犯工作述评》，《南京社会科学》2009年第8期。

④ 叔弓：《1956，中国审判日本战犯实录》，《纵横》2006年第6期。

⑤ 高建：《新中国审判日本战犯研究》，《日本侵华史研究》2014年第3期。

量，同时将中国人民维护和平、反对战争，以及革命人道主义的精神传播至世界各地。[①] 后者首先总结了新中国审判日本战犯的特点，指出审判地点原本设在抚顺和太原，但中央领导考虑到沈阳是九一八事变的爆发地，是日本大规模武装侵华的开始，故将审判由抚顺改为沈阳；考虑个别战犯长期卧病在床的身体情况，竟为照顾日本战犯而将个别庭审设在了医院，充分体现了新中国的人道主义精神；也正因为如此，沈阳审判、太原审判彻底清除了这些战犯的军国主义思想，并将之改造成为中日两国的友好使者。[②]

三、改造日本战犯

东京审判、伯力审判、南京审判及其他各地审判日本战犯时，往往遇到的是日本战犯的无理狡辩、顽固抗拒，甚至认罚不认罪，而为何在沈阳审判、太原审判中日本战犯积极主动认罪，并痛哭流涕地向中国人民谢罪？其关键就是新中国对日本战犯实施了成功的"改造"，使他们不仅认识到日本侵华战争的本质与目的，而且认识到日本侵华战争带给中国人民的巨大灾难，更认识到自身参与侵略战争，并在战争中所犯下的暴行、罪恶与责任。

鉴于此，中国学界开始关注太原战犯管理所、抚顺战犯管理所的日本战犯改造的成功经验。如，关于太原战犯管理所的日本战犯改造，叶晓欣、草世木总结了该所改造日本战犯的主要措施，即注重对日本战犯进行政治思想教育，尊重日本战犯的人格、风俗习惯

---

① 李东朗：《论新中国对日本战犯的审理》，《理论学刊》2005 年第 8 期。

② 金恒薇：《从二战后审判国际战犯中探析新中国政府审判日本战犯的特点》，《中国校外教育》2011 年第 1 期。

和保持其应有的权力，尤其在日本战犯的生活和医疗方面给予人道主义的关怀，定期不定期地组织日本战犯外出参观，了解中国社会主义现代化的建设情况和中国人民的建设热情，并允许日本战犯家属来所探视，因此太原战犯管理所改造日本战犯的成效显著，不仅使他们分清了是非，通过过去与现在的对比，认识到自己的罪责，表示甘愿认罪服法，而且在释放回国后不忘中国人民的恩情，成立“中国归还者联络会”，积极反对日本军国主义“复活”和为促进中日友好而努力。① 武胜利介绍了太原战犯管理所的日本战犯的生活和改造情况，指出这些日本战犯通过在中国的游览、参观和学习，对比过去自己所犯下的战争罪行，更是愧疚有加；他们对中国人民的态度，还直接影响了来华探视的日本眷属对中国的认识；当他们被释放回国时反而对中国出现了依依不舍的离别之情。② 这些曾经的日本战犯通过在新中国的“改造”，终于脱胎换骨，由“鬼”成“人”。

抚顺战犯管理所对日本战犯的成功改造，被称作“抚顺奇迹”，在当代中日关系史上都有一定的位置，不仅受到学者的关注，而且原抚顺战犯管理所的工作人员也纷纷回忆当时改造日本战犯的情况。如，原抚顺战犯管理所所长金源，著有《从战争狂人到朋友——改造日本战犯的成功之路》《奇缘——一个抚顺战犯管理所所长的回忆》等，回忆自己担任抚顺战犯管理所副所长、所长期间改造日本战犯的历史，指出通过他们的努力，这些骄横、不可一世的日本战犯低下头，从战争狂人、杀人魔王变成了自食其力的劳动者

---

① 叶晓欣、草世木：《太原战犯管理所改造日本战犯纪实》，《文史月刊》2007 年第 1 期。

② 武胜利：《太原战犯管理所的日本战俘》，《文史精华》1995 年第 9 期。

和中国人民的朋友。[1] 原抚顺战犯管理所护士赵毓英，回忆了在新中国成立初期的生活艰苦、缺医少药的困难年代，从中央到抚顺地方高度重视日本战犯改造工作，并创造条件从生活、医疗等各方面特殊照顾日本战犯，促使他们从思想上转变认识，深刻反省在中国犯下的种种罪行。[2]

抚顺战犯管理所改造日本战犯的策略、方法和经验，引起了学界高度关注和探讨。李正军指出新中国成立后中共中央决定对日本战犯采取法律与道德相结合、惩办与教育相结合的办法，充分给予人道主义待遇，在思想和劳动改造的基础上使他们自觉地认识自己的罪行，并将这些政策与措施概括为一个不杀、从宽处理；生活优待、尊重习惯；尊重人格、彰显人道；救死扶伤、感化战犯的三十二字经验，从而将这些曾经顽冥不灵的日本战犯感化成讨伐军国主义和为中日友好而努力的重要力量。[3] 柳立敏、张澍军梳理了抚顺日本战犯改造中的目标设计与原则把握、思想政治教育的内容及其路径与方法，指出思想政治教育的作用机制，是以传输知识为基点，以德性为根基，以社会实践为催化剂，不断匡正受教育者的理念，引导受教育者从自发上升到自觉，即使对今天的思想政治教育仍有重要的启示和借鉴意义。[4] 陈冰考察了抚顺战犯管理所改造日

---

① 金源、邵名正等著：《从战争狂人到朋友——改造日本战犯的成功之路》，群众出版社1986年版；金源：《奇缘——一个抚顺战犯管理所所长的回忆》，解放军出版社1999年版；金源：《再生之路——改造日本战犯的回忆》，《人民公安》2000年第8期。

② 《改造日本战犯——原抚顺战犯管理所护士赵毓英自述》，《当代护士》2005年第11期。

③ 李正军：《抚顺战犯管理所对日本战犯的改造及影响》，《党史纵横》2011年第3期；李正军：《抚顺战犯管理所对日本战犯的改造》，《党史博览》2012年第6期。

④ 柳立敏、张澍军：《论抚顺战犯管理所战犯改造中的思想政治教育作用机制》，《思想教育研究》2013年第6期；柳立敏：《抚顺战犯改造中的思想政治教育研究》，博士学位论文，东北师范大学，2015年。

本战犯的教育理念、内容、形式和具体政策，分析了改造日本战犯的教育成效、特点和影响，强调对当今罪犯教育仍有重要的启示意义。[①]

一些学者通过采访当年参与改造日本战犯的相关人员，发表了一些纪实性的改造日本战犯论著。如，徐桂英、纪敏主编了《改造战犯纪实——亲历、亲见、亲闻》，以亲历、亲见、亲闻者的回忆，回顾了新中国改造日本战犯的真实历史。[②] 刘宝军、刘家常所著《战犯改造纪实》一书，也是一部纪实性地介绍改造日本战犯的图书。[③] 叔弓的《中国改造日本战犯始末》，活灵活现地展现了新中国改造日本战犯的全景，充分体现了中国政府从革命人道主义的原则出发，尊重战犯人格、保障生活资料供给、文明管理，促使战犯由被迫服刑向自觉改造转变，由“坏人”变为“好人”。[④] 郭长建等著《日本战犯的再生之地：抚顺战犯管理所》，不仅介绍了关押和改造日本战犯的抚顺战犯管理所，而且介绍了抚顺战犯管理所对日本战犯的改造措施、改造故事和改造影响，称其是日本战犯的“再生之地”。[⑤] 曾任抚顺市政协文史委主任的纪敏，通过采访公安部、原东北公安部等相关部门的领导和各地战犯管理所的知情者、亲历者，以及获释回国的日本战犯，指出周恩来总理为新中国成功改造日本战犯而亲自主抓改造和释放日本战犯事宜，坚持“一个不杀，宽大

① 陈冰：《1950—1964 改造日本战犯的教育策略研究——基于抚顺战犯管理所的考察》，硕士学位论文，沈阳师范大学，2019 年。

② 徐桂英、纪敏主编：《改造战犯纪实——亲历、亲见、亲闻》，中国文史出版社 2000 年版。

③ 刘宝军、刘家常：《战犯改造纪实》，中国国际出版社 2003 年版。

④ 叔弓：《中国改造日本战犯始末》，群众出版社 2005 年版。

⑤ 郭长建等：《日本战犯的再生之地：抚顺战犯管理所》，五洲传播出版社 2005 年版。

处理”的方针，从中日世代友好的原则出发，最终成功改造了这些曾经在华犯下滔天罪行的日本战犯。①

新中国改造日本战犯的影响和价值，也是一些学者关注的焦点。如，李正军指出新中国对日本战犯改造政策中坚持“一个不杀，从宽处理”，优待其生活，尊重其民族习惯与人格，甚至救死扶伤，改造战犯，体现了中国政府和人民的人道主义精神，值得称颂。② 沈宗艳认为新中国成功改造日本战犯，是两次世界大战后处理战后问题的“典范”。③ 金恒薇、牟岱介绍了新中国改造日本战犯的历史背景和主要措施，指出中国政府把思想改造作为战犯工作的重点，以改造促审判，从而有理有据，使战犯们心服口服，全部认罪悔罪，创造了人类历史上改造战犯的“奇迹”，也是中国司法对国际法、国际惯例的创新与发展，因而具有深远的国际影响，尤其是战犯归国后的现身说法为消除日本人民对新中国的误会、清除战后日本的军国主义思想、抵制日本保守右翼势力美化侵略战争的歪理邪说等，都有一定的积极意义。④ 邵名正指出新中国改造日本战犯工作取得了极大的成功，具有非常深远的历史意义和现实意义，尤其是改造日本战犯积累的经验，不仅为国际上改造战犯提供了借鉴，而且对于普通刑事罪犯的改造也有重要的参考价值。⑤

---

① 纪敏：《周恩来与改造日本战犯》，《文史精华》2011 年第 12 期。

② 李正军：《新中国对日战犯改造政策中的人道主义精神》，《兰台世界》2011 年第 3 期。

③ 沈宗艳：《新中国改造日本战犯是两次世界大战后处理战后问题的典范》，《大连近代史研究》第 9 卷，辽宁人民出版社 2012 年版。

④ 金恒薇：《新中国改造日本战犯的国际影响》，《兰台世界》2010 年第 23 期；金恒薇、牟岱：《新中国改造日本战犯的国际影响研究》，《沈阳师范大学学报》2014 年第 5 期。

⑤ 邵名正：《论改造战犯的历史性价值》，《政法论坛》2001 年第 1 期。

当然，中国学界还有一些将审判、改造日本战犯综合起来进行研究的成果。如，谢玉叶、赵月琴介绍了新中国对日本战犯的侦讯定案、教育改造和严正而宽大的处理，认为这一处理日本战犯工作伸张了正义、维护了民族尊严，化消极因素为积极力量，有利于中日两国友好关系的发展。[①] 刘国武指出新中国成立后对在押日本战犯采取以思想教育改造、清除其头脑中的军国主义思想为核心的方针，生活上精心照料，管理上平等待人，并组织他们进行系统的理论学习和请受害者讲述当年日军的侵华暴行，且在侦讯定罪后，实施镇压与宽大相结合的审判原则，这与苏联采取苦役方式的惩罚和美国包庇大批日本战犯的行为截然不同，结果自然是天壤之别，即新中国审判之日本战犯不仅服罪认罪，而且日后为中日和平友好事业积极努力。[②] 林晓光、孙辉认为新中国政府从人道主义的基本理念出发，在伙食、医疗保健、文化活动等方面照顾日本战犯，并以亲情、人性感化他们，使他们认识到发动和进行侵略战争的罪责，并以“惩罪不惩人”的原则方针，宽大处理日本战犯，为重建战后中日两国人民的友好关系，以及东亚地区的和平奠定了基础。[③] 隋淑英指出新中国审判在押日本战犯并不仅仅从法律的角度出发，更是从国际政治斗争的需要出发，为争取日本和影响日本人民，采取了宽释日本战犯的方针，这虽取得一定效果，但作者认为并未达到预期目的，强调对外政策的成功与否是建立在对对方国真正了解的

---

① 谢玉叶、赵月琴：《我国教育改造处理日本战犯工作的伟大胜利》，《当代中国史研究》1995 年第 6 期。

② 刘国武：《新中国对日本战犯的改造和审判》，《衡阳师范学院学报》2001 年第 4 期。

③ 林晓光：《中国共产党对侵华日本战犯的审判处理和改造》，《党史研究与教学》2004 年第 4 期；孙辉、林晓光：《新中国政府对侵华日本战犯的审判和改造》，《百年潮》2005 年第 7 期。

基础上，而非单方面的良好愿望。[1] 这一点值得深思。

四、小结

纵观新中国审判与改造日本战犯研究，主要有以下四个显著特点。一是新中国审判与改造日本战犯的研究成果与这一历史事件本身的地位、作用和影响尚有差距。新中国成功改造和审判日本战犯，不仅是洗刷近代中国人百年国耻的继续，是对近代中日关系的一个总结；而且对当代中日关系的发展和走向具有非常重要的影响，也为国际上成功处理战犯问题提供了可资参考的范例。但是，迄今为止，中国学界关于新中国审判与改造日本战犯的介绍性、回忆性文章多，学术性、研究性的成果少；个案性、局部性的文章多，综合性、整体性的成果少，至今没有一部系统的、有分量的新中国审判与改造日本战犯史著作，即使相关的学术论文也不太多。二是研究内容主要局限于新中国日本战犯的来源、沈阳与太原审判，以及抚顺战犯管理所、太原战犯管理所对日本战犯的改造，较少关注日本国内，尤其是日本政府对新中国审判与改造日本战犯的反应，以及日本学界对这一问题的研究。三是新中国审判与改造日本战犯研究，重点利用了当年参与改造和审判日本战犯工作者的口述资料、回忆文章，但利用已经部分解密的中国外交部档案资料，以及日方资料的成果仍然较少。四是主要运用历史学的研究方法，意在还原新中国审判与改造日本战犯的历史事实，较少从国际关系

① 隋淑英：《20世纪五十年代中国对日本战犯的审判与释放》，《烟台大学学报》2006年第4期。

学、心理学的视角，深入分析新中国审判与改造日本战犯的国际因素，以及这些日本战犯从抗拒到认罪、再到积极从事中日友好活动的心理变化。

鉴于此，新中国审判与改造日本战犯研究，需要继续向深度和广度发展。从广度而言，首先，广泛挖掘与新中国审判、改造日本战犯相关的史料。搜集史料是史学研究的基础，也是史学发展的重要前提。当年参与新中国审判与改造日本战犯工作者的口述资料、回忆文章，不仅在资料匮乏的时期是研究这一问题的基础性资料，而且在今天仍然有必要鼓励他们撰写关于这一历史事件的回忆录，提供一些当年的日记，或者直接对他们进行口述采访，以保留珍贵的历史资料。随着 20 世纪五六十年代的相关档案文献的解密，如中国外交部部分档案的开放等，为从事新中国审判和改造日本战犯研究者提供了良好机遇。其次，扩大研究范围与时限，避免就事论事式地研究新中国审判与改造日本战犯工作。如，这些被宽释回国的日本战犯，于 1957 年 2 月在日本东京成立了“中国归还者联络会”，出版《三光——烧、杀、抢》《侵略——日本战犯在中国犯罪的记录》等书，在日本社会现身说法，揭露和证实战时日军的暴行。[①] 这需要我们一方面注意收集他们回国后的日方资料，另一方面关注日本学界的相关研究成果。[②] 最后，在个案与局部研究的基础上，敢于从事“新中国审判与改造日本战犯史”的宏观整体性研究，既弥补目前中国学界的这一研究缺憾，又打造与这一重要历史

① 徐志民：《战后日本人的战争责任认识研究》，第 90—91 页。

② 代表性的成果有，新井利男、藤原彰：《侵略の証言中国における日本人戦犯自筆供述書》，東京，岩波書店 1999 年版；荻野富士夫、吉田裕、岡部牧夫：《中国侵略の証言者たち“認罪”の記録を読む》，東京，岩波書店 2010 年版。

事件相匹配的学术成果。

从深度上而言，可以继续深入、细化新中国审判与改造日本战犯研究。一是拓宽研究思路。如，从近代日本的侵华扩张政策出发，结合日本侵华战争进程与战时日军暴行，深入分析这些日本战犯从“人”到“鬼”的历程，以及经过新中国的审判与改造又从“鬼”到“人”的两次蜕变，充分体现了中华民族不计前嫌、与人为善的博大胸怀和新中国政府高瞻远瞩的政治眼光。二是细化研究内容。如，这些从所谓“红色中国”回国的日本战犯，面对战后日本社会的变化，是否真正融入了日本社会，他们积极开展中日和平友好运动在当代中日关系中究竟处于什么位置？值得我们深入考察和分析。三是不断引入心理学、国际关系学等相关学科的研究理论与方法。如，从国际关系学的相关理论与方法出发，考察第二次世界大战后国际关系的变化，即世界范围内民族独立解放运动的蓬勃发展，冷战大幕的开启，这也是苏联向新中国转交所俘部分日本战犯，以及新中国决定审判和改造日本战犯的国际环境和重要原因，从中可见新中国政府领导人根除日本军国主义思想、防止日本侵略战争悲剧重演和维护战后中日关系大局的政治胸怀。

后　记

从战前中日留学交流与文化合作，切入近代中日关系史和抗日战争史研究，既是笔者专业学习和关注范围不断拓展的自然过程，也是笔者试图打破学术藩篱和碎片化、促进学科融合发展的尝试。从硕士阶段踏足东亚国际关系史以来，笔者的关注方向和学术工作始终不太“安分”：先是硕士、博士阶段从事留日学生和日本对中国留日学生政策研究，继而在博士后阶段转向战后日本人的战争责任认识，正式入职中国社会科学院近代史研究所后同时进行两个方面的学习和研究工作，即一方面从事抗日战争史研究与编辑工作，另一方面作为中央第五批援藏干部进藏工作，“客串”西藏地方史和当代西藏问题研究；援藏任务完成后，又返回近代史研究所继续从事抗日战争史研究，同时努力开辟中国革命史的研究方向；现今调入中国社会科学院历史理论研究所，可能要转向历史理论或史学史方面的学习与研究。

时代是思想之母，实践是思想之源。社会变化、工作转换、年岁虚增，在拓宽和丰富知识的同时，也促使笔者不断思考各学科、各领域的关系，不断思考如何融会贯通研究，打破单个学科、单个领域的孤立研究，不断开展尝试性探索。毕竟每个领域的介入，均花费笔者不少的精力和时间，因而不管工作如何变换、不管研究任务有何变化，总是不忍放弃既有之研究领域，总是思谋如何将各个研究领域与工作性质、研究任务、科研要求等结合起来。本书各章内容就是笔者从硕士、博士阶段至今，坚持中日关系史、抗日战争史研究的阶段性成果，部分内容蒙《近代史研究》《史学理论研究》《史学月刊》《抗日战争研究》《社会科学研究》《社会科学战线》《暨南学报》《福建论坛》《军事历史研究》《江苏师范大学学报》《杭州师范大学学报》《澳门研究》等杂志不弃，不仅获得公开发表和与学界交流的机会，而且获得外审专家、编辑部同仁的宝贵意见与建议，始有今日之模样，志民对此时常感铭于内。

抗日战争史既可以谓军事学领域的战争史，也可以说属于近代史、民国史的一个相对更短时段的断代史。抗日战争史内容广泛，包罗万象，相关研究成果丰硕。笔者自知力所不逮，无法面面俱到，仅择个别问题或抗日战争的某个侧面，从中日“互视”和学术史的视角进行探究与梳理，试图加深或拓展该领域的相关研究，寻求创新或突破之策。然而，本书远未达到笔者的设想与企望，不少内容挂一漏万，一些观点或许仍需斟酌，部分日文注释转为中文版式后难免错漏，故恳请学界前辈不吝赐教、批评指正。这既是笔者今后继续修改、不断完善、拓展研究的动力，也是对笔者跋山涉水、不懈攀登的信任与鼓励。在此，特别感谢为拙著付梓不辞劳苦、无畏风险的青年学术出版家谭徐锋同志。感谢浙江古籍出版社编辑们认真编校。没有你们支持和帮助、没有你们鼓励与催促，或许本书难以面世，或者即使面世也不可能短期内实现。

徐志民

2019 年 11 月 12 日